Paul Spiegel
Wieder zu Hause?

Paul Spiegel

Wieder zu Hause?

Erinnerungen

ULLSTEIN
BERLIN

2. Auflage Dezember 2001

Der Verlag Ullstein Berlin ist ein Unternehmen der Econ Ullstein List Verlag
GmbH & Co. KG

Paul Spiegels Erinnerungen wurden aufgezeichnet
von Rafael Seligmann

Umschlaggestaltung: Thomas Bonnie, Berlin
Umschlagfoto: Marc Darchinger, Berlin
Satz und Lithos: LVD GmbH, Berlin
Druck und Bindung: GPP Media, Pößneck
Gesetzt aus der Bembo
Printed in Germany

ISBN 3-89834-041-4

Inhalt

Zum Gedenken an
meine Eltern Ruth und Hugo Spiegel
sowie an
meine Schwester Roselchen

Gewidmet
meiner Frau Gisèle und meinen Töchtern

Vorwort

Als der Ullstein Verlag mich bat, meine Erinnerungen an die Zeit der Verfolgung, der Rückkehr nach Deutschland bis zur Gegenwart in Buchform zu veröffentlichen, zögerte ich zunächst. Nach reiflicher Überlegung habe ich mich entschieden, von meinen Erinnerungen an diese Zeit zu erzählen. Den Schwerpunkt habe ich auf die Jahre meiner Emigration sowie auf die Schilderung meiner beruflichen wie ehrenamtlichen Tätigkeit bis zum heutigen Tage gelegt. Verzichtet habe ich – auch aus Platzgründen – auf die lückenlose Aufzählung vieler für mich wichtiger Ereignisse und auch auf die Nennung mancher Menschen, die in meinem Leben für mich von Bedeutung waren. Ich hoffe, dass besonders meine engsten Freunde hierfür Verständnis haben.

Außerdem habe ich – aus nahe liegenden Gründen – ganz bewusst auf die Schilderung privater und familiärer Details verzichtet.

Mein Dank gilt Rafael Seligmann, der nach sehr langen und intensiven Gesprächen mit mir meine Erinnerungen zu Papier gebracht hat.

Im September 2001
Paul Spiegel

Meine erste Erinnerung tut weh

Meine erste Erinnerung tut weh.

Die Bartstoppeln meines Vaters pieken meine Wangen. Ich spüre Angst, Unruhe. Mein Vater muss Abschied nehmen.

Damals war ich noch keine drei Jahre alt. Unsere Familie lebte im Verborgenen. Mein Vater Hugo, meine Mutter Ruth, meine Schwester Rosa und ich drängten uns in einem möblierten Zimmer in der 4. Etage. Adresse: Rue Theodore Verhaegen 42, St. Gilles, Brüssel. Es war Herbst 1940. Wenige Monate zuvor hatte die deutsche Wehrmacht in Blitzfeldzügen Dänemark, Norwegen, Belgien, Holland, Luxemburg und Frankreich überrannt. Der große Krieg schien entschieden, noch ehe er begonnen hatte. Hitler war der unumstrittene Herr Westeuropas. Seine Truppen standen vom Nordkap bis zum Brenner, das Hakenkreuz wehte von den Pyrenäen bis zur Grenze Russlands. Das Nazi-Reich hatte die europäischen Demokratien unterworfen. Allein die britische Insel unter Winston Churchill leistete noch Widerstand.

Meine Eltern hatten die hereinbrechende Nazi-Katastrophe lange nicht wahrhaben wollen. Sie befanden sich in guter Gesellschaft. Die meisten deutschen Juden dachten wie sie. Deutschlands Juden liebten ihr Vaterland und waren fest in ihrer Heimat verwurzelt.

11

In unserer Heimatstadt Warendorf hatten die Juden versucht, sich mit dem scheinbar Unvermeidlichen zu arrangieren. Sie hofften, der braune Spuk werde so rasch verschwinden wie er gekommen war. Das Leben würde weiter gehen. Nur wenige dachten daran, alles aufzugeben und dem Land wegen Hitler »und seinem Haufen«, wie es bei uns hieß, den Rücken zu kehren.

Unsere Familie lebte seit Jahrhunderten in Westfalen. Die Spiegels waren meist Viehhändler gewesen. Ein traditioneller Beruf unter den Juden auf dem Land. So hatte sich im Laufe der Zeit ein eigenes Idiom mit weitgehend jiddischem Wortschatz unter ihnen entwickelt. Da das Jiddische aber auf das Mittelhochdeutsche zurückgeht, war das Vokabular der Viehhändler kein Geheimcode, sondern auch für Außenstehende einigermaßen verständlich. Uneingeweihten blieben lediglich die Zahlen rätselhaft, sie entsprachen – wie in der Kabbala – der Reihenfolge und dem Zahlenwert des hebräischen Alphabets. Also: Aleph = 1; Beit = 2; Gimmel = 3 und so weiter. Da das Zahlenalphabet so praktisch wie scheinbar geheimnisvoll war, übernahmen es auch die christlichen Viehhändler. Der Code hielt sich lange. Er überdauerte Hitler, die Nazis und ihre Opfer. Ich erinnere mich an die 50er Jahre, in denen ich nach der Schule gelegentlich meinen Vater zu den Viehmärkten begleitete. Da hörte ich, wie er und seine christlichen Geschäftspartner, aber auch nichtjüdische Viehhändler sich untereinander in ihrem traditionellen deutsch-jiddischen Idiom unterhielten.

Mein Vater, Hugo Spiegel, wurde am 28. Juni 1905 in Versmold unweit von Warendorf geboren. Er entstammte

einer traditionellen Familie, die dem Land und seinen Menschen verbunden war und gleichzeitig ihren jüdischen Glauben pflegte. Viele unternehmungslustige und tatendurstige junge Männer zog es damals vor und nach dem Ersten Weltkrieg aus der Provinz in die großen Städte, ins Ruhrgebiet, nach Düsseldorf, Frankfurt, Berlin oder gar über den Ozean nach Amerika. Die Spiegels aber blieben in ihrer westfälischen Heimat.

Mein Vater war ein kräftiger, untersetzter Mann mit einem klaren und praktischen Verstand. Er war nicht darauf aus, sein Glück in der Ferne zu suchen, er fühlte sich wohl, wo er war. Während sein Vater und der Onkel an der Front dienten, half er der Mutter, die Familie durch den Krieg zu bringen. Hunger und Not mussten die Spiegels in dieser Zeit sicher nicht leiden, denn die Bauern kannten unsere Familie seit Generationen und in schweren Zeiten half man einander.

Im Frühjahr 1918 feierte mein Vater seine Bar Mizwa. Mit 13 Jahren wird ein jüdischer Junge nach dem Glaubensgesetz zum Mann erhoben. Mit allen Rechten und Pflichten innerhalb der jüdischen Gemeinde. Dies ist ein Meilenstein im Leben eines jüdischen Mannes, der dritte, nach der Geburt und der Beschneidung des Jungen am achten Tag seines Lebens. Die Freude an diesem Tag, kurz vor Kriegsende, war besonders groß, weil mein Großvater zwei Tage Sonderurlaub erhalten hatte, um der »Firmung« seines Sohnes beiwohnen zu können. Den Talith, wie der Gebetsschal genannt wird, um die Schultern, las mein Vater mit ruhiger Stimme – so hat er es mir oft erzählt – in der Synagoge »seinen« Wochenabschnitt der Thora vor. Also das Kapitel, das in der Woche seiner Geburt, am Schabbat, verlesen worden

war. Danach versammelten sich die Familie, Angehörige und Freunde – mit einem Wort: fast die ganze kleine Gemeinde Versmold – zu einer bescheidenen Feier im Hinterraum der Synagoge. Am nächsten Morgen musste mein Großvater zurück an die Front, zum Glück nicht mehr für lange. Die Gebete meiner Großmutter wurden offenbar erhört. Ein halbes Jahr später kehrte ihr Mann unversehrt aus dem Krieg zurück. Unverzüglich nahm er seine Arbeit wieder auf. Er bemühte sich, seinen Viehhandel erneut in Schwung zu bringen und mein Vater half ihm ganz selbstverständlich dabei. Er hat sicher keinen Gedanken darauf verschwendet, einen anderen Beruf zu ergreifen als sein Vater.

Mit 24 Jahren lernte mein Vater im Nachbarort Rheda eine junge Frau kennen, die ihm sofort gefiel. Ruth Regina Weinberg war zwei Jahre jünger als er. In vielem war sie der Gegenpol zu ihm. Sie war zierlich und hübsch. »Ihre liebe Mutter Ruth war die Schönste von uns«, schrieb mir nach Jahrzehnten ihre Freundin Anny Nolte. Meine Mutter war gefühlsbetont, romantisch und eine leidenschaftliche Kinogängerin. Mein Vater dagegen war ein nüchterner Geschäftsmann, der seine Freizeit lieber mit Freunden im Schützenverein oder auf der Kirmes verbrachte als alleine mit einem Buch oder in einem dunklen Filmsaal. Hugo und Ruth verliebten sich ineinander und kaum sechs Monate später heiratete das Paar. Zunächst, am 5. April 1930, im Standesamt von Rheda. Am darauf folgenden Sonntag in der Synagoge von Versmold.

Auf alten Fotografien, die meine Mutter mir noch in Warendorf zeigte, wenn sie von ihrer Hochzeit erzählte, habe ich Männer in Frack und Zylinder und schöne

Meine Großeltern Weinberg

Frauen in Abendkleidern gesehen. Die Spiegels, die Weinbergs und ihre Gäste hatten ihr bestes Tuch angelegt und sich offensichtlich über die Verbindung sehr gefreut.

Noch vor der Hochzeitszeremonie hatten die Väter den Ehevertrag, die Ketubba, besiegelt. Das jüdische Gesetz schreibt dieses Abkommen bindend vor. Dadurch

Das Elternhaus meiner Mutter in Rheda

soll im Fall einer Scheidung, die der Talmud ebenfalls
vorsieht, das Auskommen der Frau sichergestellt werden.

Die tief verschleierte Braut wurde von ihrem Vater
unter die Chuppa, den Traubaldachin, geleitet. Dann
wurde sie von ihrer und Hugos Mutter siebenmal um
den Hochzeiter geführt. Darauf trat der Rabbiner vor
das Paar und befragte beide, ob sie ihren Partner heiraten wollten. Als Ruth bejahte, durfte Hugo endlich ihren Schleier lüften und ihr ein Glas Rotwein als Sym-
bol der Freude an die Lippen führen.

Danach ließ sich der Rabbi von Ruths Vater den gol-
denen Ring reichen und forderte den Bräutigam auf,
ihm die hebräische Formel nachzusprechen: »Hiermit
heirate ich dich gemäß dem Glauben des Moses und Israels.« Als Hugo die Worte wiederholt hatte, reichte der
Rabbiner ihm den Ring. Hugo steckte ihn auf Ruths

Das Hochzeitsfoto meiner Eltern

ausgestreckten rechten Zeigefinger und der Rabbiner erklärte das Paar zu Mann und Frau. Währenddessen wurde ein in Papier gewickeltes Glas zu Hugos Füßen gelegt. Er zerstampfte es mit einem kräftigen Tritt – Scherben bringen Glück –, alle jubelten, das gehört sich so, und sangen das Lied »Siman tow we Masel tow – Gutes Omen und viel Glück.«

»Hugo und ich konnten die guten Wünsche brauchen«, pflegte meine Mutter zu sagen, ehe sie das alte Fotoalbum wieder zuklappte.

Das junge Paar zog nach Warendorf. Hugo und Ruth mieteten die erste Etage eines Einfamilienhauses in der Schützenstraße 17. Eine winzige 2-Zimmer-Wohnung mit Küche, aber ohne Bad. Mein Vater ging mit großem Elan daran, seiner Familie eine Existenzgrundlage zu schaffen. Doch das war damals nicht einfach. In den Städten stieg die Zahl der Arbeitslosen beängstigend an. Im Winter 1930 waren bereits mehr als drei Millionen Menschen ohne Arbeit. Im darauf folgenden Jahr hatten fast fünf Millionen keine Anstellung. Selbst auf dem westfälischen Land wurden die Auswirkungen der allgemeinen Wirtschaftskrise spürbar. Die Erwerbslosen und ihre Angehörigen mussten sparen. Der Fleischkonsum ging zurück. Die Arbeitslosigkeit stürzte viele in tiefe Verzweiflung und die Nazipropaganda, die Arbeit für alle und Sicherheit und Ordnung versprach, war wohl für manche ein Lichtblick in ihrem Desaster.

Selbst in Warendorf tauchten damals erste SA-Männer auf. Aber die Juden fühlten sich davon zunächst kaum bedroht. Noch als die Nazis bei den Reichstagswahlen im Herbst 1930 zweitstärkste Partei wurden, hofften sie, das Schreckgespenst werde bald verschwinden.

Mein Vater und meine Mutter im Kreis der Familie

»Angst bekam ich erst 1933. Nach Hitlers Wahl marschierten SA-Leute durch Warendorf. Sie brüllten auch ›Juda verrecke!‹. Im April beschmierten sie die Scheiben jüdischer Geschäfte. Aber am nächsten Tag war der Spuk vorbei. Und das Leben ging weiter. Uns tat niemand etwas. Und Papa sagte, wir sollten uns nicht um Politik kümmern. Wir hatten andere Sorgen – und Freuden! Deine Schwester Roselchen war gerade zwei Jahre alt. Sie plapperte und sang vor sich hin – ein so liebes, freundliches Kind«, erzählte meine Mutter mir lange nach dem Krieg und fuhr mir mit ihren warmen Händen über die Haare. Ich spüre noch heute ihre Berührung und höre die Trauer in ihrer Stimme.

Meine Mutter fühlte sich Zeit ihres Lebens mitschuldig an Roselchens Verhaftung. Wir lebten in Brüssel in der Illegalität, als das Schreckliche geschah. Meine Mutter musste Rosa oft aus dem Haus schicken, um Besorgungen zu erledigen. Denn Mutter sprach kein Französisch. Rosa dagegen lernte wie jedes Kind die neue Sprache sehr schnell. Meine Mutter hatte jedes Mal Angst, wenn sie Rosa losschickte. Denn seit Anfang 1942 veranstalteten Polizei und SS zunehmend Razzien, um Juden festzusetzen. So warnte sie ihre Tochter, sich von Uniformierten fern zu halten. Würde ein Polizist oder ein Soldat in grauer oder schwarzer Uniform auftauchen, dann sollte Rosa sich als Brüsseler Mädchen ausgeben. Vor allem aber, und dies schärfte Mutter Rosa eindringlich ein, auf die Frage eines Uniformträgers, ob sie Jüdin sei, bestimmt mit »Nein!« antworten.

Ende Oktober 1942 dann bat Mutter eines Nachmittags Rosa, einen Platz in der Innenstadt aufzusuchen. Dort sollte es Lebensmittelmarken für Juden geben. Als meine Schwester, so berichtete ein Nachbarsjunge später, auf diesem Platz von einem Mann in einem Ledermantel auf Französisch gefragt wurde, ob sie Jüdin sei, ließ Rosa ihre Vorsicht fallen und sagte die Wahrheit: »Ja.« Der Mann nahm meine Schwester auf der Stelle mit. Rosa wurde zur Sammelstelle Mechelen in Brüssel gebracht.

»Ich bin schuld!«, rief meine Mutter später oft unvermittelt aus. »Warum habe ich dem Kind nicht verboten zu sagen, dass sie Jüdin ist!« Zunächst hatte Papa geduldig versucht, seiner Frau ihre Schuldgefühle zu nehmen. Millionen jüdischer Kinder seien verschleppt worden, sagte er, unabhängig davon, als was sie sich ausgegeben hätten. Aber Mutter war keinem vernünftigen Argument zugänglich. »Ich habe Rosa nicht genügend gewarnt!«, klagte sie sich immer wieder an. Mit der Zeit gab Vater es auf, seine Frau von ihrem schlechten Gewissen befreien zu wollen. Mutter spürte jedoch, dass Vater ihre Selbstvorwürfe nicht mehr hören konnte. Sie beherrschte sich in seiner Gegenwart. Wenn sie aber mit mir allein war, floss ihr Herz über. Und sie wiederholte ihre stete Selbstanklage: »Ich bin wohl schuld, dass sie mein Kind verschleppt haben.«

Ich lief dann immer zu ihr und umarmte sie. Mutter drückte mich ganz fest an sich. Ich atmete ihren vertrauten Duft, eine Mischung aus Eau de Cologne und Zigarettenrauch und spürte, dass ihr Kopf ein wenig bebte. Meine Mutter weinte lautlos. Ich streichelte ganz lange ihre warmen Hände, bis sie wieder ruhiger wurde. Irgendwann kramte sie irgendwoher ein Taschentuch hervor und löste sich abrupt von mir. Sie schneuzte sich und trocknete ihre Tränen. Dann steckte sie sich eine neue Zigarette an.

Sie verbarg ihr Gesicht hinter einem Rauchschleier und setzte ein Lächeln auf. Es sollte mich aufheitern. Aber das brauchte ich nicht. Ich spürte ihre Liebe und verstand ihre Trauer. Sie hatte meine Schwester genau so geliebt wie mich. Aber Roselchen war jetzt nicht mehr da. Meine Mutter hatte nur noch mich. Deshalb tat ich alles, damit sie nicht weinen musste. Wir sahen uns an. Traurig und glücklich zugleich.

Manchmal, wenn sie nicht aufhören konnte zu weinen, gab sie mir ein paar Groschen und ich rannte hinaus, kaufte mir ein Waffeleis und spielte mit den anderen Jungen. Ich verstand damals natürlich noch nicht, dass meine Mutter die Trauer um ihr Kind nie würde überwinden können. Das Nikotin half ihr wohl, den Schmerz zu betäuben. Gleichzeitig war das Rauchen eine Selbstzerstörung auf Raten. Vor Rosas Verschleppung hatte Mutter keine Zigarette angerührt. Danach wollte sie nicht damit aufhören, selbst als die Ärzte ihr das Rauchen nach dem ersten Herzinfarkt verboten. Mutter rauchte auch nach den folgenden Attacken weiter – bis zu ihrem Tod.

Als Junge malte ich mir oft aus, eines Tages würde es an unserer Haustür klingeln und eine schöne junge Frau, die mir – und meinen Eltern – ähnelte, würde mir um den Hals fallen. Mit den Jahren wurde die Wunschschwester immer älter. Ich habe die Zuversicht nie begraben – vielleicht ist dieser unzerstörbare Optimismus neben Glauben und Humor die wichtigste Kraft, die das Judentum über Jahrtausende Verfolgungen und Leid überstehen ließ.

Erst wenige Wochen nach meiner Wahl zum Präsidenten des Zentralrats erlangte ich Gewissheit über das Schicksal meiner Schwester. Es war Vormittag. Ich saß wie gewöhnlich im Büro meiner Künstleragentur, als ich ein Fax bekam. Es war von Marion Schreiber, einer ehemaligen »Spiegel«-Korrespondentin, die mich gefragt hatte, ob ich für ihr Buch über die Deportation belgischer Juden in polnische Vernichtungslager, »Die stillen Rebellen«, ein Vorwort schreiben würde. Sie wusste, dass ich als Kind in Belgien überlebt hatte, und ich hatte ihr vom Schicksal meiner Schwester, soweit wir es kannten, erzählt. Alle unsere Versuche, ihren Spuren zu folgen, hatten ja nie zu irgendeinem Ergebnis geführt. Marion Schreibers Recherchen aber hatten immerhin ergeben, dass alle belgischen Juden in das Lager Mechelen und von dort nach Auschwitz gebracht worden waren und sie hatte Transportlisten gefunden. Das vor mir liegende Fax gab mir nun schreckliche Gewissheit. Auf der Transportliste vom 17. 10. 1942 standen Rosas

69**. Weintraub Max *spouse de* ROSENMANN, a.	1.11.91 Obacha	stl.	Schneider	
695. König Salo	21.9.98 Boryslaw	stl.	Landwirt	
697. P o l l a k Julius *spouse de* LIBOWNER, F.	21.2.98 Wien	stl.	Destillateur	
698. S z p a j z e r Israel	15.1.96 Nowy Korczyn	stl.	Lagerist	
699. Poppelhouwer Veronica	31.3.77 Amsterdam	stl.	ohne	
700. Poppelhouwer Abraham	18.2.82 Amsterdam	stl.	Handelsreisende	
701. Lachs-false Ohlberg, geb. S p ä t Rachel Leonia *spouse de* LACHS, false OHLBERG, S.	10.12.99 Lemberg	stl.	Bankbeamtin	
702. S p i e g e l v Rosel	2.1.31 Versmold	stl.	Schülerin	
703. P r a n g i e l Maria	Juli 1908 Lubien	stl.	Händlerin	
704. Feuerman-Markscheid Sara *spouse de* FEUERMAN, F.	17.3.98 Koropiec	stl.	Hausfrau	

Ausschnitt aus der Transportliste mit Rosas Namen

Name und ihr Geburtsdatum. Der handschriftliche Vermerk daneben bedeutete, dass sie zwischen dem 9. und 13. 11. 1942 in Auschwitz vergast worden ist.

23

Ich weiß nicht mehr, was in den nächsten Momenten geschah. Als ich mich nach einer Weile wieder zu fassen begann, begriff ich, was es heißt, Gewissheit zu erlangen: das Ende der Hoffnung. Ich ließ mich nach Hause bringen.

Gisèle, meine Frau, war nicht da. Ich ging zum Bücherbord, ergriff meinen Siddur, das Gebetskompendium, setzte meine Kippa auf und sprach auf Hebräisch ein Gebet für Trauernde.

Anders als ich hatten meine Eltern zu ihren Lebzeiten niemals einen Beweis für Rosas Tod. Aber sie ahnten selbstverständlich, dass ihre Tochter umgekommen war. »Umgekommen« – wir gebrauchen fast alle die verharmlosende Formel. Der Völkermord wird sprachlich bemäntelt mit griechischen und hebräischen Formeln, die kaum jemand versteht: »Holocaust«, »Schoah«. Meine Schwester kam nicht um. Rosa und eineinhalb Millionen andere jüdische Kinder und hunderttausende Kinder von Sinti und Roma wurden systematisch ermordet.

Meine Eltern versuchten auf unterschiedliche Weise, mit dem Verlust ihres Kindes zu leben. Mein Vater stürzte sich in die Arbeit. Es blieb ihm nichts übrig, er musste nach Krieg und Konzentrationslager im Alter von vierzig Jahren wieder bei null beginnen. Selbst wenn die Arbeit abends getan war, fand er selten Ruhe. Er wollte Menschen um sich haben. Am liebsten lud er seine Freunde in unsere Wohnung in der Oststraße 7, später in unser Haus in der Sassenbergerstraße ein. Das war auch der Wunsch meiner Mutter. Sie liebten es, Gäste zu bewirten und zu verwöhnen. Lebhaft und herzlich

Roselchen und ich im Sommer 1938

unterhielt Mutter sich mit unseren Besuchern. Wenn die Gäste gegangen waren, befiel sie oft die Traurigkeit. Dann steckte sie sich eine Zigarette an der anderen an.

Knapp sieben Jahre nach Rosa, am frühen Abend des letzten Tages des Jahres 1937, kam ich im Warendorfer Krankenhaus zur Welt. Mein Vater wartete aufgeregt im Flur. Als die Hebamme mich abgenabelt, gewaschen und gewickelt meinem Vater präsentierte, setzte er seine Kippa auf und sprach den traditionellen jüdischen Segensspruch: »Jewarech otcha ha Schem bekol Darkecha u bekol Maasecha – Möge dich der Herr begleiten und beschützen auf all deinen Wegen und bei all deinen Taten.«

Mein Vater fand bei unserem Schöpfer Gehör. Gott stand mir bisher bei, selbst in den schlimmsten Stunden hielt er seine Hand schützend über mich.

Erläuterung zu nebenstehender Abbildung:

Warendorf, den 21. 12. 1938

Der nebenstehende Kindsvater hat zusätzlich den Vornamen »Israel« und die nebenbezeichnete Kindsmutter zusätzlich den Vornamen »Sara« angenommen. Ersterer hat als gesetzlicher Vertreter des nebenstehenden Kindes angezeigt, daß dieses zusätzlich den Vornamen »Israel« führt.
Der Standesbeamte
in Vertretung

Warendorf 6. 2. 1946

Der vorstehende Randvermerk wird hiermit auf Anordnung des Oberpräsidenten der Provinz Westfalen gemäß § 134 O. A. von Amts wegen gelöscht.
Der Standesbeamte
in Vertretung

26

A

Nr. *3*

Warendorf, am _3. Januar_ 19 38

Vor dem unterzeichneten Standesbeamten erschien heute, der Persönlichkeit nach _____

[linke Randnotiz:]
Warendorf, den 31.12.
1938.

Der untenbezeichnete
Kindesvater hat zusätzlich
den Vornamen "Israel"
und die untenbezeichnete
Kindesmutter zusätzlich
den Vornamen "Sara"
angenommen. Hiervon
ist als gesetzlicher Vor-
trag als untenbezeichnetes
Kind angezeigt, daß
jede zusätzlich den
Vornamen "Israel"
führe.

Der Standesbeamte
In Vertretung
Steingarn

Warendorf d. 2. 1946.
Der vorstehende Rand-
vermerk wird hiermit auf
Anordnung des Oberpräsi-
denten der Provinz Westfalen
gemäß § 134 D.A. vom
Amt wegen gelöscht.
Der Standesbeamte
In Vertretung
Steinberg

3. Eltern geh. 5.4.1930. Rheda.
1. Ehe geschlossen mit
Gisele Beatrice Spata
am 31. April 1967 (StA.....)
Düsseldorf-Mitte Nr. 1251

_____ bekannt,

der _Kaufmann Hugo Spiegel_

wohnhaft in _Warendorf, Schützenstraße 17,_
_____ und zeigte an, daß von der

Regina Ruth Spiegel, geborenen Weinberg,
seiner Ehefrau,

wohnhaft _bei ihm,_

zu _Warendorf im Krankenhause_
am _ein und dreißigsten Dezember_ des Jahres
tausend neunhundert _sieben und dreißig_ _nach_ mittags
um _____ sieben Uhr ein _Viertel_
geboren worden sei, und daß das Kind _den_ Vornamen

Paul

erhalten habe.

Vorgelesen, genehmigt und _unterschrieben_
Hugo Spiegel

Der Standesbeamte
In Vertretung
Steinberg

G.H.N.

Meine Geburtsurkunde

27

Im folgenden Jahr 1938 begann für unser Volk die kritische Phase der Verfolgung. Im März kapitulierte die klerikal-ständische Regierung Österreichs unter Kanzler Kurt Schuschnigg vor Hitlers Erpressungspolitik. Deutsche Truppen marschierten in Österreich ein – und wurden von der Bevölkerung begeistert empfangen. Bejubelt von Zehntausenden verkündete Hitler auf dem Wiener Heldenplatz »den Anschluss meiner Heimat an das Deutsche Reich«. Die Welt nahm es hin. Die Nazis sahen diese Haltung als Toleranzsignal an. Im Oktober 1938 wurden Juden polnischer Staatsangehörigkeit, die vielfach Jahrzehnte in Deutschland gelebt hatten oder sogar hier geboren waren, ohne Vorwarnung an die polnische Grenze deportiert und ausgesetzt. Die polnischen Behörden ließen die Juden dort unversorgt vegetieren. Unter ihnen war auch die Familie Grynszpan aus Hannover. Deren Sohn Herschel hatte sich vorher nach Paris absetzen können und beschloss, als er von der Deportation der polnischen Juden und seiner Eltern erfuhr, durch ein spektakuläres Attentat auf das Schicksal der Verschleppten aufmerksam zu machen. Das gelang dem Halbwüchsigen auf fatale Weise. Am 7. November schoss Herschel Grynszpan in Paris auf den deutschen Diplomaten Ernst vom Rath, der zwei Tage später seinen Verletzungen erlag.

Die Nazis hatten auf einen solchen Vorwand, die Juden endgültig aus der deutschen Gesellschaft und dem Wirtschaftsleben zu katapultieren, nur gewartet. Auf ein Signal von Joseph Goebbels begann im ganzen Land eine koordinierte Hass-, Gewalt-, Raub- und Propaganda-Kampagne gegen die Juden, die der Volksmund als »Kristallnacht« verharmloste. SA- und SS-Männer, aber auch so genannte rechtschaffene Volksgenossen zerstör-

28

ten überall jüdische Wohnhäuser und Geschäfte. Rund 30 000 Juden wurden verhaftet, die meisten von ihnen in Konzentrationslager gesperrt. Sie kamen erst nach Wochen oder Monaten frei – gegen Zahlungen oder andere erpresste Auflagen. Drei Dutzend Männer wurden erschlagen, unzählige krankenhausreif geprügelt.

191 Synagogen wurden in Brand gesetzt, 76 vollständig zerstört, tausende Wohnungen, Geschäfte und Warenhäuser demoliert, viele männliche Juden ins KZ gebracht. In den folgenden Tagen wurden die Juden gezwungen, eine Milliarde Reichsmark für die ihnen zugefügten Verwüstungen als »Entschädigung« zu zahlen. Die deutschen Versicherungen dagegen wurden von Zahlungen freigestellt.

Aber auch damals gab es couragierte Männer und Frauen. Etwa in Berlin, wo der Polizist Wilhelm Krützfeld, der das Niederbrennen der Neuen Synagoge in der Oranienburger Straße, dem größten jüdischen Gotteshaus in Westeuropa, verhinderte.

In Warendorf wurde das Pogrom hauptsächlich von SA-Trupps aus der Umgebung veranstaltet. Die braun Uniformierten gingen systematisch vor. Sie zerstörten die kleine Synagoge in der Freckenhorster Straße, zerrissen die Gebetbücher und Thorarollen, warfen sie auf die Straße oder stahlen sie als »Souvenir«.

Erst in den 70er Jahren wurde eine kleine Gedenkstele vor dem Haus aufgestellt. Ich half mit, den Text eindeutig zu formulieren: »Die jüdischen Bürger von Warendorf wurden zwischen 1933 und 1941 vertrieben, verschleppt oder ermordet.«

Nachts tauchte eine Horde SA-Leute bei uns in der Schützenstraße auf. Mein Vater wurde aus dem Bett gezerrt und auf die Straße getrieben. Dort rissen ihm

29

die Nazis die Kleider vom Leib. »Am nächsten Tag sahen wir den blutigen Schlafanzug von Herrn Spiegel über dem Gartenzaun hängen«, berichtete mir Erika Krüger im Frühjahr 2001, als ich mit einem Freund mein Elternhaus besuchte. Erika war eine Freundin meiner Schwester gewesen. Die Mädchen hatten gerne mit mir gespielt, mich umher geschleppt und gewickelt, wenn Mutter beschäftigt war. Zum Zeitpunkt der »Kristallnacht« war Erika sieben Jahre alt. Den Schrecken von damals hat sie nie vergessen: »Keiner hat sich auf die Straße getraut, als die SA-Schläger wüteten.«

Solche Szenen spielten sich allenthalben in Deutschland ab. In Rheda, woher Mutter stammte, herrschte ebenfalls Terror. Anny Nolte, ihre Freundin aus Jugendtagen, dachte noch nach Jahrzehnten mit Schrecken an ihre »schlimmste Nacht« zurück. In einem Brief an mich schrieb sie im Sommer 2001: »Wir konnten ihnen (unseren jüdischen Nachbarn) nicht helfen. Ich werde diese Nacht nicht vergessen, da ich in meinem Schlafzimmer die Hilferufe des ganzen Hauses David Weinberg hörte. Als ich morgens auf dem Weg zur Sparkasse dort vorbeikam, sah ich ein Bild des Grauens und wollte helfen, wurde aber von gewissen Leuten daran gehindert. Das hat mich mein Leben lang belastet.«

Heute sind fast alle über diese Verbrechen erschüttert. Doch viele wollen immer noch nicht wahrhaben, dass das Wegsehen weiter Teile der Bevölkerung, das Gewährenlassen, die Voraussetzung dafür war, dass die NS-Machthaber ihre kriminelle Energie entfalten konnten.

Die SA-Männer zerrten meinen Vater mit sich an das Ufer der durch Warendorf fließenden Ems. Am Fluss prügelten sie stundenlang auf ihn und andere Warendorfer Juden ein. Im Morgengrauen schleppte sich Vater nach Hause zurück. Sein Körper war voller Blutergüsse und klaffender Wunden. Meine Mutter rannte zu mehreren Ärzten und bat sie, ihren Mann zu behandeln. Alle lehnten ab. In ihrer Not wandte sie sich an das Krankenhaus – auch hier verweigerten die Ärzte ihre Hilfe. Ihre Feigheit wog schwerer als ihr Berufsethos. Schließlich fand Mutter einen Hals-Nasen-Ohren-Arzt, Dr. Gronover, der sofort alles stehen und liegen ließ und mit ihr ging. Als meine Mutter ihm sagte, dass sie Juden seien, reagierte er unwirsch. »Ich bin Arzt. Ich habe den Eid des Hippokrates geleistet, jedem Menschen in Krankheit und Not beizustehen. Egal, ob er Christ oder Jude ist. Ihr Mann braucht meine Unterstützung, also helfe ich. So einfach ist das.« Leider war das damals nur bei wenigen »so einfach«.

Gelegentlich ergibt sich, wie das Sprichwort weiß, aus der Not eine Tugend. Die Weigerung der anderen Mediziner, Vater zu helfen, hatte Mutter zu dem HNO-Arzt gebracht. Nun erwiesen sich dessen Fachkenntnisse als Segen. Der Arzt stellte nämlich fest, dass das Trommelfell gerissen war – nähen konnte man so etwas damals zwar noch nicht, aber wenigstens behandeln. Mein Vater behielt allerdings für immer einen Hörschaden zurück. Durch seine Behandlung aber und vor allem durch sein vorbildliches, mutiges Verhalten hat der Arzt meinen Eltern sehr geholfen. Er gab ihnen ein Stück Vertrauen zurück in die Menschen ihres Städtchens und Deutschlands.

Trotz dieses Trostes aber war in diesen Tagen selbst bei meinem gelassenen, bodenständigen Vater mehr kaputtgegangen als sein Trommelfell. Er begriff, dass er seine Augen nicht länger vor der Gefahr verschließen konnte.

Die Nazis hatten die Macht im Staat und sie bedrohten jeden einzelnen Juden – auch ihn selbst und seine Familie. Ehe sie ihn endlich laufen ließen, hatten die SA-Schläger ihn gewarnt: »Verschwinde mit deiner Mischpoke aus Deutschland, dreckiger Jude! Beim nächsten Mal schlagen wir dich tot!« Dann hatten sie ihr Lied gegrölt: »Wenn's Judenblut vom Messer spritzt.«

Obgleich mein Vater die Gefahr am eigenen Leib gespürt hatte, versuchte er noch, sie zumindest zeitlich und räumlich zu begrenzen. Die braune Herrschaft sei eine hässliche Episode, sie werde bald vorbei sein, redete er sich ein.

Die Geschwister meiner Eltern dagegen erkannten, dass die Nazi-Pest keine Saisonplage war. Der Anschluss Österreichs, die Bedrohung und Erpressung der Tschechoslowakei sowie das Nachgeben Großbritanniens und Frankreichs gegenüber Hitler im Münchner Abkommen im September zeigten ihnen, dass die Nazis ganz Europa in Schach hielten. Den meisten gelang es, in den nächsten Monaten in die Vereinigten Staaten auszuwandern. Ein Großteil der deutschen Juden dachte und handelte genauso. Zwischen der »Machtergreifung« Hitlers Ende Januar 1933 und den Pogromtagen im November 1938 hatten lediglich 150 000 Juden ihre deutsche Heimat verlassen. Die anderen hofften wie meine Eltern, trotz der Nürnberger Rassengesetze, zunehmender Schikanen und Verfolgungen, dass der NS-Albtraum sich verflüchtigen würde. Als das Nazi-Regime in der »Kristallnacht« seinen mörderischen Charakter unmissverständlich enthüllte, mussten sie erkennen, dass sie einer tödlichen Gefahr ausgesetzt waren, wenn sie länger in Deutschland blieben. In den folgenden zehn Monaten bis zum Ausbruch des Weltkrieges am 1. September 1939 gelang noch einmal mehr als 180 000 Juden die Flucht. Mehrere Tausend konnten selbst in den ersten Kriegsjahren Deutschland noch verlassen.

Sobald er sich von dem Schock der Pogromnacht erholt hatte, fuhr mein Vater nach Belgien, um sich nach einem Unterschlupf für seine Familie umzutun. Kurz nachdem er von der SA misshandelt worden war, wurde meinem Vater schon der Gewerbeschein und damit die Basis für seine wirtschaftliche Existenz entzogen. Nun verstand Vater, dass wir gezwungen waren, Deutschland zu verlassen. Als Erstes brachte er Rosa zu Verwandten nach Apeldoorn in den Niederlanden. Dort würde seine Tochter in Sicherheit sein, zumindest nach menschlichem Ermessen. Holland war vom Ersten Weltkrieg verschont geblieben. Mein Vater sah sich im Land um, fand jedoch für sich keine Beschäftigung. Also fuhr er weiter. Es gelang ihm, in Brüssel eine Stelle als Gehilfe bei Metzgermeister Blomme zu ergattern und eine Bleibe im gleichen Haus dazu.

Im März 1939 marschierte die Wehrmacht in Prag ein. Die Tschechei wurde als Protektorat Böhmen und Mähren vom Nazi-Reich annektiert, die Slowakei zum Satelliten Deutschlands degradiert.

Nun gab es selbst für gelassene Optimisten vom Schlage meines Vaters keinen Zweifel, Hitler wollte den Krieg. Dies bewiesen die Drohungen des »Führers« gegen Warschau. Kein Zweifel, Polen würde das nächste Opfer sein.

So entschloss sich mein Vater im Frühjahr endlich, meine Mutter und mich nachkommen zu lassen. Wir konnten nicht einmal unseren Haushalt auflösen, das hätte zu viel

Aufmerksamkeit erregt. Meine Mutter hatte in Köln den Namen eines SS-Offiziers aus Aachen erfahren, der Juden illegal nach Belgien schleuste. Der Menschenschmuggler verlangte eine exorbitante Summe, aber wir hatten keine Zeit zu verlieren. Mutter kratzte ihre letzten Ersparnisse zusammen und zahlte, was von ihr gefordert wurde.

Der Offizier in Köln strich zunächst seine Bestechungs-Prämie ein und fuhr Mutter und mich noch in der gleichen Nacht zu einem Nebenarm des Rheins. Mutter leitete er durch eine Furt. Mich nahm er huckepack. Meine Mutter erzählte mir später, dass mich in der Mitte des Wassers die Strömung von seinem Rücken riss und ich forttrieb. Ohne zu zögern schwamm mir der SS-Mann hinterher und fischte mich heraus. Dann führte er Mutter und Sohn sicher ans andere Ufer. Wenn ich später als Kind mit mir oder meinen Mitmenschen haderte, gab mir Mutter einen aufmunternden Klaps und verkündete: »Ein SSler hat dir das Leben gerettet, Paul. Dich wird der Herrgott nicht fallen lassen.« Bis jetzt hat sie Recht behalten.

Nach dem geglückten Grenzübertritt fuhr Mutter mit mir nach Brüssel. Dort wartete Vater schon auf uns in unserer neuen Bleibe in der Rue Theodore Verhaegen 42. Die Wohnung bestand aus einem spartanisch möblierten Zimmer. Eine Toilette gab es nur auf dem Flur. Doch Vater glaubte, wollte wohl glauben, dass dies nur eine vorübergehende Notlösung sei. Das Wichtigste war: Unsere Familie war in Sicherheit. Vater musste nicht mehr um sein Leben und unsere Existenz fürchten, er hatte Arbeit in der Metzgerei, die sich im gleichen Haus

1939 in Köln auf dem Weg ins Exil

befand. Vor allem aber konnten meine Eltern endlich
ihre Tochter wieder zu sich holen.

Schon am folgenden Sonntag brachte Vater Roselchen aus Holland in unser neues Zuhause. Ihr hatte es in Apeldoorn gut gefallen und Mutter war überglücklich, ihre Tochter wieder in die Arme schließen zu können. Jetzt hatte sie ihre kleine Familie wieder beisammen. Ein großer Trost für sie. Sie beherrschte die Sprache nicht und kannte niemanden. Mutter vermisste ihren Garten, Freunde, Bekannte und vor allem ihre Verwandten in Versmold und Rheda.

Viele Jahre später, ich lebte bereits in Düsseldorf und hatte eine eigene Familie, schüttete mir Mutter bei einem Besuch in Warendorf ihr Herz aus: »Als ich da oben mit dir und Roselchen in unserem kleinen Zimmer saß und niemanden in der Stadt kannte, hatte ich furchtbare Sehnsucht nach meiner Familie. Da habe ich gedacht, es war ein Fehler, nicht mit ihnen nach Amerika zu gehen.«

Hatte sie mit Vater darüber gesprochen? »Nein. Ich habe mich nie beklagt ... Ich wollte Papa nicht belasten ...«

Heute sind Frauen viel selbstbewusster. Das ist gut für sie und für uns Männer. Ehe ich eine wichtige Entscheidung treffe, spreche ich stets mit meiner Frau Gisèle. Ihr Rat hat mir immer genützt. Allein das Gespräch hilft mir, meinen Standpunkt zu klären. Noch vor wenigen Jahrzehnten dachte Mann anders. Zumal mein Vater. Er liebte seine Frau und seine Kinder. Aber es wäre ihm nie in den Sinn gekommen, sich mit Ruth zu beratschlagen. Hugo Spiegel verstand sich als Familienoberhaupt. Er trug die Verantwortung und entschied allein.

Meine Mutter erinnerte sich, dass Vater während der ganzen Zeit zuversichtlich wie stets war. Er rechnete trotz seiner eigenen Erfahrung damit, dass alles bald

»irgendwie« gut werden würde und wir bald wieder in Warendorf leben könnten.

Unser Glaube und unsere Erfahrungen verleihen uns die unzerstörbare Zuversicht wider besseres Wissen, die größten Gefahren und die schlimmsten Feinde zu überstehen. Gott würde sein Volk nicht im Stich lassen! Zur Not müsste Er ein Wunder geschehen lassen. Israels Staatsgründer David Ben Gurion hat diese Haltung in einem Satz zusammengefasst: »Wer nicht an Wunder glaubt, ist kein Realist!« Dieser unerschütterliche Optimismus verlieh ihm die Kraft und die Ausdauer, nach einer fast zwei Jahrtausende währenden Diaspora 1948 den Staat Israel zu gründen.

In Brüssel verbrachten Mutter und ich viel Zeit miteinander. Vater ging jeden Morgen früh zur Arbeit bei Fleischer Blomme und Roselchen war in der Schule. Meine Schwester war zwar erst acht Jahre alt, besuchte in Brüssel aber bereits die dritte Schule und lernte ihre dritte Sprache. Mutter half ihr bei den Hausaufgaben und die Tochter bemühte sich – vergeblich – ihr einige Brocken Französisch beizubringen. Mutter versuchte uns, so gut sie konnte, ein Nest zu bauen. Viel Zeit hatten wir nicht.

Am 1. September 1939 marschierte die deutsche Wehrmacht in Polen ein. England und Frankreich traten an die Seite Polens und erklärten Deutschland den Krieg. Belgien folgte dem Beispiel seiner Alliierten. Der Zweite Weltkrieg hatte begonnen. Betrachtet man heute alte Filmaufnahmen und liest Berichte von damals und vergleicht sie mit denen von 1914, fällt einem die vollkommen unterschiedliche Stimmung der Menschen auf. Der

Ausbruch des Ersten Weltkriegs war fast überall bejubelt worden. In Mitteleuropa hatte seit mehr als vierzig Jahren Friede geherrscht. Man kannte Krieg nur von glorifizierenden Schlachtengemälden, Kriegsgedichten und prächtigen Truppenparaden zu schmetternder Marschmusik. Mit den hässlichen Seiten – Tod, Verwundung, Elend, Vertreibung – hatten die Menschen nie etwas zu tun gehabt. Stattdessen sehnten sich viele nach Heldentum und Glorie. Politiker und Generäle hatten leichtes Spiel, die Menschen in die Schlacht zu treiben.

Bei Ausbruch des Zweiten Weltkriegs aber kannten die meisten Erwachsenen die furchtbaren Auswirkungen des Völkerschlachtens aus eigener Erfahrung. Die Menschen hatten Angst. Fast nirgends herrschte Jubel. Selbst Hitler versuchte, den von ihm gewollten Waffengang als Verteidigungstat umzulügen: »Seit 5 Uhr 45 wird zurückgeschossen!« Sogar die Uhrzeit war verfälscht. Tatsächlich waren deutsche Truppen bereits Stunden zuvor in Polen eingefallen. Pflichtgemäß beklatschten die Nazi-Abgeordneten des Reichstags die Kriegserklärung ihres Führers. In weniger als drei Wochen besetzte die Wehrmacht Polen.

Der Krieg stürzte auch unsere Familie immer tiefer in Not und Verzweiflung. Das Unglück setzte bereits am ersten Tag ein. Denn obgleich wir aus unserer Heimat geflüchtet waren, blieben wir Deutsche. Das hieß: Mit Beginn des Krieges waren wir »feindliche Ausländer« und das bedeutete vor allem für Vater eine akute Gefahr.

Hugo Spiegel war mit 34 Jahren im wehrfähigen Alter und hätte in ein Internierungslager gemusst. Von Rechts wegen! Doch glücklicherweise hatte Metzgermeister Blomme sich seine eigenständige Auffassung über Recht

Metzgermeister Blomme und mein Vater

und Gerechtigkeit bewahrt. »Hugo, du bist ein Deutscher, aber kein Nazi. Du bist Jude, also ein Feind der
Nazis, genau wie wir Belgier. Du bleibst!«

Da Vater sich ebenso wie seine Frau und wir Kinder
illegal in Belgien aufhielt, schien es keinen großen Unterschied auszumachen, ob Krieg oder Friede herrschte.

Vater verrichtete weiterhin seine Arbeit. Sein Patron hielt die Hand über ihn und sorgte dafür, dass Vater nicht auffiel.

Das klappte. Zunächst. Bis der »Schwindelkrieg«, wie die Engländer ihn zuerst nannten, ab Frühjahr 1940 schnell heiß wurde. Als die Wehrmacht mit raschen Panzervorstößen im Westen in die Offensive überging, brachen die Armeen dort nach kurzer Gegenwehr zusammen. Der Zweite Weltkrieg schien nach weniger als einem Jahr zu Gunsten Deutschlands entschieden. Im Mai besetzte die Wehrmacht Brüssel.

Meine Eltern ahnten, dass ihnen eine schlimme Zeit bevorstand. Ihre Angst übertrug sich auch auf mich. Obgleich ich mich nicht an die einmarschierenden Soldaten erinnern kann, hat sich das Geräusch von auf das Straßenpflaster knallenden Marschstiefeln in mein Unterbewusstsein eingefressen und ist nie mehr zu vertreiben gewesen. Selbst wenn ich heute den Marschtritt von Einheiten der Bundeswehr höre, zucke ich zusammen und muss meine aufsteigende Panik bekämpfen. In meiner Seele steckt noch immer die Angst vor einer Kampfmaschine, die für uns Juden, aber auch Millionen anderer Menschen in Europa den Tod bedeutete.

Die deutsche Besatzung hatte in Belgien eine andere Qualität als ein abstrakter Kriegszustand. Niedergeschlagenheit legte sich wie Mehltau über Stadt und Land. Die deutschen Behörden und ihre belgischen Helfer gingen unverzüglich daran, die Juden zu registrieren und gleichzeitig zu entrechten. Das blieb nicht ohne Eindruck auf Verräter und Opportunisten.

Schon ein paar Tage nachdem Brüssel unter das Regiment der Deutschen gefallen war, wurde mein Vater verraten und auf offener Straße verhaftet. Belgische Polizisten brachten ihn in unser Zimmer in der Rue Theodore Verhaegen. Mutter versuchte ihre Angst zu verbergen, um mich nicht zu erschrecken. Rosa war Gott sei Dank in der Schule. Mutter packte ihrem Mann einige Habseligkeiten zusammen, dann nahm er Abschied von mir. Meine erste Erinnerung. Männerwangen kratzen zarte Kinderhaut. Doch ungleich stärker blieben mir Bedrückung und Furcht im Gedächtnis.

Es ist nicht gut, dass der Mensch allein sei

Erstmals in ihrem Leben war Mutter gezwungen, allein Verantwortung zu übernehmen. Die Lage war fatal, denn nach der Denunzierung Vaters kannten die deutschen und belgischen Behörden den Schlupfwinkel seiner Frau und Kinder. Dadurch war auch Herr Blomme gefährdet. Mutter hätte es ihm nicht verdenken können, wenn er sie gebeten hätte, sich eine andere Unterkunft zu suchen. Doch das kam dem Metzgermeister nicht in den Sinn. Er wusste, dass Mutter, die er stets mit »Madame Régine« ansprach, mittellos war und sich kaum verständigen konnte, dass eine aus Deutschland geflohene Jüdin mit zwei Kindern in einem von den Nazis besetzten Land verloren war. Und Monsieur und Madame Blomme wussten um die eigene Gefährdung. Dennoch halfen sie uns. Es gab nicht viele Christen, die sich in jener Zeit daran erinnerten, dass Jesus und seine Eltern dem gleichen Volk angehörten wie die verfolgten Juden. Und, was wichtiger ist, wenige zogen aus diesem Wissen Konsequenzen und unterstützten die Bedrängten. Metzger Blomme aus der Rue Theodore Verhaegen 42 in St. Gilles und seine Frau jedenfalls standen uns bei – wir wissen nicht warum und es ist einerlei, ob sie religiöse oder ethische Beweggründe hatten, ob sie aus nationalem Stolz oder auch schierem Trotz handelten. Heldentum entspringt selten einer furchtlosen Gesinnung. In der Regel ist es die Überwindung der Angst durch das Bewusstsein der notwendigen Tat.

In ihrem letzten Interview antwortete Marlene Dietrich auf die Frage, was sie davor bewahrt habe, auf die Avancen der Nazis einzugehen und ins Deutschland Hitlers zurückzukehren, mit einem Wort: »Anstand.« Es war zweifellos Anstand, der Metzgermeister Blomme und seine Familie dazu brachte, meine Mutter nach der Verhaftung ihres Mannes zu beruhigen und sie aufzufordern, mit ihren Kindern in ihrem Zimmer wohnen zu bleiben. Mutter verdiente fortan ein wenig Geld durch Putzen bei jüdischen Familien.

Meine Mutter

Im Sommer 1941 verschlechterte sich die Situation der europäischen Juden dramatisch. Am 22. Juni fiel die deutsche Wehrmacht in die Sowjetunion ein. Dies war gleichzeitig der Beginn des Völkermordes an den Juden. Denn im Rücken der regulären Armee rückten die so genannten Einsatzgruppen nach: SS- und Polizeieinheiten. Sie töteten die jüdische Bevölkerung an ihren Heimatorten oder in der näheren Umgebung. Eines der schlimmsten Massaker begingen die Nazis in Babi Jar. Kommandos der Einsatzgruppen trieben im September 1941 mehr als 30 000 Juden in eine Schlucht nördlich der ukrainischen Hauptstadt Kiew und erschlugen sie dort. Keine Blutorgie, sondern generalstabsmäßig geplanter und exekutierter Massenmord.

Hitler und seine engsten Gefolgsleute Himmler, Heydrich, Göring, Goebbels hatten sich zum Völkermord entschlossen.

Ab dem 19. September 1941 mussten sich die Juden in Deutschland und bald auch in den von der Wehrmacht besetzten Ländern fortan durch einen gelben Davidstern auf der Kleidung, in dem das Wort *Jude* prangte, kenntlich machen. Die Nazis befahlen den Juden, sich zu markieren, damit ihre Häscher sie leichter greifen könnten.

Ab Frühsommer 1942 wurden auch die Juden Belgiens mit einem gelben Fleck stigmatisiert. Doch Monsieur Blomme ließ sich in seiner Menschlichkeit nicht beirren. Er blieb erst recht bei seiner Haltung, als wenige Monate später die Deportationen jüdischer Familien begannen. Fortan durfte Mutter seine Metzgerei sauber machen.

Metzger Blomme war kein Einzelfall. Über die Hälfte der 56 000 belgischen Juden überlebten den Völker-

mord, weil ihnen christliche Landsleute Asyl gewährten
oder ihnen zur Flucht nach England oder nach Übersee
verhalfen. Die Dänen retteten trotz Besetzung durch
deutsche Truppen fast ihre gesamte jüdische Gemeinde,
indem sie die Juden in einer gewagten Nacht-und-Ne-
bel-Aktion über die Ostsee nach Schweden schmuggel-
ten. Tausende Dänen machten mit und riskierten dabei
ihr Leben. Den Hinweis auf die bevorstehende Verhaftung der Juden hatte der deutsche Diplomat Ferdinand
von Duckwitz gegeben. Das war nach dem geltenden
NS-Recht Hochverrat und hätte Duckwitz das Leben
kosten können.

Selbst in Hitlers Hauptstadt Berlin lebten während des
Krieges mehrere tausend Juden in Verstecken. Einer von
ihnen war mein späterer Freund, der Quizmaster Hans
Rosenthal. Diese Juden konnten nur durchkommen,
weil anständige Deutsche ihnen unter Lebensgefahr halfen.

Viele, die Beistand leisteten, wurden nach dem Krieg in
der Allee der Gerechten in der Schoah-Gedenkstätte Yad
Vashem in Jerusalem mit einem Baum gewürdigt. »Wer
ein Leben rettet, rettet die ganze Welt«, weiß der Talmud.

Leider aber halfen zu wenige. Eine Minderheit, vielleicht zehntausend, vielleicht hunderttausend Menschen,
verschrieb sich dem Völkermord. Deren Untaten aber
wurden nur möglich, weil die Mehrheit, weil Millionen
fortsahen. Doch auch da gab es Ausnahmen. So mussten
die Nazis die bei Kriegsbeginn von Hitler angeordnete
Euthanasie, den systematischen Massenmord an Behinderten, nach einem Jahr einstellen. Die Proteste der Angehörigen, vor allem aber der Kirchen, sorgten für Unruhe in der Bevölkerung – und die konnten die Nazis
im Krieg nicht brauchen.

Gegen die Verfolgung und Verschleppung von Juden aber gab es mit ganz wenigen Ausnahmen keine Kundgebungen. Einzelne Geistliche protestierten. In meiner Geburtsstadt Warendorf etwa forderte Pater Elpidius Josef Markötter am 26. Mai 1940 während einer Predigt in der Kirche des Franziskanerklosters: »Wir müssen alle Menschen lieben. Auch die Juden und Polen, die heute in Deutschland als Untermenschen der Willkür ausgeliefert sind.« Der Pfarrer zahlte dafür mit seinem Leben. Er wurde am 28. Juni des gleichen Jahres im Konzentrationslager Dachau ermordet.

Die offiziellen kirchlichen Gremien aber schwiegen. Sie ließen die Entwürdigung, Vertreibung und Tötung der Juden und der christlichen Zigeuner ohne Widerspruch geschehen. Die Wort- und Tatenlosigkeit der Kirche verbitterte die Juden. Das Schweigen der Kirchen zu den Pogromen der »Kristallnacht« enttäuschte besonders Rabbiner Leo Baeck aus Berlin, den viele Juden und Christen als moralische Autorität anerkannten.

Die Kirche habe durch die Hinnahme der Verbrechen ihre moralische Glaubwürdigkeit eingebüßt, stellte Rabbiner Baeck fest. Dass massiver Einspruch selbst während der Schoah die NS-Führung und sogar die SS beeindruckte und ihre Mordaktionen abbrechen ließ, erwies sich 1943 mitten in Berlin. Damals protestierten hunderte Nichtjuden, hauptsächlich Frauen, in der Rosenstraße, wo Juden in einem Haus der Gemeinde zusammengepfercht waren, gegen die Deportation ihrer Angehörigen in die Vernichtungslager des Ostens. Den Nazis war das Aufsehen, ähnlich wie zuvor bei den Protesten gegen die »Euthanasie«, unbequem. Kein geringerer als Hitlers Propagandaminister Joseph Goebbels, der auch Gauleiter von Berlin war, befahl, die festgehaltenen Juden freizulassen. Einzelne, bereits verschleppte Angehörige wurden sogar aus dem KZ Auschwitz zurückbeordert und auf freien Fuß gesetzt. Diese Beispiele zeigen, dass ein entschlossener Widerstand der Bevölkerung die Mordaktionen der Nazis an den Juden zumindest reduziert, wenn nicht ganz verhindert hätte. Der unterbliebene Protest von Deutschen und anderen Europäern war die Voraussetzung für den Genozid.

Eine Kollektivschuld »der« Deutschen am Völkermord bestand aber zu keiner Zeit. Schuld ist individuell. Auch mit dem Begriff »Kollektivscham«, den der frühere Bundespräsident Theodor Heuss ins Gespräch brachte, kann ich wenig anfangen. Scham bleibt meist folgenlos. Ich selbst befürworte den Begriff Verantwortung. 17 Millionen Deutsche haben die NSDAP gewählt. Nicht alle waren Antisemiten. Doch jedem, der den Nazis seine Stimme gab, war ihr Judenhass bekannt. Die breite Mehrheit ließ die Nationalsozialisten und ihre speziellen Verbände SS, Gestapo, SD bei der Umsetzung ihres antisemitischen Programms in die Tat gewähren. Viele bereicherten sich sogar an der »Arisierung«, der entschädigungslosen Enteignung jüdischen Eigentums. Aus all dem entspringt eine kollektive Verantwortung der deutschen Gesellschaft und des deutschen Staates gegenüber den Juden und dem Staat Israel. Dies bedeutet nicht, dass Berlin heute die Politik Jerusalems in allen Punkten gutheißen muss. Aber Deutschland trägt aufgrund seiner Vergangenheit eine Verantwortung für Israels Existenz. Denn dieser Staat ist die Lebensversicherung des jüdischen Volkes.

Zwei Wochen nach Vaters Verhaftung erfuhr Mutter, dass er im Internierungslager Gurs inhaftiert sei. Dies war das letzte Lebenszeichen ihres Mannes während der Kriegszeit.

Die neunjährige Rosa wurde nun Mutters wichtigste Helferin und engste Vertraute. Nach der Schule und abends, während Mutter putzte, kümmerte sich meine Schwester um mich und kaufte ein. Gelegentlich kochte sie sogar. Rosa wurde als arisches Mädchen getarnt. Sie und Mutter trugen keinen »Judenstern«. In Warendorf war Rosa immer ein wenig schüchtern gewesen. Die ungewöhnliche Verantwortung in der Brüsseler Illegalität ließ sie nun früher reifen als ihre Altersgenossen. »Aber mein Roselchen ist in ihrer Seele ein Kind geblieben. Ein braves, ein sehr zärtliches Mädchen«, erzählte Mutter später immer wieder.

Seit Jahresbeginn 1942 drohte auch den belgischen Juden tödliche Gefahr. Auf der Berliner Wannseekonferenz hatten unter Leitung von Reinhard Heydrich und Adolf Eichmann SS, Diplomaten und Beamte die »Endlösung« präzise geplant. Die Juden Europas sollten im deutschen Einflussgebiet erfasst und anschließend von West nach Ost Richtung Polen geschafft und dann in den Todeslagern systematisch umgebracht werden. Die Koordination und Leitung des Genozids wurde Adolf Eichmann anvertraut. Er war Leiter des »Judenreferats« IV B 4 im Reichssicherheitshauptamt in Berlin. Sein oberster Gehilfe in Belgien war Kurt Asche. Der SS-Offizier war Referent für jüdische Angelegenheiten in der Brüsseler Gestapo-Zentrale.

Terror, Einschüchterung und Angst waren so groß, dass sich viele Juden, vor allem in Deutschland und Österreich, ohne Zwang zur Deportation meldeten – die Nazis tarnten die Todestransporte als »Umsiedlung in den Osten«. Die Verfolgten erschienen pünktlich an den ihnen zugewiesenen Sammelstellen und ließen sich in Viehwaggons nach Polen transportieren. Andere, oft ältere Menschen, die ahnten, dass die Nazis sie umbringen würden, setzten ihrem Leben zuvor ein Ende.

Nach dem Krieg ist dieses widerstandslose Sich-Ergeben von Millionen Menschen nicht zuletzt von jüdischer Seite hart kritisiert worden. Die Juden wurden als Lämmer verspottet, die sich willig zur Schlachtbank führen ließen. Das ist ungerecht und falsch. Es gab in fast jedem Vernichtungslager und in so gut wie allen Ghettos Aufstände und Gegenwehr.

Am bekanntesten ist die Erhebung im Warschauer Ghetto im April 1943. Einige hundert kaum bewaffnete Juden kämpften heldenhaft gegen eine Übermacht von SS- und Wehrmachtsverbänden – den sicheren Tod vor Augen. Hunderttausende Juden fochten in den Reihen der Anti-Nazi-Koalition. In der britischen Armee gab es eine eigene »Jüdische Brigade« freiwilliger Kämpfer aus Palästina. Der Frankfurter Historiker Arno Lustiger hat in seinem Buch »Zum Kampf auf Leben und Tod« die Widerstandsaktionen von Juden als Soldaten, Partisanen und KZ-Häftlinge in allen Ländern eindrücklich beschrieben. Selbstverständlich gab es auch gebrochene, verängstigte Menschen, die sich ohne physische Gegenwehr der Mordmaschine ergaben. Das geschah allenthalben. Bei Gefahr reagiert jeder Mensch anders. Niemand weiß vorher, wie er handeln wird. Am Schreibtisch über Menschen in Todesangst zu urteilen, zeugt von Überheblichkeit.

Meine Mutter fühlte sich unter der Obhut von Monsieur und Madame Blomme zunächst weiterhin verhältnismäßig sicher. Die Arbeit in der Fleischerei ersparte ihr riskante Gänge durch die Stadt zu Juden, bei denen sie zuvor gearbeitet hatte. Dass die Deutschen Jagd auf Kinder machen würden, konnte sie sich aber nicht vorstellen. Als Herr Blomme sie ermahnte, auf ihre Tochter aufzupassen, meinte Mutter, es würde genügen, Roselchen vor deutschen oder belgischen Polizisten zu warnen.

Für mich ist die Festnahme und Ermordung meiner Schwester ein Sinnbild für die Situation der Juden während der Schoah. Wir wussten, dass uns von den Nazis Gefahr drohte. Doch das Ausmaß der Unmenschlichkeit, des Betrugs und der Skrupellosigkeit war jedem, nicht nur den Juden, die im Laufe ihrer Geschichte unzählige Verfolgungen überstanden hatten, unvorstellbar. Ausschreitungen und Massaker hatte es immer gegeben, auch in Zukunft wird die Menschheit davon wohl nicht verschont bleiben. Doch die erbarmungslose Systematik des Völkermordes an den Juden bleibt einmalig. Dass die Gestapo jüdische Kinder fangen und diese dann umgehend nach Polen zur Ermordung deportieren würde, war bis dahin unvorstellbar gewesen – ich begreife es bis heute nicht. Gegen dieses kalte Verbrechertum waren die meisten Juden wehrlos.

Mutter erfuhr bereits nach wenigen Stunden über belgische Résistance-Kämpfer, dass ihre Tochter verschleppt worden war und dass keine Aussicht bestand, Rosa aus den Händen ihrer Häscher freizubekommen.

Die Verschleppung ihrer Tochter zwang Mutter endgültig, die Verantwortung für ihr Schicksal zu übernehmen. Ihr Mann und Rosa waren bereits in den Händen

Mutter, Roselchen und ich in Brüssel

der Deutschen. Sie selbst konnte ebenfalls jeden Moment verhaftet werden. Da wollte sie wenigstens mich außer Gefahr wissen.

Unser guter Geist, Monsieur Blomme, nahm erneut Kontakt zur Résistance auf und erfuhr die Adresse einer

NOMS	PRÉNOMS	DATES DE N.	AGE	ADR
X SPIEGEL	Roza	31	11	n Th V
—	Paul	32	5	
SEIDLER	Erich	31	11	n auy
—	Karl	26	16	
SZYMKOWICZ	Joseph	31-7-27	15	n
STELKOWICZ	Willy	22-11-34	8	
SIEBZEHNER	Henny	5-2-30	12	n de
—	Bernd	27-8-31	11	
—	Gilwin	23-11-38	4	
SILBERMAN	Ludwig	3-11-28	19	742
STARK	Fanny	3-11-40	2	
SPRUNG		29	13	
SILKUR	Léon			186
SAFRAN	Paulette	26-6-27	15½	
Schiffelbein	Ruth	24-1-39	4	240
X Schächter	Maurice	14-5-41	2	88 rue du
Steiner	Henri	19-1-31		26. rue
S...	Norbert		4½	n. 15
H. Selsti...	Gisela	9.4.34		2.7.
Sautelm	Brigitte		6	186 rue
Paul	Berthold		4	
Szwarcman	Mathilde		.	10 rue de
				sonner
Silberman	Brocha		.	74 rue
Steiner		garçon		210 av.
Stark	Simone			45, rue Sey
Szemberts	Kolka		10½	
X	Maxime		5½	

Aus dem Notizheft einer belgischen Frau, die half, jüdische Kinder zu verstecken

52

...SSES	DATES à entrée	OBSERVATIONS
...hargen 42		*Placé 14.11.43*
id		
...haines 108		
id		
		1500 par mois
'Instruction 1/3		a v 70 au Clémenceau
id		
id		
Bodeghem		a voir 70 au Clémenceau ✝
		1000 f 6 m d'avance
n de hacken		500 f par mois
		demander renseig au Clémenc.
...G...		
Téléphone		indigent désir faire adoption pr. dur. guer.
Van Hove Sch.		indigent. parents préfère dans une famille
Chardraud, 46		M. 8 4* 45. Mijus Haine 309...
parabere		bel. 173152. indigente
de Barnieux		indigents. urgent
Hollande		
2 sonnettes du milieu		
Bodeghem.		Me Junck. 210. au Bailly. écrit pour marg
Bailly.		à voir pr. place avec frère chef lui demander.
De Bruyne.		34. rue Erasme
	eng:28/1	parents à Ohain, chez Peronon, 145 1/4 m 15/4
	Placés	s'adresser. 16, rue Longue, iré.
	Parents déportés	cordonnier Marcos. Bolder.

(christlichen) belgischen Familie, die gegen Bezahlung in ihrem Haus in Uccle jüdische Kinder versteckte. Mutter brachte mich sofort dorthin.

Bis dahin war ich behütet und voller Zärtlichkeit aufgewachsen. Von den Widrigkeiten, denen meine Familie in jener Zeit ausgesetzt war, hatte ich nichts mitbekommen. Einzig die angstvolle Atmosphäre beim Abschied meines Vaters ins Internierungslager hatte sich mir eingeprägt. Der unangenehme Moment war vorübergegangen. An die nächsten zwei Jahre, als meine Mutter putzen ging und Rosa mich nachmittags und abends betreute, habe ich keine Erinnerung. Aber ich musste sicher nichts entbehren, hatte genügend zu essen und gewiss alle Zuwendung von Mutter und Schwester.

Diese Geborgenheit war mit meiner Unterbringung bei einem Ehepaar im Brüsseler Stadtteil Uccle schlagartig vorbei. Es war Anfang November 1942, ich war fast fünf Jahre alt. Die schlimmste Zeit meines Lebens begann. Meine Pflegeeltern waren nicht die sprichwörtlichen Bösewichter aus dem Märchen oder den Romanen von Charles Dickens. Sie taten uns Kindern willentlich kein Leid an. Aber wir bedeuteten für sie in erster Linie ihr Kapital. Das Ehepaar kannte die Gefahr, in der Juden und ihre Kinder durch die Nazis schwebten, und sie nutzten die Not aus, indem sie die jüdischen Kinder aufnahmen und sich teuer dafür bezahlen ließen. Sie versteckten uns und gaben uns zu essen, gerade genug, damit wir nicht hungerten. Satt wurden wir aber auch nicht.

Wir waren etwa zehn Kinder. Alle in einem Raum untergebracht. Ich war der Kleinste. Die älteren Jungen und Mädchen waren nach meiner Erinnerung schon im schulpflichtigen Alter. Doch selbstverständlich ging niemand zur Schule, das war viel zu gefährlich. Wir hockten tagsüber zusammen, spielten, stritten. Nur laut durften wir nicht werden.

Nie zuvor war ich länger mit gleichaltrigen Kindern zusammen gewesen. Ich war noch völlig unselbständig. Bislang wurde mir mein Essen immer pünktlich vorgesetzt, ich wurde gewaschen, gehegt und gepflegt. Mutter und Schwester hatten alle meine Bedürfnisse erfüllt und, was wichtiger war, alle Ängste von mir fern gehalten. Ich konnte mich nicht an finstere, bedrohliche Nächte erinnern oder an raufende Kinder.

Nun, mit fast fünf Jahren, war ich erstmals ohne Mutter. Keiner kümmerte sich um mich. Mit fremden Kindern zu spielen, lernte ich erst langsam. Anderes dagegen begriff ich sehr schnell. Der Hunger lehrte mich, morgens und abends zu essen, was auf den Tisch kam. Niemand aber sagte mir, dass ich mich regelmäßig waschen musste.

Am schlimmsten waren die Nächte. Jeder musste auf seine Strohmatratze. Dann wurde das Licht gelöscht. Zu Hause hatten mich Mutter oder Rosa in die Arme genommen, mir etwas vorgesungen, eine Geschichte erzählt oder mich in den Schlaf gewiegt. Hier hieß es: »Ruhe! Schlafen!« Manche weinten. Auch ich. Niemand kam, um uns zu trösten, zuzudecken oder ein kleines Licht anzumachen, damit die Furcht vor der Dunkelheit wiche.

Seit ich selbst Vater bin, habe ich, wenn ich nicht unterwegs sein musste, die Kinder oft in den Schlaf begleitet. Es war jedes Mal ein Geschenk für mich zu spüren, dass unsere beiden Töchter keine Angst hatten. Wenn die Kinder nachts riefen, weil sie schlecht geträumt hatten, hat nicht nur meine Frau versucht, sie zu beruhigen. Die Kinder trösten zu können, aber auch mit ihnen vor dem Einschlafen Blödsinn zu veranstalten und herumzutoben, war eines meiner schönsten Erlebnisse als Vater. Als unsere Mädchen älter wurden und ich spürte, dass sie abends gerne alleine sein wollten, entbehrte ich zunächst etwas.

Die furchtbarsten Momente in Uccle aber waren nicht nachts. Angst und Schrecken machten sich tagsüber breit. Unangekündigt. Wenn es an der Haustür klingelte oder die Pflegeeltern aus irgendwelchen Gründen Gefahr witterten, wurden wir Kinder durch eine verborgene Luke im Fußboden in einen Kellerverschlag gejagt. Danach wurde der Holzdeckel sogleich wieder geschlossen. Es war kalt dort unten, feucht und – am schrecklichsten – vollkommen dunkel. Wir alle hatten furchtbare Angst. Wir mussten absolut still sein. Die älteren Kinder hielten uns Kleinen den Mund zu. Wir wimmerten lautlos. Die unfassbare Dunkelheit verschluckte alles – außer der Angst. Das erste Mal war es am schlimmsten. Die Finsternis, der Schrecken, die erzwungene Stille, das Warten schienen kein Ende zu nehmen. Plötzlich hörten wir Schritte. Die unbestimmte Furcht steigerte sich zur Panik. Dann wurde die Luke aufgerissen. Das einfallende Licht blendete uns. »Allez! Allez!«, rief Madame. Ungeduldig wurden wir wieder in unser Zimmer getrieben. Meine Beine waren eingeschlafen, alles tat mir weh. Doch das kümmerte niemanden.

Nach einiger Zeit wurden Brot, Margarine und Marmelade und Tee auf den Tisch gestellt. Unser Abendessen. Ich spürte keinen Hunger, mir graute nur vor der Dunkelheit der Nacht. Sie ließ nicht lange auf sich warten.

Das Licht wurde gelöscht. Ich lag auf meiner Stroh-matte in der Ecke und hatte Angst. Angst und Sehn-sucht nach meiner Mutter. Ich konnte nicht einschlafen, war traurig, hörte andere Kinder weinen. Auch deren Herzen waren schwer, sie waren verängstigt und sehn-ten sich ebenfalls nach ihren Eltern. Die Furcht der an-deren ist kein Trost und macht den eigenen Kummer nicht kleiner, aber sie lindert den Druck, den man vom Schämen empfindet. Ich fiel in ihr Weinen ein.

Irgendwann erschien, begleitet von einem Lichtschein, Madame, rief mahnend »Silence!« und tauchte wieder ins Dunkel. Aber die Angst blieb und die Tränen. Kin-derhände rüttelten mich. Zischend wurde ich von einem Jungen zur Ruhe ermahnt. Ich versuchte, leise zu sein. Die Verzweiflung ließ sich nicht wegzischen. Schließ-lich gewannen Müdigkeit und Erschöpfung die Ober-hand. Ich schlief ein.

Morgens wurden wir zum Frühstück geweckt. Es war hell. Ich hatte Hunger, aß. Ein Mädchen forderte mich auf, mit ihr und den anderen Kindern zu spielen. Ich wollte nicht. Also wandte sie sich wieder ab. Ich war al-lein und wurde so wieder zum Opfer meiner Furcht und Sehnsucht nach Mutti.

Bei aller Traurigkeit war meine erste und wichtigste Lektion im Umgang mit Menschen: Du musst mit den anderen spielen. Später durchdenkt man dieses Verhal-ten, nennt es sozial. Oder die Bereitschaft, sich den Mit-menschen zu öffnen, auf sie zuzugehen. Doch der ur-sprüngliche Wunsch ist entscheidend: mitspielen wollen.

Weil ich nicht mitspielte, war ich in dem kalten Zim-mer von Uccle allein. Niemand kümmerte sich um meinen Hunger, meine sonstigen Bedürfnisse, meinen

Kummer. Wichtig war nur, dass ich nicht laut weinte oder schrie. Wenn ich nicht für mich in der Ecke sitzen und Angst haben wollte, musste ich also mitspielen. Zögernd gesellte ich mich zu den anderen Kindern. Ich wurde nicht sogleich mit Freude und Zärtlichkeit aufgenommen wie zu Hause. Zunächst und auch später gab es manche Püffe und Knüffe. Doch ich wollte dabei sein, mitmachen. Und irgendwann gehörte ich dann dazu. Seither bin ich dabei im Spiel der Menschen, im Miteinander. In der furchtbaren Zeit in dem schmutzigen Zimmer in Uccle habe ich Entscheidendes für mein Leben gelernt: Man muss auf andere Menschen zugehen, dann darf man mitspielen.

Das Leben wurde dadurch nicht von einem auf den anderen Tag schön. Das Zimmer blieb dreckig, Angst und Sehnsucht verschwanden nicht, aber das Spielen half. Ich war beschäftigt, gewann Freunde und hatte weniger Zeit für die Furcht. Doch sie ließ sich nicht abwimmeln. Sie kam wieder mit den eiligen Schritten und dem Erscheinen von Madame oder Monsieur und dem Befehl: »Silence! A la cave! Vite, vite!« Ab in den Keller! Ab in die Finsternis. In die nackte Angst.

Ein Stück davon ist in meinem Herzen geblieben. Mit der Zeit konnte ich zwar die Furcht vor der Dunkelheit überwinden – doch nicht die vor dem Eingesperrtsein in engen Räumen. Jedes Mal, wenn ich in einen engen Lift steigen musste, befiel mich Panik.

Erst eine neue, viel gescholtene Erfindung hat mir geholfen, mich von dieser Angst zu befreien: das Handy. Das Wissen, dass ich mit meinem kleinen Telefon jederzeit einen anderen Menschen erreichen kann, lindert die Furcht vor der Isolation, vor der Ungewissheit.

Das Handy wird oft als Ausdruck der Langeweile, der Unfähigkeit, alleine zu sein, verspottet. Der moderne Mensch sei nicht in Lage, sich mit sich selbst zu beschäftigen und flüchte sich daher in dauerndes Geschwätz. Ich glaube aber eher, dass der Einzelne heute wie einst die Verbindung zu seinen Mitmenschen sucht. Früher hatte man durch große Familien selbstverständlich Gesellschaft, heute soll die Technik helfen. Das Bedürfnis nach Gemeinschaft ist uralt. »Es ist nicht gut, dass der Mensch alleine sei«, erklärt die Bibel. Im Judentum ist der Rückzug von den Mitmenschen, das Eremitentum ausdrücklich verboten. Wenn man um die Angst der Menschen vor der Einsamkeit weiß und auf sie zugeht, macht man sich und den anderen das Leben leichter.

Unverhofft tauchte eines Tages meine Mutter auf. Die Pflegeeltern wollten sie aus gutem Grund nicht zu uns lassen. Mutter konnte sich zwar mit Worten schwer verständlich machen, aber sie war nicht aufzuhalten. Sie wollte sehen, wie es ihrem Kind ging. Schließlich setzte sie mit Händen und Füßen ihren Willen durch und stürmte in unser Zimmer. Sie war entsetzt über den Schmutz, zutiefst empört über die Verwahrlosung der Kinder. Mutter packte mich und lief mit mir hinaus. Sie nahm nicht einmal meine wenigen Sachen mit.

»Dein Zeug war vollständig verdreckt und verlaust«, erzählte sie mir später.

Mutter fuhr mit mir in die Rue Theodore Verhaegen zurück. Sie warf meine Kleider in den Müll und schrubbte mich von oben bis unten ab. Doch mein Kopf blieb schorfig. Sie ging mit mir zum Arzt. Wir besaßen keine gültigen Papiere und trugen nicht den vorgeschriebenen Judenstern. Jedes Erscheinen auf der Straße bedeutete ein Risiko. Daher hatte sie sich ein eigenes Warnsystem ausgedacht. Wir hielten uns an der Hand. Wenn Gefahr drohte, drückte sie zweimal kräftig zu. Dann hatte ich augenblicklich den Mund zu halten und ihr zu folgen. War die Bedrohung, ein deutscher Soldat oder Polizei, vorbei, dann strich mir Mutter über den Kopf. Wir behielten unser geheimes Signalsystem ein Leben lang bei. Auch als ich schon längst in Düsseldorf wohnte und mit meiner Mutter hier oder in Warendorf spazieren ging, spielten wir gelegentlich unser altes Signalspiel.

Der Doktor, der alte Hausarzt der Familie Blomme, besah kurz meinen Kopf, dann stand seine Diagnose fest: »Der Junge hat Kopfkrätze.« Die Sprechstundenhilfe rasierte unter Mutters Beistand meinen Kopf kahl, der Mediziner pinselte ihn mit einer blauen, scharf riechenden Flüssigkeit ein. »Blauköpfchen«, rief meine Mutter spontan. Mein neuer Name! Ich war stolz wie ein Indianer auf seine Kriegsbemalung.

Mutter wusste, dass wir jeden Moment entdeckt werden konnten. Sie bat Monsieur Blomme, sich erneut umzuhören. Er erfuhr, dass sich in der jüdischen Gemeinde in Brüssel die Gruppe »Les enfants cachés« gebildet hatte, die es sich zur Aufgabe machte, jüdische Kinder zu retten. Sie hatten belgische, nichtjüdische Menschen gefunden, die bereit waren, Kinder wie mich zu verstecken. Meine Mutter nahm Kontakt zu dieser Gruppe auf, schilderte unsere Lage und erhielt nach wenigen Tagen die Adresse einer Bauernfamilie in Chapelle-lez-Herlaimont bei Namur. Sie schnürte ei-

Unser Signalspiel

nen kleinen Beutel mit meinen Habseligkeiten und
brachte mich am folgenden Sonntag in den Ort.

Ich habe nur noch wenige Erinnerungen an das Dorf.
Auch nicht an »unseren« Hof. Aber nie werde ich die
Güte, die Wärme der Bauersleute und ihres Sohnes vergessen. Luc war ein rundlicher Junge von etwa fünf-
zehn Jahren. Seine Eltern waren ebenfalls rundlich. Alles
an dieser Familie war rund und weich, warm und herzlich. Meine Mutter hatte immer noch nicht Französisch
gelernt und die Bauern verstanden kein Deutsch. Ein

61

Mann in schwarzer Soutane dolmetschte, der Pfarrer. Er wurde mein Freund.

Es ging mir gut bei meiner neuen Familie. Ja, Familie. Der Pfarrer bestimmte, dass ich als Neffe aus Deutschland ausgegeben werden sollte. So wurde ich auch behandelt. Ich schlief bei meinem »Cousin« Luc im Zimmer. Alles wurde mit mir geteilt. Das Essen, die Freude, der Glaube. Ich galt als Christ. Der Pastor schenkte mir einen Rosenkranz, den ich bis heute aufbewahrt habe und den ich für nichts in der Welt hergeben würde. Und selbstverständlich besuchte ich mit der Familie an Sonn- und Feiertagen die Kirche. Der Priester hatte mir gesagt, dass ich Jude sei. Doch was dieses Jude-Sein bedeutete, wusste ich nicht. Abends vor dem Einschlafen spekulierte ich gelegentlich, was es wohl heißen mochte. Ich kam zu dem Schluss, dass es ein Makel sein musste. Mein Vater und meine Schwester waren weggekommen, weil sie Juden waren. Auch ich musste versteckt werden, weil ich Jude bin. Zunächst in Brüssel, nun hier in Chapelle-lez-Herlaimont. Auf der Straße musste man Angst haben, dass die Leute einen als Juden entdeckten.

Jude zu sein bedeutete also Gefahr. Aus welchem Grund? Ich fragte meine »Tante«. Sie gab zunächst vor, es nicht zu wissen. Irgendwann aber sagte sie, ich solle doch aufhören, Jude zu sein und Christ werden, dann habe der Ärger ein Ende und ich müsse keine Angst mehr haben. War es so einfach, die Furcht loszuwerden?

Meine Tante sprach mit dem Pfarrer. Doch der Geistliche wollte mich nicht zum Christen machen. »Bleib Jude, so lange du kannst«, mahnte er mich. »Nur wenn es nicht mehr anders geht, taufen wir dich.«

Alle anderen Kinder im Dorf wurden nach der Geburt getauft. Ich aber musste warten. Warum? Warum sollte ich nicht sein dürfen wie die anderen? Waren die Christen denn einfach bessere Menschen? Das waren seltsame Grübeleien. Sie haben sich in meinem Gedächtnis festgesetzt. Ich hätte so gern mit meiner Mutter über all diese mich quälenden Fragen gesprochen, aber die war für mich unerreichbar.

Die meiste Zeit aber war ich fröhlich. Ich spielte mit Luc und schwatzte mit meiner Tante. Den Onkel sah ich seltener. Er machte sich im Morgengrauen an die Arbeit, während ich noch schlief, und kehrte meist spät zurück, wenn ich bereits in meinem Bett lag.

Das Dorfleben bei meiner Familie war wunderbar. Es gab wohlschmeckendes Essen, warme Milch, kräftiges Brot, frisches Gemüse, gutes Fleisch. Ich fühlte mich wohl, konnte nach Herzenslust draußen herumtoben. Bald auch mit den Dorfkindern, deren Sprache ich schnell verstand. Und wann immer ich etwas brauchte oder einen kleinen Kummer hatte, war meine Tante für mich da.

Heutzutage wird viel über Solidarität und Humanität referiert. Das ist mir vielfach zu abstrakt. Meine Tante und mein Onkel in Chapelle-lez-Herlaimont würden die ausgeklügelten Reden kaum verstehen. Stattdessen praktizierten sie Nächstenliebe und Menschlichkeit. Nicht aufgrund theoretischer Prinzipien, sondern weil ihr christlicher Glaube, die Bibel und ihr Pfarrer es verlangten. Sie nahmen ein fremdes Kind auf und gefährdeten damit ihr eigenes Leben. Obgleich sie in sehr bescheidenen Verhältnissen lebten, teilten sie ihr weniges Gut mit mir. Vor allem schenkten sie mir Liebe und bauten so mein Zutrauen zu den Menschen wieder auf. Mir fehlte nichts, außer meine Mutter. Die Tante merkte das. Es sei sehr schwierig, für Mutter hierher zu kommen, erklärte sie mir immer wieder. Doch als sie spürte, wie groß meine Sehnsucht war, versprach mir die Tante, alles zu tun, um »ta maman« ins Dorf zu holen.

Bald darauf, an einem Sonntag kurz nach dem Kirchgang, tauchte Mutter unverhofft auf. Zumindest erschien es mir so. Tatsächlich holte der Onkel sie vom Bahnhof der nächstgrößeren Stadt Namur ab und brachte sie zu uns nach Hause.

Mutter schloß mich in ihre Arme. Ich fühlte Wärme, Geborgenheit, Vertrautheit. Heute kann ich das beschreiben. Damals wusste ich nur, dass ich meine Mutti liebte. Dichter haben seit je in unzähligen Versen und Geschichten Liebe beschrieben. Eine allgemein anerkannte Definition gibt es bis heute nicht. Sie ist unnötig. Wer liebt, weiß es. Mutter und Kind fühlen es. Bei meiner Dorf-Familie wurde ich gut versorgt und ich hatte die drei von Herzen gerne. Aber meine Mutti liebte ich.

Mein Onkel kutschierte Mutter und mich auf seinem offenen Pferdewagen nach Namur. Die Bahn brachte uns nach Charleroi. Wir redeten kaum, denn Mutter sprach noch immer nicht Französisch und ich begann, mein Deutsch zu vergessen. Mutter musste also befürchten, wir würden auffallen, wenn wir uns in unserem seltsamen Mischidiom unterhielten. Also nahmen wir wieder unser altes Handsignalsystem auf. Wir gaben uns die Hände. Es tat so gut, Muttis Hand zu spüren. Nichts läßt sich mit Mutterhänden vergleichen.

Auf der Fahrt nach Charleroi signalisierte Mutter nur beim Näherkommen des Schaffners Gefahr. Dann wurde ihre Hand feucht und steif. Mutter steckte die Angst im Leib, durch Unachtsamkeit das Leben ihres zweiten Kindes zu gefährden.

Auf dem Bahnsteig nahm uns Otto Moos, ein Groß-
cousin meines Vaters, in Empfang. Er brachte uns in sein
Haus. Es entpuppte sich als eine Gastwirtschaft an einer
Eisenbahnbrücke, über die ständig Züge donnerten.
Dann zitterten die Böden.

Erst im Haus fiel die Angst langsam von Mutter ab. Die
Erwachsenen wisperten miteinander. Ich bekam eine
Limonade vorgesetzt. Nachdem ich ausgetrunken hatte,
wollte ich nach draußen. Aber Mutter hatte Bedenken.
Otto Moos und seine belgische Frau Arsene versuchten,
sie zu beruhigen. Sie wollten mich mit zwei Jungen aus
der Nachbarschaft spielen lassen. Schließlich gab
Mutter nach und ließ mich mit der eindringlichen
Aufforderung, vorsichtig zu sein, ziehen.

Ich tollte mit den Jungen am Bahndamm herum.
Dachte nicht mehr an Mutters Mahnung – oder doch?
Jedenfalls dauerte es nicht allzu lange und ich schlug
hin. Dabei riss ich mir das Knie am Schotter auf. Die
Wunde blutete. Ich erschrak und die beiden Jungen
ebenfalls. Sie sollten doch auf mich aufpassen. Rasch
brachten sie mich nach Hause. Otto Moos schimpfte
sie aus und meine Mutter mich. Dann bekam ich einen
weißen Mullverband angelegt. Während die beiden bald
nach der Strafpredigt wieder hinaus durften, musste ich
im Haus bleiben. Wieder war ich allein, durfte nicht mitspielen, fühlte mich eingesperrt. Statt Freiheit gab es ein
Glas Brause. Die Narbe an meinem Knie ist bis heute
sichtbar geblieben. Sie erinnert mich daran, dass Freiheit viel süßer schmeckt als Limonade.

Am späten Nachmittag nahm mich mein Onkel am
Bahnhof in Namur wieder in Empfang. Mutter fuhr
nach Brüssel weiter. Beim Abschied versuchte sie, die
Tränen zu unterdrücken, aber ich sah sie und fühlte mich

Beim Besuch in Charleroi

genau so traurig. Mit aller Kraft drängte ich meine Tränen weg. Ich wollte Mutti das Herz nicht noch schwerer machen.

Nachts aber konnte ich meinen Schmerz nicht mehr zurückhalten. Meine Tante tröstete mich, so gut sie konnte. Auch sie hatte Mutterhände, schwere, aber zarte Hände. Doch es waren nicht die Hände meiner Mutter.

Mutters Besuch im Herbst 1943 war der einzige in Chapelle-lez-Herlaimont. Es war vernünftig, dass sie nicht mehr kam. Ich wusste, sie hatte genauso viel Sehnsucht nach mir wie ich nach ihr. Aber Mutter hätte sich gefährdet und ihr Besuch uns beide geschmerzt. Das weiß ich heute. Damals aber wollte ich meine Mutti unbedingt sehen. Meine Tante brauchte viel Liebe und Geduld, um meinen Schmerz zu lindern. Sie besaß diese Gaben. Und so vernarbte der Schmerz wie meine Kniewunde.

Im Herbst 1944 kam ich in die Schule. Meine Tante brachte mich am ersten Tag in das Haus des Lehrers. Wir Schüler wurden alle gemeinsam in einer Klasse unterrichtet. Die Schulstunden machten mir meist Spaß. Es gefiel mir, Lesen und Schreiben zu lernen. Mit Rechnen hatte ich weniger am Hut. Dabei ist es bis heute geblieben. Mein erstes französisches Lesebuch und meine Schreibhefte habe ich aufgehoben – ebenso wie meinen Rosenkranz. Meine fromme Tante sorgte auch dafür, dass ich in die Kirche ging und mit dem Christenglauben in Verbindung blieb – indem ich den Rosenkranz betete.

Um die Jahreswende 1944/1945 wurde unser Dorf befreit. Gottlob kampflos. Die deutsche Wehrmacht zog sich nachts heimlich aus Chapelle-lez-Herlaimont zurück. Aber noch wagte niemand zu jubeln. Vielleicht würden die Deutschen überraschend zurückkehren.

Es kam anders.

Wie jeden Morgen wurden Luc und ich zur Schule geschickt. Doch an dem Tag wirkte unser Lehrer zerstreut. Plötzlich hörten wir Lärm, Geschrei, Jubel. Die Tür unseres Klassenzimmers wurde aufgerissen, die Frau des Lehrers und bald auch Eltern stürmten herein. Die Erwachsenen umarmten und herzten einander und uns. »Der Krieg ist aus! Die Amerikaner sind da!«, riefen sie. Wir rannten auf die Straße. Aus den Fenstern hingen schwarz-gelb-rote belgische Fahnen. Die Menschen, die ich bislang als ruhige Bauern kannte, schwatzten aufgeregt, lachten, tranken und sangen. Ich hörte Motorengeräusch. Zum ersten Mal sah ich einen Jeep, den kleinen, braun gestrichenen Geländewagen. Das Auto rumpelte über die ungepflasterte Dorfstraße. Die belgischen Bauern jubelten. Es folgte eine Kolonne schwerer Lastwagen. Soldaten in olivfarbenen Uniformen winkten in die Menge.

Meine Tante tauchte auf. Sie umarmte und küsste Luc und mich. Der Jubel der Menschen wurde von dumpfem Motorengebrumm übertönt. Dann hörten wir Metallraupengeknirsche. »Les tanks«, schrie jemand. »Les tanks!« Zügig rollten die Stahlungetüme ins Dorf. Die Freude und der Jubel kannten keine Grenzen. Schreiend liefen die Menschen auf der Straße hin und her, hielten den Soldaten Schnaps und Brot entgegen. Die Panzer mussten stoppen. Frauen warfen den Soldaten Kusshände zu, die winkten lachend zurück.

Auch ich schrie mit den Leuten. Und musste gleich an meine Mutti denken. Immer hatte sie diesen Tag herbeigesehnt. Wie die Juden in aller Welt.

Ein jüdischer Witz illustriert die ungebrochene Hoffnung auf Befreiung von den Nazis unnachahmlich.

»1943 wird ein Rabbi von einem Schüler gefragt: Wann wird Hitler endlich sterben?

Das genaue Datum kann ich noch nicht sagen. Aber eines weiß ich sicher: Es wird der höchste jüdische Feiertag sein.«

Ich wusste nicht, dass Hitler noch einige Wochen zu leben hatte und das Töten bis zum 8. Mai weitergehen sollte. Für mich war der Krieg vorbei. Unwillkürlich erinnerte ich mich an die Worte meiner Mutter: »Wenn die Nazis weg sind und du amerikanische oder englische Soldaten siehst, dann geh zu ihnen und sag ›I am a German Jew. Das heißt, ich bin ein deutscher Jude‹. Sie sprach mir jedes Wort einzeln und deutlich vor.«

Ich lief also sofort zum nächsten Panzer, der inmitten der jubelnden Menschen stecken geblieben war, und schrie: »I am a German Jew. I am a German Jew.« Und immer wieder: »I am a German Jew.« Da winkte mir ein Soldat aus der Turmluke des Panzers zu. Ja, mir. Ganz heftig. Er rief etwas, das ich nicht verstand. Dann tauchte er in seinen Tank ein. Nach wenigen Sekunden kam er wieder zum Vorschein, schwang sich vom Turm, sprang zu mir, packte mich und warf mich in die Höhe. Dann setzte er mich behutsam ab und drückte mir eine Tüte in die Hände. Nüsse und Schokolade! Auch halbmondförmige gelbe und runde hellrote Früchte waren dabei, die ich damals noch nicht kannte: Bananen und Orangen. Ich starrte gebannt auf mein Geschenk. Es brauchte einige Zeit, ehe ich aufsah, um meinem lachenden Wohltäter zu danken. Er war schwarz! Zum ersten Mal sah ich einen leibhaftigen Schwarzen. Mit perlweißen Zähnen! Der Soldat gab mir einen kräftigen Kuss, sagte ein paar Worte, die ich ebenso wenig verstand wie die Umstehenden. Nichtsdestotrotz klatschten alle. Ein Bauer nötigte ihn, einen klaren Schnaps zu trinken, was der GI umgehend tat. Eine junge Frau fiel ihm um den Hals und gab ihm einen Kuss. Worauf die Tankbesatzung lachte, klatschte und johlte. Ich hielt meine Tüte ganz fest. Nach kurzem Palaver kletterte mein amerikanischer Befreier wieder auf seinen Panzer und stieg in seinen Turm. Der Motor heulte auf und mit rasselnden Ketten setzte sich das Monstrum in Gang.

Die Befreiung in Chapelle-lez-Herlaimont ist eine meiner schönsten Erinnerungen. Ich habe oft meinen Freunden davon erzählt und auch darüber geschrieben. Erstmals in meinem Leben, mit sieben Jahren, hatte mein Judentum keinen Makel und keine Gefahr bedeutet. Es hatte mir sogar eine schmackhafte Belohnung eingebracht. Ich war ausgezeichnet worden vor allen anderen.

Vor einigen Jahren erlebte ich dann ein Déjà-vu. Ich sah mir mit meiner Frau die hintergründige Komödie »Das Leben ist schön« von Roberto Benigni an. Da wurde eine fast identische Befreiungsszene gezeigt!

Die meisten Zuschauer und Kritiker diskutierten darüber, ob man Witze oder Komödien über die Schoah machen dürfe. Die Frage ist längst beantwortet. Wir Juden haben den furchtbarsten Teil unserer Geschichte unter anderem deshalb überstanden, weil wir nie aufgegeben haben. Dazu gehört, dass wir nie aufgehört haben zu lachen. Selbst wenn wir uns dazu zwingen mussten. Dies wird unter anderem in einem makabren KZ-Witz deutlich.

»Auschwitz. Ein SS-Mann befiehlt einen Häftling zu sich. ›Ihr Juden tut immer so schlau. Beweis es! Ich habe ein Glasauge. Sag mir welches! Sonst schick ich dich ins Gas.‹

70

›Das rechte, Herr Scharführer!‹, lautet die prompte Antwort.

›Woher weißt du das?‹

›Es guckt so menschlich.‹«

Ich bewundere das Einfühlungsvermögen, den Mut und den Humor des – nichtjüdischen – italienischen Regisseurs. Ein wahrer Künstler versteht mit dem Herzen und setzt mit dem Kopf um. In solchen Momenten bin ich ganz besonders froh über die Wahl meines Berufs. Als Künstler-Agent vermittelt man nicht nur Schauspieler und Sänger. Ich bin gleichzeitig ihr Vertrauter und darf – und muss – diese sensiblen Persönlichkeiten betreuen und ihnen beistehen.

Lange nachdem die amerikanischen Soldaten unser Dorf passiert hatten, herrschten Jubel und freudige Ausgelassenheit. Natürlich gab es schulfrei. Ich war glücklich mit meiner Naschtüte. Zusammen mit Luc und meiner Tante genoss ich jeden Bissen.

Sicher hatten die netten amerikanischen Soldaten mittlerweile auch meine Mutter befreit – vormittags unser Dorf, nachmittags die Stadt. Gewiss war sie auch beschenkt worden. Ich konnte es nicht abwarten, sie zu sehen.

Vor Aufregung und Sehnsucht fand ich abends keinen Schlaf. Die Tante kam an mein Bett. Sie wusste, was mich bewegte und sagte mit ihrer ruhigen, vollen Stimme: »Cher Paul. Ich weiß, dass du jetzt zu deiner Mutti willst. Du wirst sie bald sehen. Aber nicht sofort. Denn es wird noch einige Zeit dauern, bis die amerikanischen Tanks in Brüssel sind.«

Sie legte ihre große, warme Hand auf meine Wange. »Es braucht nur noch ein paar Tage. Die Leute freuen sich überall so wie bei uns. Und Brüssel ist ganz weit weg und sehr groß. Aber wenn die Soldaten in ein paar Tagen bei deiner Mutti sind, wird sie sofort hierherkommen.«

Es dauerte aber noch fast drei Wochen, ehe meine Mutter zu uns kam. Ich erinnere mich ganz genau daran. Sie hatte einen Strauß Blumen für Tante und Onkel unter dem Arm.

Wir fuhren noch am gleichen Tag zurück in die Stadt. Ausgelassen spielten wir unser Handwarnsignalspiel. Jetzt, da wir endlich keine Angst mehr haben mussten. Stolz erzählte ich Mutter, wie die amerikanischen Tanks in unser Dorf gekommen waren. »Ich habe gleich gesagt: ›I am a German Jew‹, wie du es mir beigebracht hast.« Mutter freute sich zunächst und lachte mit mir. Mit einem Mal jedoch wurde sie ernst. Ihre Augen wurden traurig.

Natürlich musste sie daran denken, wie sie Roselchen eingetrichtert hatte, nur Uniformträgern ihr Judentum zu verschweigen. Wäre ich als Siebenjähriger denn in der Lage gewesen, zwischen deutschen und alliierten Soldaten zu unterscheiden? Ein Irrtum hätte tödlich für mich sein können.

Damals begriff ich diese Psycho-Logik noch nicht. Ich spürte lediglich Mutters Verzweiflung. Und registrierte, dass wir einander zumindest verbal kaum verstanden. Ich schwatzte daher wie ein wallonischer Bauernbub und hatte meine deutsche Muttersprache fast vollständig vergessen; meine Mutter beherrschte nur ein paar Brocken Französisch. Weniger als zwei Jahre Verfolgung hatten genügt, die Sprachen zwischen Mutter und Kind babylonisch zu verwirren. Aber das waren Nebensäch-

Meine Schule in Brüssel

lichkeiten. Mutter und ich waren glücklich, dass wir endlich wieder zusammen sein durften. Sie verstand es, ihre
Traurigkeit zu überspielen und sich mit mir zu freuen.

In Brüssel fuhren wir mit der Straßenbahn in die Rue
Theodore Verhaegen. Dort warteten schon Monsieur
Blomme und seine Frau. Sie schenkten mir ein blaues

73

Spielzeugauto zum Aufziehen, das mich noch viele Jahre begleiten sollte.

Nachts begrüßten mich in meinem Bett in unserem Mansardenzimmer andere vertraute Gefährten. Wanzen zwickten mich und saugten mein Blut. Am Morgen sah ich sie inmitten dunkler Flecken an der Wand kleben. Ich hatte mir die Quälgeister im Schlaf von der Haut gerissen und an die Tapete gedrückt. Doch das war mir egal – endlich war ich wieder mit meiner Mutti zusammen! Sie verwöhnte mich, wo sie konnte. Dauernd herzte und küsste sie mich und versuchte, mir mein Lieblingsgericht zu kochen.

Die Deutschen sind keine Riesen

Immer mehr jüdische Familien tauchten nach und nach aus dem Untergrund wieder auf. Gerüchte von furchtbaren Verbrechen der Nazis an den Juden gingen um. Doch das Ausmaß des Völkermordes war damals, wenige Wochen vor Ende des Krieges, noch unbekannt.

Wie alle anderen Menschen fieberte meine Mutter dem höchsten jüdischen Feiertag entgegen: dem Tod Hitlers und dem Ende des Krieges. Für die meisten Belgier war der Waffengang mit der Befreiung durch die alliierten Truppen vorbei. Die Juden dagegen mussten warten. Erst nach dem Ende des Nazi-Reiches würden sie Gewissheit über das Schicksal ihrer verhafteten und verschleppten Angehörigen erhalten.

Von Monsieur Blomme und durch fremde Juden hatte Mutter erfahren, dass die internierten deutschen Juden, auch deren Kinder, nach Osteuropa verschleppt worden waren. Nach der Befreiung von Auschwitz am 27. Januar 1945 war von Massenmorden in KZs in Polen die Rede gewesen. Aber Mutter klammerte sich an die Hoffnung, dass Papa und Roselchen überlebt hatten. »Man darf nie die Hoffnung aufgeben«, suggerierte sie sich immer wieder.

Gleich nach der Befreiung Brüssels nahm Mutter Kontakt zu ihrer Familie in den Vereinigten Staaten auf. Ihre Geschwister reagierten umgehend und baten sie, mit mir zu ihnen nach Chicago zu kommen. Doch Mutter wollte erst das Kriegsende abwarten, um nach Mann und Tochter zu suchen. Am 8. Mai 1945 war es endlich so weit. Das Nazi-Reich kapitulierte bedingungslos.

Mutter hatte die Namen Vaters und Rosas längst beim Internationalen Roten Kreuz gemeldet. Doch weder da noch bei den zahlreichen jüdischen Organisationen fand sich ein Hinweis auf die beiden. Als dann das bis dahin unvorstellbare Ausmaß und die Systematik der Vernichtung der Juden bekannt wurde, dräng-ten ihre Geschwister Mutter, den blutgetränkten Boden Europas zu verlassen. Das Rote Kreuz würde weiter nach ihrem Mann und ihrer Tochter suchen und sie in Amerika ebenso verständigen wie in Belgien.

Aber Mutter weigerte sich. Sie wollte in unserem Zimmer in der Rue Theodore Verhaegen 42 auf ihre Familie warten.

Im Sommer 1945 musste Mutter sich eingestehen, dass ihre Hoffnung wohl vergeblich war. Sie gab sich Mühe, mich nichts merken zu lassen. Doch ein Kind spürt, wenn seine Mutter leidet. Ich war glücklich, wieder bei meiner Mutti zu sein und wollte ihre Traurigkeit vertreiben. Also bemühte ich mich, artig und lieb zu sein, doch das half nicht viel. Erst als ich selbst Vater wurde, konnte ich ahnen, wie verzweifelt sie damals gewesen sein muss.

Schließlich gab Mutter dem unerträglichen seelischen Druck und den vernünftigen Argumenten ihrer Geschwister und Eltern nach. Sie war bereit, mit mir nach Amerika auszuwandern. Eine Rückkehr nach Deutschland kam für sie, wie sie mir später eingestand,

Nach der Rückkehr in Warendorf

damals nicht in Frage. »Ich wollte unter keinen Umständen in einem Land leben, das mir mein Kind und meinen Mann – wie ich damals glaubte – geraubt hatte.«

Da nahm unser Leben eine völlig unerwartete Wende.

Zunächst erhielten wir von Mutters Bruder Alfred Weinberg aus Chicago ein Affidavit, eine Einwanderungsbürgschaft für die Vereinigten Staaten. Gleichzeitig wies er das Geld für unsere Überfahrt an. Meine Mutter zögerte dennoch. Immer wieder wurde sie beim Roten Kreuz, bei belgischen und internationalen Suchorganisationen vorstellig. Dort war man an verzweifelte Überlebende gewöhnt, die nach ihren Angehörigen suchten. Doch selbst diesen Organisationen fiel Mutters Hartnäckigkeit auf. Als aber auf Dauer von dort kein Lebenszeichen kam, reifte ihre Entscheidung. Sie kaufte zwei Schiffspassagen von Antwerpen nach New York. Mutters Stimmung schwankte zwischen Niedergeschlagenheit und Euphorie. Auf der einen Seite war sie gespannt auf das freie Leben in der Neuen Welt und freute sich, ihre Eltern und Geschwister nach all den Jahren wiederzusehen. Doch gleichzeitig war sie voller Trauer. Sie musste von der Hoffnung, Mann und Tochter wiederzusehen, Abschied nehmen. Ihre einzige Ablenkung neben mir bestand aus Besorgungen und Vorbereitungen für die Reise. Dann begann sie unsere kleine Wohnung aufzulösen.

Doch der Mensch denkt und Gott lenkt. Eine Woche vor Abfahrt unseres Schiffes nach New York klopfte es an unsere Tür. »Madame Régine. Besuch für Sie!«, rief Monsieur Blomme. Mutter öffnete. Vor ihr stand ein Mann in Uniform: Max Fisher, Sergeant im Heer Seiner britischen Majestät. Zuvor deutsch-jüdischer Bürger aus dem Münsterland.

»Mrs ... Frau Spiegel, ich habe einen Brief für Sie!«

Max Fisher überbrachte Ruth Spiegel die schlichte Nachricht, dass ihr Mann Hugo lebe und nach Warendorf zurückgekehrt sei und erwarte, dass sie und die Kinder umgehend nach Hause kämen.

Mein Vater hatte eine Lebensphase hinter sich, gegen die die Odyssee wie eine Lustreise wirkt. Vom französischen Internierungslager Gurs war er nach Buchenwald deportiert worden. Das deutsche KZ war für ihn jedoch nur eine Durchgangsstation. Im Herbst 1942 wurde er weiter nach Osten transportiert. Er kam nach Auschwitz.

Die durchschnittliche Lebenserwartung eines KZ-Häftlings, der die »Selektion« überstand, bei der bis zu 80 Prozent der Deportierten unmittelbar nach ihrer Ankunft ermordet wurden, betrug in Auschwitz ein halbes Jahr. Doch mein Vater war körperlich und seelisch ungewöhnlich robust. Während um ihn herum eineinhalb Millionen Menschen umgebracht wurden oder an Krankheiten oder Entkräftung starben, überlebte Hugo Spiegel drei Jahre in der Hölle von Auschwitz.

Als die Rote Armee bei ihrer Winteroffensive Anfang 1945 nach Polen eindrang, sprengte die SS die Krematorien des Vernichtungslagers und evakuierte die meisten Häftlinge. Die berüchtigten Todesmärsche begannen. Die Gefangenen wurden bei Schnee und klirrendem Frost in dünner Lagerkleidung, ohne Stiefel und Mäntel, über hunderte Kilometer ins rapide schrumpfende Nazi-Reich getrieben. Die Sterberate war extrem hoch. Die Verpflegung war unregelmäßig, wenn Essen ausgegeben wurde, bestand es in der Regel aus einem Kanten trockenem Brot und Steckrübensuppe. Die meisten Häftlinge verhungerten, erfroren oder infizierten sich, da ihr Abwehrsystem geschwächt und sie ständig unterkühlt und vielfach durchnässt waren, mit Grippe, Ruhr oder Flecktyphus. Kranke und Entkräftete wurden von den SS-Wachmannschaften umgebracht. Nach drei Wochen Fußmarsch quer durch Deutschland erreichte die Häftlingskolonne das Konzentrationslager Dachau. Vier Fünftel der Häftlinge aus Auschwitz waren unterwegs gestorben.

Die Todesmärsche waren eine Spezialität von Adolf Eichmann. Anfang 1945 hatte SS-Chef Heinrich Himmler, der für das als »Endlösung der Judenfrage« getarnte Mordprogramm verantwortlich war, angeordnet, die Vergasungen und andere systematische Tötungsprogramme einzustellen. Himmler, der sich über den bevorstehenden Zusammenbruch des Nazi-Imperiums keine Illusionen machte, versuchte durch geheime Kontakte mit den Westmächten zu einer Einigung zu gelangen, die seine Haut retten würde. Berichte über Massenmorde hätten die Aussichten für dieses Unterfangen verschlechtert. Also ordnete er an, in den Todeslagern Osteuropas die Massengräber zu öffnen und die Leichen vollständig zu verbrennen. Neue systematische Tötungen wurden von Himmler untersagt.

Adolf Eichmann umging die Order seines Befehlshabers und ordnete die Todesmärsche an. Während seines Prozesses in Jerusalem im Jahr 1961 gab sich Eichmann als dienstbeflissener Untergebener. Er sei ein »kleines Rädchen« im Vernichtungswerk gewesen. Persönlich habe er nichts gegen Juden. Aber als Offizier habe er die Befehle seiner Vorgesetzten ausführen müssen. Mit seiner Taktik hatte Eichmann zumindest bei einigen Prozessbeobachtern Erfolg.

Das deutsche Fernsehen sendete damals zweimal wöchentlich eine Zusammenfassung des Verfahrens aus Israel. Vater weigerte sich, die Berichterstattung anzusehen. Doch Mutter saß gebannt vor dem Bildschirm, stets eine Zigarette in der Hand. Sie war dermaßen konzentriert, als könne sie ihr Kind aus dem Grauen befreien. Nach der Sendung weinte sie oder saß erstarrt da. Es fiel Vater schwer, sie ins Leben zurückzuholen – bis zur nächsten Sendung.

Auch ich beschäftigte mich damals zunehmend mit dem Holocaust. So las ich gleich nach dem Erscheinen 1963 Hannah Arendts Buch »Eichmann in Jerusalem«. Darin kreiert sie den Begriff von der »Banalität des Bösen«. Eichmann, so Arendt, sei ein penibler Buchhalter des Todes. Gehorsam habe er den Mord-Befehl seiner Vorgesetzten Himmler und Heydrich vollzogen. Das klingt plausibel. Eine Erklärung des schier Unerklärlichen.

Tatsächlich war Adolf Eichmann mehr als ein eifriger Vollzugsgehilfe. Dies ist mir unter anderem durch Gespräche mit den Mitarbeitern der israelischen Staatsanwaltschaft und von Yad Vashem immer deutlicher geworden.

Der SS-Mann war ein aktiver Mörder. Als solcher hatte er die Todesmärsche angeordnet. Doch die Mordlust Eichmanns wurde bereits früher deutlich, als er ab 1943 auf die Entfernung von so genannten Halb- und Vierteljuden aus der Wehrmacht drängte. Diese »jüdisch versippten« Soldaten sollten in die Konzentrationslager deportiert und dort ermordet werden. Hitler persönlich unterband Eichmanns Vorhaben – er wollte während der kritischen Phase des Krieges keine Unruhe in die Armee tragen.

Von diesen Nazi-Interna wussten die KZ-Häftlinge nichts. Sie waren lediglich die Opfer. Mein Vater war seit Februar 1945 Gefangener in Dachau. Das Lager war das erste Nazi-Konzentrationslager. Kein Massenvernichtungslager, doch gerade in den letzten Monaten des Hitler-Regimes starben hier vor den Toren Münchens Zehntausende Häftlinge an Hunger, an Entkräftung, andere wurden von Seuchen dahingerafft oder von den SS-Wachmannschaften umgebracht. Doch Vater überlebte auch dieses Inferno, dank seiner Körperkraft mit viel Glück und Chuzpe.

In Auschwitz hatte er sich als Koch ausgegeben und war prompt in die Lagerküche gekommen. In Dachau gelang es ihm erneut, einen Küchenposten zu ergattern. Das bewahrte ihn vor dem Verhungern. Gerade eben. Als das Lager am 30. April 1945 von amerikanischen Truppen befreit wurde, wog mein Vater, der vor seiner Gefangennahme 80 Kilo auf die Waage gebracht hatte, gerade mal 41 Kilo.

Vater sprach nie über seine Zeit im KZ. Nur indirekt erfuhr ich gelegentlich Einzelheiten. Vater hasste beispielsweise Möhren. Irgendwann rutschte ihm heraus: »Danke, davon hab ich im Lager genug gekriegt. Jahrelang nix als Möhren.« So erfuhr ich, dass mein Vater in der Lagerküche gearbeitet hatte. Mehr aber nicht. Der Schrecken des Lagers ließ die meisten ehemaligen Häftlinge über Jahre und Jahrzehnte verstummen. Sie waren unfähig, über ihre Leidensjahre zu berichten. Bei einigen löste sich im Laufe der Zeit die Blockade, sie lernten über die Zeit zu sprechen, sich anderen mitzuteilen. Manche stolze und empfindsame Persönlichkeiten wie Ignatz Bubis oder eben mein Vater blieben jedoch ihr

Lebtag unfähig, sich über die Jahre ihrer fortwährenden Erniedrigung zu äußern. Sie blieben stumm, auch gegenüber ihren Frauen. Die Demütigung und die Angst hielten ihre Seelen gefangen.

Wenige Tage nach der Befreiung verließ Vater das Lager, wo die ehemaligen Häftlinge von amerikanischen Ärzten und Sanitätern sowie Vertretern internationaler Hilfsorganisationen versorgt wurden. Fast niemand weiß, dass in den ersten Wochen nach dem Ende des Schreckensregiments nochmals Zehntausende Gefangene starben. Diese Menschen wurden zuletzt nur noch von dem Willen am Leben gehalten, ihre Befreiung zu erleben. Sie wurden von ihren Mithäftlingen mitleidig als »Muselmänner« tituliert. Ausgemergelt, krank und abgestumpft, unfähig, mit anderen zu kommunizieren, glichen diese Häftlinge Robotern. Sie funktionierten, nahmen aber das Geschehen um sich herum kaum wahr. Überleben, nur das Überleben war ihr Bestreben. Als dieses Ziel plötzlich unverhofft erreicht war, brachen viele von ihnen körperlich und seelisch zusammen. Selbst geduldige Hilfe, medizinische Behandlung und Verpflegung waren vergeblich. Sie starben – ohne die ersehnte Freiheit ausgekostet zu haben.

Vater aber hatte sich trotz jahrelanger Unterernährung seine Widerstandskraft bewahrt. Wenige Tage genügten ihm, sich ordentlich satt zu essen und Reisegeld zu organisieren. Zivile Kleidung zu beschaffen war ihm nicht möglich – so machte er sich in der Lagerkluft auf den Weg nach Hause.

Zuhause – das war und blieb für meinen Vater Warendorf im Münsterland. Obwohl er bereits 1938 von

SA-Kerlen blutig geschlagen worden war, drei Jahre in Auschwitz verbracht hatte, und vor seinen Augen unzählige Menschen von Deutschen ermordet worden waren, habe ich von ihm nie eine abwertende Bemerkung über »die« Deutschen gehört. Er kannte und verachtete die Nazis auch und besonders in seiner Heimatstadt. Doch er war Deutscher und Warendorf war sein Zuhause. Anders als Mutter wäre mein Vater daher nie auf die Idee gekommen, sein Land zu verlassen. Auch nach dem schlimmsten Menschheitsverbrechen blieb Hugo Spiegel Deutscher.

Also machte er sich noch im Mai 1945 auf die Reise in seine Vaterstadt. Quer durch das zerstörte Deutschland schlug er sich ins Münsterland durch. Er ließ sich weder von zerbombten Bahnverbindungen noch durch verstopfte Straßen aufhalten. Nach einigen Tagen kam er zu Hause an. Aber war er wieder zu Hause? Ich glaube, dass Hugo Spiegels Reise nicht wenige Tage, sondern mehrere Jahre dauerte. Für mich wird die Heimreise meines Vaters im Mai 1945 immer ein unlösbares Rätsel von symbolischer Kraft bleiben.

Ich bin immer wieder erstaunt über die Macht, die Vater an Warendorf band. Es ist wohl die Kraft, die seit jeher die deutschen Juden mit ihrer Heimat verbindet, in der sie über Jahrhunderte immer wieder benachteiligt und gedemütigt, misshandelt und schließlich ermordet worden sind, aus der sie stets aufs Neue vertrieben wurden und in die sie freiwillig immer wieder zurückkehrten, Familien gründeten, sich Existenzen schufen, sich ihren Eintritt in die deutsche Gesellschaft ertrotzten, für Deutschland wirkten, kämpften und starben.

Was nur ließ, was lässt uns Juden unbeirrt um Deutschland werben, dessen Bürger uns vielfach zurückgestoßen, gehasst und verfolgt haben? Was bindet uns an Deutschland? Was lieben wir an diesem Land und seinen Menschen?

Der Germanist Hans Mayer hat in seinem 1982 erschienenen Buch den Begriff des »Deutschen auf Widerruf« für die Juden dieses Landes geprägt. Mit dem Machtantritt der Nazis im Jahre 1933, nicht erst 1941, seien die Juden von ihren nichtjüdischen Landsleuten abgestoßen worden, schreibt er. Das ist sozial und philosophisch konsequent gedacht.

Hugo Spiegel aber war kein Philosoph. Er war ein klarer Kopf und ein westfälischer Dickschädel. Er war als Deutscher geboren worden und fühlte sich sein Lebtag so – selbst in Auschwitz. Daher stand für ihn unverrückbar fest: Warendorf ist mein Zuhause – komme, was da wolle.

Nach all dem Elend kam etwas Gutes.

Vater war kaum in Warendorf angelangt, da traf er Heinrich Baggeroer. Der Lederwarenhändler kannte ihn flüchtig aus der Vorkriegszeit. Als er Ende Mai 1945 erfahren hatte, dass mein Vater nach Warendorf zurückgekehrt war, suchte er ihn sofort auf und nahm ihn, ohne lang zu fragen, mit in sein Haus. Baggeroer hatte die Schändung und Zerstörung der Warendorfer Synagoge in der Freckenhorster Straße ohnmächtig miterleben müssen – doch tatenlos war er nicht geblieben. Der Kaufmann wollte verhindern, dass es den SA-Leuten gelänge, das Andenken der Juden in seiner Stadt vollständig auszulöschen.

Nachdem die SA-Männer in der Nacht des 10. November 1938 ihr Zerstörungswerk vollendet hatten und abgezogen waren, war Baggeroer in die Freckenhorster

Straße geschlichen und hatte eine der schweren Pergamentbibeln sowie einige jüdische Gebetbücher der demolierten Synagoge aufgesammelt. Er versteckte die Thorarolle im Keller seines Hauses. Baggeroer war sicher, dass der Nazifrevel nicht das letzte Wort der Geschichte und das Ende der Warendorfer Juden sein dürfte.

Kaum war Vater in Heinrich Baggeroers Haus eingetroffen, als der die gerettete Thorarolle und die Gebetbücher aus dem Keller holte und seinem Gast übergab. Der Anstand dieses Mannes war für meinen Vater die Bestätigung dafür, dass sein Entschluss, nach Warendorf zurückzukehren, richtig gewesen war.

Da er noch keine feste Bleibe hatte – unsere alte Wohnung an der Schützenstraße 17, war längst von anderen Mietern bewohnt –, nahm er Heinrich Baggeroers Einladung an, vorläufig in seinem Haus am Krickmarkt 16 zu wohnen. Die beiden Männer wurden lebenslange Freunde.

Vater verlor keine Zeit. Er organisierte sich einen alten Mercedes und suchte damit die Bauern auf, deren Vieh er vor seiner Flucht aufgekauft hatte. Er wurde fast allenthalben mit Freude begrüßt. Sein Ruf als ehrlicher Kaufmann hatte die Hetze der Nazijahre unbeschadet überstanden. Die Bauern und seine Abnehmer auf den Viehmärkten und in den Wurstfabriken in der Nähe von Warendorf waren wahrscheinlich froh, wieder mit einem Juden Geschäfte machen zu können. Sie erzählten Vater aus Abscheu, schlechtem Gewissen und sicher auch anderen Gründen, wer Nazi gewesen war. Er mied diese Bauern und Händler, wie er mir später erzählte, auch wenn er mit ihnen früher gute Geschäfte gemacht hatte.

Mein Vater hegte keinen Groll, Rachegelüste waren ihm fremd. Auch als er sah, dass trotz des mutigen Einsatzes von Männern wie Heinrich Baggeroer oder des ermordeten Paters die jüdische Gemeinde ausgelöscht war. Die Synagoge war zerstört. Außer ihm war kein Jude nach Warendorf zurückgekehrt. Nur in den kleinen Nachbarort Freckenhorst war noch eine Familie wiedergekommen. Bernhard und Hilde Michel hatten das Konzentrationslager überlebt. Alle empfanden das wie ein Wunder, niemand hatte geglaubt, dass der schwerbehinderte Bernhard – er hatte als Soldat im Ersten Weltkrieg beide Beine verloren – diese Strapazen überstanden hätte. Jetzt fuhr er wieder mit seinem Rollstuhl in Freckenhorst und Warendorf herum. Vater kannte die Todesfabrik von Auschwitz. Er machte sich keine Illusionen. Er musste damit rechnen, dass die meisten deportierten Juden ermordet worden waren. Doch sein robuster Optimismus war stärker als sein Wirklichkeitssinn. Vater war überzeugt, dass seine Frau und seine Kinder in Brüssel das Besatzungsregime überlebt hatten. Also bat er einen englischen Soldaten, den er in Warendorf kennen gelernt hatte, in der Rue Theodore Verhaegen 42 in Brüssel nach uns zu forschen.

Als meine Mutter die von Sergeant Fisher überbrachte Nachricht begriff, war sie außer sich vor Freude, Verwirrung, Entsetzen und Hoffnung. Einerseits war sie überglücklich, dass ihr Mann lebte, und sie hoffte wieder, dass auch ihre Tochter den Naziterror überstanden hätte, andererseits hatte sie von Deutschland genug. Der Schrecken vor den Häschern ihres Mannes und ihres Kindes saß zu tief. Sie hatte ihren Entschluss, ein neues Leben ohne Angst in Amerika aufzubauen, nicht leichtfertig gefasst. Doch nun verlangte ihr Mann, den sie eben noch tot gewähnt hatte, sie solle nach Deutschland zurückkehren. An den Ort, wo er misshandelt worden war und von dem sie hatten fliehen müssen.

Doch Mutter war eine traditionelle Frau. Sie wurde dem Namen, den ihre Eltern ihr gegeben hatten, gerecht: Die biblische Ruth, eine Moabiterin, drängte nach dem Tod ihres Mannes darauf, ihrer Schwiegermutter Naomi in deren Heimat Juda zu folgen. Ruth ließ Naomis Einwände nicht gelten: »Wohin du gehst, gehe auch ich, und wo du weilst, weile auch ich, dein Volk ist mein Volk.« Alles in Mutter sträubte sich dagegen, nach Deutschland und ausgerechnet nach Warendorf zurückzukehren, wo sie die Unmenschlichkeit und Niedertracht der Nazis und die Passivität der Bevölkerung hatte erleben müssen. Doch Mutter ordnete ihre Ängste und ihre freie Entscheidung dem Wunsch ihres Mannes unter und folgte ihm in ein Land, das einst das ihre war und es im Laufe der Jahre wieder werden sollte.

Als meine Mutter mir mitteilte, dass wir statt nach Amerika nach Deutschland reisen würden, weinte ich. Deutschland, das bedeutete für mich Stiefelknallen, Alarm, sich verstecken müssen, lähmende Dunkelheit, blanke Angst. Die Deutschen waren in meiner Vorstellungswelt Riesen. Böse, gefährliche Riesen. Unter keinen Umständen wollte ich mich in ihre Fänge begeben und Mutters Beschwichtigungen, die Deutschen seien wieder gute Menschen, nachdem ihr böser Anführer Hitler von den Amerikanern besiegt worden war, tat ich als lächerlichen Tröstungsversuch ab.

»Du hat selbst gesagt, dass die Deutschen gefährlich sind, dass sie jüdische Kinder umgebracht haben und dass wir dort nichts mehr zu suchen haben und deshalb mit dem Schiff nach Amerika fahren«, versuchte ich sie auf Französisch zu überzeugen, als meine Tränen langsamer flossen.

Mutter ging auf meinen logischen Einwand nicht ein. Stattdessen nannte sie den wahren Grund für ihre Entscheidung:

»Wir kehren zu Papa zurück.«

Ich hatte an Vater nur die schmerzhafte Erinnerung an seine Bartstoppeln, die mein Gesicht pieksten, als er Abschied nahm. Nun sollte dem schönen Zusammensein mit meiner Mutti, die ich nach so langer Zeit und so vieler Sehnsucht endlich ganz allein für mich hatte, durch diesen kratzenden Mann ein Ende bereitet werden! Und statt einer abenteuerlichen Seereise zu den Amerikanern, die den bösen Hitler überwältigt und mich mit Schokolade und Obst beschenkt hatten, sollten wir zu den grässlichen deutschen Riesen zurückkehren? Nein!

Doch mein Sträuben, Heulen und Klagen blieben vergeblich. »Wir kehren zu Papa zurück!«, bestimmte Mutter. Da ich merkte, dass mein bockender Widerstand vergeblich blieb, stellte ich ihn schließlich ein. Zumal mir Mutti hoch und heilig versprach, dass wir immer zusammen bleiben würden und nichts und niemand uns trennen würde. Nie mehr. Auch nicht mein Vater. Und der, auch das versprach sie, würde nicht mehr kratzen.

Da Mutter und ich ohnehin bereit gewesen waren, Brüssel zu verlassen, brachen wir mit dem nächsten LKW-Konvoi des Roten Kreuzes nach Deutschland auf. Unser Patron, Monsieur Blomme, gab Mutter ein Paket mit allerlei Essbarem als Abschiedsgruß mit. Wir konnten den

Reiseproviant gut gebrauchen. Denn die erste Etappe unserer Fahrt legten wir auf der Pritsche eines Armeelasters zurück, auf dem es weder zu essen noch zu trinken gab.

Nach quälend langen Grenzkontrollen gelangten wir nach Deutschland. Übers flache Land ging es nach Nordosten. Abends kam unsere Lastwagenkolonne in Kevelaer an. Wir schliefen in der Kirche auf dem Boden. Nachts wurde es bitterkalt. Wir hatten keine Decken und froren erbärmlich. Neben uns hüllte sich eine Dame in einen dicken Pelz. Ihr Mann mummelte sich in ein weiches Schaffell. Nicht alle Juden sind Samariter.

Am nächsten Tag fuhren wir mit der Bahn von Kevelaer nach Krefeld. Zum ersten Mal in meinem Leben sah ich Häuserruinen. Die Innenstadt war fast vollständig zerstört. Unsere Fahrt endete am Bahnhof Krefeld. Ich sah mich vorsichtig um, konnte aber keine Riesen entdecken. Stattdessen kam uns ein Mann entgegen, der Mutter umarmte. Als sie sich voneinander gelöst hatten, sagte Mutter, was ich mir ohnehin dachte: »Das ist dein Papa.«

Der Mann, der mein Vater war, der mich zwang, in das zerstörte Land der bösen deutschen Riesen zu kommen und der Mutters Aufmerksamkeit von mir ablenkte, war immerhin klug genug, sich nicht bei mir anzubiedern oder um meine Aufmerksamkeit zu buhlen. Heute weiß ich, dass dieses Verhalten nicht spitzfindigen Überlegungen entsprang, sondern seinem geraden, unverstellten Charakter. Mein Vater war stets er selbst. Er hatte es nicht nötig, seine Gefühle zur Schau zu stellen. Er liebte seine Kinder. Doch er spürte, dass er seinem Sohn fremd sein musste und übertriebene Gesten, zu denen er ohnehin nicht neigte, lediglich auf Abwehr stoßen würden. So blieb mir eine kratzige Umarmung erspart. Vater begnügte sich damit, mir die Hand zu schütteln. Er nahm Mutter ihr Köfferchen ab und führte uns zu seinem Auto. Ein Mercedes! Immerhin. Ich hatte noch nie in einem solchen Auto gesessen. Während der Fahrt unterhielten sich meine Eltern. Sie sprachen rasch und in einer Mundart, die mir fremd und unverständlich war. Den Inhalt ihrer Unterhaltung aber begriff ich. Vater fragte nach Roselchen und meine Mutter konnte ihm keine Antwort geben. Dann schwiegen sie beide. Ich spürte ihre Beklommenheit.

Wir wohnten im ersten Stock über dem Lederwarengeschäft am Krickmarkt. Der Hausherr Heinrich Baggeroer und seine Frau Käthe waren freundlich zu mir, keine bösen deutschen Riesen. Wir hatten zwei Zimmer! Ein Schlafzimmer und einen kleinen Nebenraum,

Wieder zu Hause in Warendorf

91

in dem ich auch spielen konnte. Nachts schlief ich bei meinen Eltern. Zumindest vorläufig. Wegen der Riesen.

Als ich am ersten Morgen erwachte, war das Bett leer. Ich schlich ans Fenster und guckte auf die Straße. Die Menschen sahen normal aus. Keine Riesen. Mama kam ins Zimmer. Sie setzte sich aufs Bett und nahm mich auf den Schoß. »Alles wird gut, Paul! Papa hat uns gefunden. Jetzt muss nur noch Roselchen zurückkommen. Dann sind wir wieder eine glückliche Familie.«

»Hier?«

»Ja, hier.«

Mutter versicherte mir, dass es keine deutschen Riesen gebe und dass ich keine Angst haben müsse. Ich versuchte ihr zu glauben. Trotzdem spähte ich immer wieder auf die Straße. Riesen konnte ich tatsächlich nicht entdecken. Vorläufig.

Stattdessen lernte ich Theo und Marlies kennen. Die Kinder unserer Gastgeber waren, soweit ich sehen konnte, ganz in Ordnung, nur verstand ich so schlecht, was sie sagten. Und als mich Mutter animierte, mit ihnen zu spielen, lehnte ich ab. Ich wollte nicht auf die Straße. Sicherheitshalber. Und in die Schule wollte ich erst recht nicht.

Mutter erklärte mir, das Schuljahr habe begonnen und ich müsste wie jedes Kind zum Unterricht gehen. Genau wie in Belgien, zu Hause in Chapelle-lez-Herlaimont und später in Brüssel. Ich hatte große Sehnsucht nach Luc und meiner Tante und dem Onkel. Aber schließlich musste ich mir eingestehen, dass es wohl keine Aussicht gab, dorthin zurückzukehren. Denn ich wollte bei meiner Mutter bleiben und sie bei meinem Vater. Selbst meine Angst vor den deutschen Riesen ließ nach. Ich versuchte die deutsche Sprache zu sprechen und traute mich bald auf die Straße. Das Ansinnen meiner Eltern aber, die Schule zu besuchen, wollte ich nicht befolgen. Auch, als mein Vater ganz unaufgeregt mit mir sprach und mir deutlich machte, jeder Mensch habe Pflichten – er müsse arbeiten und ich lernen –, blieb ich bockig. Vater aber ließ sich auf keine Widerrede ein. Mit den Worten »Dir wird nichts übrig bleiben, als in die Schule zu gehen«, beendete er unseren Disput.

Am nächsten Tag hielt mich auf der Straße ein Polizist an. Er fragte mich, warum ich nicht in der Schule sei. Meine kleinlauten Ausflüchte ließ der strenge Ordnungshüter nicht gelten. »Tu dois aller à l'école!«, ermahnte er mich. Ich lief schnell nach Hause und verkündete dort, dass ich unbedingt zur Schule wolle. Meine Mutter versprach mir, mich am nächsten Tag anzumelden. So geschah es.

Erst Jahre später, als mir diese kleine Szene wieder einfiel, wurde mir bewusst, dass der Polizist Französisch gesprochen hatte. Ich fragte meine Mutter. Sie brach in schallendes Gelächter aus. »Das war Papas Idee. Er meinte, wenn du nicht auf deine Eltern hörst, dann gewiss auf die Polizei. Und damit du den Polizisten auch verstehst, hat er ihn gebeten, Französisch mit dir zu sprechen.«

Mutter gewöhnte sich nach anfänglichem Widerstand rasch an das Leben im Münsterland. Sie fuhr in ihren Heimatort Rheda und besuchte Menschen, die sie lieb behalten hatte. Ihre Freundin Anny Nolte berichtete mir, dass Mutter bereits im September 1945, also wenige Wochen nach unserer Rückkehr, wieder bei ihr war.

In diese Zeit fällt auch ein anderes unvergessliches Ereignis. Nachdem Heinrich Baggeroer meinem Vater die Thorarolle und die Gebetbücher übergeben hatte, tat der alles, um die Heilige Schrift wieder an einem würdigen Platz in Warendorf unterzubringen und das konnte nur ein Thoraschrein in einem Bethaus sein. Doch die Synagoge in der Freckenhorster Straße war zerstört.

Mein Vater aber ließ sich nicht beirren. Er drängte die Stadt, ihm zu helfen, der Thorarolle und den Betenden ein Haus zur Verfügung zu stellen – und hatte endlich Erfolg. Am 7. September 1945 wurde in einem Nebenraum der verwüsteten Synagoge ein kleiner Betraum eingeweiht. Jüdische Soldaten der britischen Armee hielten gemeinsam mit meinem Vater einen Gottesdienst ab. Die Thorarolle wurde in ihrem neuen Schrein abgelegt. Es war, soviel ich weiß, der erste jüdische Gottesdienst in Westfalen nach 1945, den ich bewusst erlebt habe. Ich war fast acht Jahre alt.

Inzwischen ging ich auf die Dammschule. Ein halbes Jahr zuvor hatte sie noch Adolf-Hitler-Schule geheißen. Damals wussten das aber weder meine Eltern noch ich. Ich habe es erst vor kurzem erfahren, als ich an meinen »Erinnerungen« zu arbeiten begann. Damals fragten mich die Lehrer nach Rosa, die 1937 und 1938 ihre Schülerin gewesen war. Als ich ihnen sagte, dass sie verschwunden sei und wir noch immer nichts von ihr gehört hätten, gingen die Pädagogen besonders verständnisvoll mit mir um. Auch die meisten Schüler. Aber es gab auch Ausnahmen.

An meinem ersten Schultag wurde ich während der großen Pause von einem Jungen als »Saujude« beschimpft.

» Tu dois aller à l'école!«

Ich konnte zwar fast kein Deutsch, aber was das Wort
bedeutete, war mir ganz klar. Ich stürzte mich auf ihn.
Ein Freund kam ihm zu Hilfe. Am Ende schlich ich
wie ein geprügelter Hund nach Hause. Ich erzählte
meinen Eltern kein Wort. Aber meine Schürfwunden
und blauen Flecken waren ebenso unübersehbar wie
meine gedrückte Stimmung. Meine Mutter tröstete
mich. Als Vater abends von meiner Schmach hörte, lief
er rot an vor Zorn. »Das wird dir nie wieder passieren,
mein Sohn!«, versprach er. Er hielt Wort.

Am nächsten Morgen tauchte während der Pause ein
britischer Militärpolizist in der Schule auf. Einige Tage
lang begleitete er mich dann nach Hause. Doch es ist
nie wieder etwas geschehen. Offenbar hatte Vater dem
Schulleiter sehr deutlich gemacht, er sei nicht bereit hinzunehmen, dass ein Jude in Warendorf wieder beschimpft

und geschlagen werde. Das Auftauchen des englischen MPs verlieh Vaters Worten wohl noch Nachdruck.

Im Laufe meines Lebens habe ich es mir zur Regel gemacht, aus jeder Begebenheit, vor allem aus negativen Erlebnissen zu lernen. Auch aus Beleidigungen und Prügel. Mein Vater hat mir beigebracht: Lass dir nichts gefallen. Von niemandem. Wir Juden haben genug durchgemacht. Wir müssen uns rechtzeitig und energisch zur Wehr setzen.

Und noch etwas habe ich im Herbst 1945 erfahren, was ich erst mehr als ein halbes Jahrhundert später erneut brauchen konnte: Manchmal muss man sich schützen lassen. Seit ich Präsident des Zentralrats der Juden bin, werde ich fast rund um die Uhr von Sicherheitsbeamten bewacht. Ich habe mich daran gewöhnt, weil ich weiß, dass dies leider notwendig ist. Wenn man frei bleiben und seine Meinung äußern will, muss man bereit sein, den Preis dafür zu zahlen. Das gilt natürlich nicht nur für Juden, sondern für alle Bürger einer freien Gesellschaft.

Selbstverständlich bewirkten Vaters Intervention und die Tatsache, dass ich für kurze Zeit von einem britischen Militärpolizisten eskortiert wurde, nicht, dass alle antijüdischen Vorurteile in Warendorf auf einmal ausgelöscht wurden. Doch sein Widerstand, sein aktives Handeln verliehen meinem Vater ein besseres Selbstwertgefühl und machten auch mir Mut, mir weiterhin nichts bieten zu lassen.

Vater ging Begegnungen mit ehemaligen Nazis aus dem Weg. Wortwörtlich. Wenn ihm ehemals aktive Parteigenossen entgegenkamen, wechselte er auf die andere Straßenseite. Suchte jedoch ein Unbelehrbarer den Konflikt, dann zögerte Vater nicht, sich ihm zu stellen. So wurde er von einem Konkurrenten mit den Worten begrüßt: »Ach, der Jude ist auch wieder da?« Mein Vater ließ sich gar nicht erst auf die üblichen Floskeln – Es war nicht so gemeint! – Warum wurde es dann so gesagt? – ein. Stattdessen verdrosch er den antisemitischen Lästerer nach Strich und Faden.

Die Umstehenden riefen die englische MP herbei, der Streifenführer ließ sich den Vorfall schildern und fragte anschließend meinen Vater lakonisch: »Warum haben Sie den Kerl nicht totgeschlagen?«

Kaum waren Hitler und sein Regime besiegt, bemühten sich die Menschen wieder um die so genannte Normalität. Meine Eltern nahmen das Geschehen um sich herum durchaus wahr, verharrten aber nicht in Verzweiflung oder Lamento, sondern waren bemüht, sich den Herausforderungen des Lebens zu stellen. Vor allem mein Vater. Sein guter Ruf als ehrlicher Kaufmann brachte ihn rasch wieder ins Geschäft.

Wenige Wochen nach unserer Heimkehr mietete er eine Wohnung in der Oststraße 7. Zum ersten Mal hatte ich ein Zimmer für mich allein, ein eigenes Reich!

Eines Nachmittags hörte ich aus dem Nebenraum lautes Geschrei. Ich lief zur Tür und sah gerade noch, wie ein bestürzter Mann vor Vater davonlief, der ihn brüllend mit einem derben Stock verfolgte. Mutter lief hinter ihnen her und versuchte ihren Mann zu beruhigen. »Scheißbeamte! Heuchler!«, tobte mein Vater. »Jetzt kommen die Burschen vom Finanzamt und erinnern mich an die Vorschriften und Gesetze! Wo waren denn die

feinen Herren, als mich die SA im November 1938 zu-
sammengeschlagen hat? Oder im KZ? Die sollen sich
nur herwagen, dann können sie was erleben!«

Vater war die Heuchelei zu viel geworden, aber er be-
ruhigte sich fast ebenso schnell, wie er sich erregt hatte,
und als rechtschaffener Bürger wusste er natürlich, dass
die Finanzbeamten ihre Pflicht tun mussten. Ihn hatte
empört, dass die Herren meinten, als Erstes ihre alt-neue
Macht bei ihm zur Schau stellen zu müssen. Sie hatten
sich eben mit der neuen Situation schnell arrangiert.
Diesen raschen Sinneswandel zu akzeptieren, fiel selbst
Vater gelegentlich schwer.

Wir waren als einzige Juden nach Warendorf zurückgekehrt. Von Rosa gab es, fast ein Jahr nach Kriegsende,
noch kein Lebenszeichen, obgleich meine Eltern immer
wieder beim Internationalen Roten Kreuz und bei jüdischen Suchorganisationen vorstellig wurden. Vielleicht
war Rosa nach der Befreiung mit einem illegalen Kin-
dertransport nach Palästina gelangt und lebte dort unter falschem Namen, um nicht von der britischen Be-
satzungsbehörde wieder nach Europa abgeschoben zu
werden? Meine Eltern dachten sich immer neue Möglichkeiten aus, um ihre Hoffnung, dass ihr Kind überlebt hatte, aufrecht zu erhalten. Doch mein Vater war
ein Realist, schon vom Naturell her, und seine Erlebnisse während der Schoah hatten diesen Charakterzug
noch verstärkt. Heute meine ich: Vater sah, wie sehr Mutter litt, und er gab sich aus Rücksicht zuversichtlich.

Aber meine Eltern ergaben sich weder Angst noch Verzweiflung. Im Gegenteil, sie begannen damit, wieder ein
offenes Haus zu führen. Nach den Jahren der Verbor-
genheit hatte vor allem meine Mutter große Freude da-

ran, Freunde und Bekannte bei uns zu bewirten. Gelegentlich fanden sogar ehemalige Mithäftlinge Vaters den Weg ins abgelegene Warendorf. Dann kochte meine Mutter aus den Zutaten, die sie irgendwo ergattern konnte, die schönsten Gerichte. Nach bewährter jüdischer Tradition wurde kaum Alkohol getrunken. Stattdessen wurden bis spät in die Nacht ernste Gespräche geführt. Ich war dann immer ganz traurig, aber glücklicherweise erzählte man sich bald Witze – alle lachten und auch ich bekam gleich wieder gute Laune.

Eines Tages kam ein junger Mann zu uns. Obgleich er erst zwanzig war, hatte er mehrere Jahre als Arbeitssklave in Konzentrationslagern durchlitten. Er hieß Imo Moszkowicz. Meine Eltern schlossen diesen ernsten und sehr gut aussehenden Jungen sofort in ihr Herz. Dankbar nahm Imo ihr Angebot an, so lange wie er wollte, unser Gast zu sein. Auch ich mochte Imo sofort. Wir schliefen im selben Zimmer, und seit dieser Zeit haben wir uns nie aus den Augen verloren, auch nicht, nachdem er einer der begehrtesten Film- und Bühnenregisseure in Deutschland geworden ist.

Imo war bereits damals besessen von der Idee, Schauspieler zu werden. So gründete er in Warendorf in einem Theater an der Klosterstraße – heute befindet sich dort das Scala-Kino – mit einer Truppe junger Schauspieler die »Junge Bühne«. Ich erinnere mich aus dieser Zeit auch an Wolfgang Wahl, der als junger Mann dort Ensemble-Mitglied war und später durch Film und Fernsehen bekannt wurde. An eine Begebenheit mit Imo und »seinem Theater« denke ich besonders gern: Die Truppe führte das Kinderstück »Die Prinzessin und der Schweinehirt« auf. Imo stellte den alten König dar. Al-

Imo Moszkowicz

so musste der junge Imo irgendwie »auf alt« geschminkt werden, vor allem musste sein glänzendes schwarzgelocktes Haar ergrauen. Selbstverständlich gab es damals – 1945 – keine entsprechende Theaterschminke und so behalf man sich, in dem man Imos Haarpracht mit Hilfe von Zahnhaftpulver färbte. Mit dem Resultat, dass jedes Mal, wenn Imo auf den Boden stampfte, sich über seinem Kopf eine graue Wolke bildete. Mit Fortgang des Theaterstücks und entsprechender Bewegung bildete sich auf Imos Stirn in Verbindung mit dem Pulver auf dem Kopf eine graue Soße, die ständig und deutlich sichtbar über sein Gesicht rann.

Meine Mutter war von der Schauspieltruppe begeistert. Sie ließ es sich nicht nehmen, den jungen Künstlern in den Pausen belegte Brote und Getränke zu servieren.

In ihrer freien Zeit sah Mutter sich jeden neuen Film an, auch wenn sie dafür bis nach Münster reisen musste. Mit ihrem offenen Geist und ihrer intellektuellen Neugier hätte sie in eine größere Stadt gehört, aber sie fand sich auch mit dem Leben in der Kleinstadt ab und tröstete sich mit Filmen, was eine Freundin mit einem kleinen Vers beschrieb: »Ruth ist zufrieden in der kleinsten Stadt, wenn sie nur ein Kino hat.«

Kino war für meine Mutter eine Flucht aus der Realität. Kettenrauchen eine Ablenkung. Damit und mit einem Haus voller Gäste versuchte Mutter, ihren Schmerz und ihre Schuldgefühle zu betäuben.

Vater organisierte sein Leben rationaler. Er arbeitete von früh bis spät. Meist war er unterwegs bei Bauern, Metzgern, auf Viehmärkten und in Wurstfabriken. Seine freie Zeit widmete er dem Aufbau der jüdischen Gemeinde Münster.

Vor der Hitlerzeit hatten Spannungen, ja Aversionen zwischen eingesessenen deutschen und den zugewanderten Juden aus Osteuropa bestanden. Der Grund war, ohne dass dies die deutschen Juden zugeben mochten, Angst. Die meisten von ihnen hatten alles getan, um von ihren christlichen, deutschen Landsleuten anerkannt und respektiert zu werden. Dieses Bemühen war mitunter zur Anbiederung geraten. Ein beredtes Zeugnis dafür ist das Pamphlet Walter Rathenaus »Höre Israel!«, das sich im Ton und in der Sache an den Vorurteilen der Antisemiten orientierte: »Was muss geschehen? Die bewusste Selbsterziehung einer Rasse zur Anpassung in dem Sinne, dass Stammeseigenschaften, gleichviel, ob gute oder schlechte, von denen erwiesen ist, dass sie den (nichtjüdischen) Landesgenossen verhasst sind, abgelegt und durch geeignete ersetzt werden müssen.«

Diese Anpassungsversuche waren aber vergebene Liebesmüh geblieben. Die Mehrzahl der Deutschen wollte von den Juden nichts wissen. Rathenau selbst ahnte diese Haltung, als er schrieb: »In den Jugendjahren eines jeden deutschen Juden gibt es einen schmerzlichen Augenblick, an den er sich zeitlebens erinnert: Wenn ihm zum ersten Mal bewusst wird, dass er als Bürger zweiter Klasse in die Welt getreten ist und dass keine Tüchtigkeit und kein Verdienst ihn aus dieser Lage befreien kann.« Unverdrossen versuchte Rathenau das Unmögliche. Doch selbst seine Tüchtigkeit als Industriekapitän und Organisator der Rohstoffversorgung der deutschen Kriegswirtschaft halfen ihm nichts. 1922 wurde er von Rechtsextremisten ermordet.

Ein Jahrzehnt später wurden die Nazis durch breite Zustimmung an die Macht getragen und die deutschen Juden mussten erfahren, dass die Antisemiten keine Unterschiede machten – ihnen waren alle Juden verhasst. In Auschwitz und Dachau arbeiteten und starben deutsche und polnische Juden Seit' an Seit'.

Die Überlebenden haben die Lektion gelernt. Seither sind in Deutschland die Spannungen zwischen Juden aus Ost oder West weitgehend verschwunden.

Von den wenigen Familien, die in Münster die jüdische Nachkriegsgemeinde schufen, kamen die meisten aus Polen. Als mein Vater ihnen seine Hilfe anbot, wurde er mit offenen Armen aufgenommen und bald zum zweiten Vorsitzenden der jüdischen Gemeinde Münster gewählt.

Fast an jedem Freitagabend, dem Beginn des Schabbats, oft auch zum Schabbatgottesdienst und zu beinahe jedem jüdischen Feiertag fuhren meine Eltern nach

Münster, und manchmal nahmen sie mich mit. Darüber hinaus war mein Vater oft in der Stadt, um in der Gemeinde mitzuarbeiten. Denn eine jüdische Gemeinde ist mehr als eine Kultusinstitution. Sie betreut die Menschen von der Wiege bis zum Grab. Sie organisiert die Beschneidung der acht Tage alten Jungen, die Bar Mizwa-Feiern, Hochzeiten, Beerdigungen, und kümmert sich um die Hilfsbedürftigen. In größeren Gemeinden gibt es heute jüdische Kindergärten, Grundschulen, Volkshochschulen, Kulturzentren und Gymnasien. Nach dem Krieg aber lebten in Münster und Umgebung so wenige Juden und die Gemeinde war so arm, dass sie sich nicht einmal einen eigenen Rabbiner leisten konnte. Das schweißte die Gemeinschaft umso stärker zusammen.

Die Schwierigkeiten begannen schon mit dem Gottesdienst: Um ein gemeinsames Gebet abhalten zu können, ist ein Quorum von zehn Männern vorgeschrieben, der so genannte Minjan. Da aber in Münster und Umgebung nur wenige jüdische Männer wohnten, war es für jeden von ihnen, also auch meinen Vater, eine Ehrenpflicht, am Schabbat und an Feiertagen in der Synagoge zu erscheinen. Und wenn an manchen Freitagabenden im Winter schlechtes Wetter herrschte und der Schabbat, der mit Sonnenuntergang einsetzt, auf Grund der Jahreszeit schon gegen fünf Uhr nachmittags begann, suchte man verzweifelt nach Minjan-Männern. Dann ließ Vater alles stehen und liegen und brauste in die Synagoge nach Münster.

Mein Vater war ein gläubiger Mann, er hing religiösen Traditionen an. Doch er war kein Orthodoxer. Er fuhr zum Beispiel am Samstag Auto und machte auch den Ofen an, wenn er ausgegangen war – für einen streng

Religiösen undenkbar! Doch Vater war auch in Glaubenssachen ein Pragmatiker. Ihm war es wichtiger, am Schabbat in der Synagoge mit den anderen zu beten und sich unter der Woche um die Bedürfnisse der Juden als um formale Glaubensregeln zu kümmern.

Nach der Schoah war das deutsche Judentum ausgelöscht. Von den einst über 500 000 deutschen Juden waren mehr als 150 000 von den Nazis ermordet worden. Die große Mehrheit der Davongekommenen war ins Ausland geflüchtet, vor allem in die USA, nach Großbritannien und Palästina.

Nur wenige Tausend hatten – wie mein Vater – die Todesmaschinerie der Konzentrationslager überlebt und waren in ihre Heimatorte zurückgekehrt. Selbst die, die durchgekommen waren, wie Rabbiner Leo Baeck aus Berlin, der, statt zu fliehen, seine Gemeinde ins Konzentrationslager Theresienstadt begleitet hatte, wollten wie fast alle, die das Grauen überstanden hatten, nicht mehr in Deutschland leben. »Die mehr als tausendjährige Geschichte des deutschen Judentums ist beendet«, verkündete Baeck und wanderte nach England aus.

Glücklicherweise bewahrheitete sich Leo Baecks Prophezeiung nicht. Denn an Stelle des traditionellen deutschen Judentums waren durch die Gewalt der Geschichte andere jüdische Menschen nach Deutschland gelangt.

So lebten, oder vielmehr vegetierten, zum Zeitpunkt der Kapitulation mehr als 200 000 Juden in Deutschland. So gut wie alle kamen aus Osteuropa. Hauptsächlich aus Polen, Ungarn, Rumänien, der Sowjetunion. Diese Menschen hatten die Deutschen als Mörder und Folterknechte kennen gelernt. Nichts verband sie mit

Deutschland außer Zwang und Abscheu. Denn der Zugang zum Land ihrer Sehnsüchte, nach Zion, ihrer alten biblischen Heimat, blieb den Überlebenden zunächst versagt.

Palästina war Großbritannien nach dem Ersten Weltkrieg vom Völkerbund als Mandat anvertraut worden – mit der Maßgabe, dort eine jüdische Heimstatt vorzubereiten. Doch die Regierung in London dachte nicht daran. Sie gliederte vielmehr das Land de facto in ihr Kolonialreich ein. Die Zuwanderung von Juden wurde ab Mitte der 30er Jahre abgewürgt, um die Araber nicht zu verärgern. Dies war besonders infam, da Hunderttausenden Juden auf der Flucht vor den Nazis die Rettung in Palästina verweigert wurde. Dabei waren die Nazibehörden, ja selbst die SS, bis 1939 bemüht, die Juden aus Deutschland abzuschieben – auch nach Palästina. Ein jüdischer Staat hätte während der Nazizeit mindestens eine Million Juden retten können.

Es zeugt meiner Meinung nach von besonderer Niedertracht, dass die britische Regierung selbst nach 1945, als der Völkermord der Nazis bekannt geworden war, erneut wie am Vorabend des Zweiten Weltkriegs Hunderttausenden jüdischer Flüchtlinge – die meisten von ihnen KZ-Überlebende – die Einreise nach Palästina verweigerte. Stattdessen mussten diese Menschen in Deutschland als so genannte Displaced Persons (DPs) in Lagern ausharren, die vielfach in der Nähe ihrer ehemaligen Leidensstätten errichtet worden waren. Auch eine Reihe traditioneller Einwanderungsländer wie die Vereinigten Staaten, Kanada, Australien, Argentinien (hier waren Nazis willkommen) nahmen selbst nach der Schoah nur wenige jüdische Flüchtlinge auf. In Polen kam es noch nach dem Rückzug der Nazis zu antisemitischen Ausschreitungen und Morden, die von den Behörden geduldet wurden.

Die Juden waren also auch nach dem Zusammenbruch des Dritten Reiches gezwungen, in Deutschland zu verharren, da sie sonst nirgends geduldet wurden. So entstand nach 1945 – zunächst ungewollt – eine neue jüdische Gemeinschaft in Deutschland.

Am 14. Mai 1948 wurde unmittelbar nach dem Abzug der britischen Armee der Staat Israel ausgerufen. Erstmals seit fast zweitausend Jahren besaßen die Juden wieder ein eigenes Land. Eine der ersten Maßnahmen der neuen Regierung in Tel Aviv war die Aufforderung an die Juden in aller Welt zur Einwanderung nach Israel. Die Überlebenden in den DP-Lagern, vor allem in Deutschland, folgten der Einladung begeistert. Darauf lockerten auch die Vereinigten Staaten, Kanada und Argentinien ihre Einreisebeschränkungen für Holocaust-Überlebende ein wenig. Ergebnis: Knapp 90 Prozent der hiesigen Displaced Persons kehrten Deutschland den Rücken.

Anfang des Jahres 1950 lebten nur rund 25 000 Juden in der soeben gegründeten Bundesrepublik Deutschland und noch einmal zweitausend in der DDR. Der Staat Israel, jüdische und zionistische Organisationen in aller Welt sahen nun die Zeit gekommen, die wenigen Juden aus Deutschland zu evakuieren.

Der Jüdische Weltkongress beschloss im gleichen Jahr, jüdische Organisationen in Deutschland zu verbieten und »stimmberechtigte Delegationen auf Tagungen des Jüdischen Weltkongresses zu entsenden«. Das jüdische Leben sollte in Deutschland endgültig vorbei sein.

Die Gefühle der Verachtung für Deutschland waren nach dem Völkermord verständlich. Aber Emotionen sind nicht immer ein guter Ratgeber. Denn der vollständige Auszug der Juden aus Deutschland wäre nicht nur nachträglich ein Erfolg für Hitler und seine antisemitischen Helfer gewesen, die Deutschland judenrein morden wollten, das Ende der jüdischen Gemeinde hier wäre auch der unzulässige Versuch gewesen, die über 2000jährige Geschichte des deutschen Judentums vergessen zu machen. Ohne sie wäre das moderne Judentum, ja der Zionismus und der Staat Israel (die Basis des Zionismus und damit Israels ist das Buch »Der Judenstaat«, das der Wiener Journalist Theodor Herzl in deutscher Sprache verfasste) undenkbar gewesen. Aber Geschichte lässt sich nicht vergessen machen, ein »Schlussstrich« unter die Vergangenheit lässt sich nicht ziehen – weder von Juden noch von Deutschen. Die Debatte des Für und Wider eines deutschen Judentums nach der Schoah war theoretisch. Menschlichkeit und Zeitgeschehen aber sind pragmatisch.

25 000 Juden in Westdeutschland waren mehr als eine mathematische Größe. Es waren Menschen – Schicksale wie das von Herbert Weichmann, des späteren Hamburger Bürgermeisters und Bundesratspräsidenten, oder des Gewerkschafters Ludwig Rosenberg, der am Ende seiner Karriere DGB-Vorsitzender wurde, des Schauspielers Ernst Deutsch, der Dichterin Rose Ausländer in Düsseldorf. Die Juden im Ausland mochten jene in Deutschland verachten, weil sie in das Land ihrer Häscher und Henker zurückgekehrt waren. Doch die freie Entscheidung jedes Individuums verdient Respekt.

Die massiven Pressionsversuche zur Auflösung der jüdischen Gemeinden Deutschlands machten deren provisorischen Charakter zunehmend deutlich. Da aber jüdische Menschen weiterhin hier lebten, war ein organisatorischer Rahmen dringend notwendig. Er wurde im Sommer 1950 durch die Gründung des »Zentralrats der Juden in Deutschland« geschaffen. Vor Hitler hatte sich die wichtigste jüdische Vertretung »Centralverein deutscher Staatsbürger jüdischen Glaubens« genannt. Die in Deutschland lebenden Juden hatten sich selbstverständlich als Deutsche verstanden. Nach dem Genozid, der von Deutschen begangen worden war, traf das nicht mehr zu – die hiesigen Juden hatten keinen festen Boden mehr unter den Füßen. Für sie, ihre ungesicherten und verunsicherten Existenzen, erlangte der scherzhaft-resignative Begriff des »Luftmenschen« Gültigkeit. Dies galt auch für die Gesamtgemeinde. Man war nicht länger deutscher Jude. Die meisten verweilten abwartend in Deutschland. Ihr Schicksalsweg war offen.

Dem organisatorischen Rahmen des Zentralrats gingen nach guter jüdischer Tradition als religiöse Zellen die jüdischen Gemeinden voraus und als ein intellektuelles Forum eine Zeitung. Bereits im April 1946, knapp ein Jahr nach dem Ende der Hitlerherrschaft, gründete in Düsseldorf der Journalist Karl Marx die »Allgemeine Wochenzeitung der Juden in Deutschland«. Deutschlands Juden besaßen wieder ein Sprachrohr.

Die raue Luft der Wirklichkeit

Zu dieser Zeit war ich ein kleiner Junge in Warendorf, der froh war, die deutsche Sprache wieder ordentlich zu beherrschen und in der Schule einigermaßen mitzukommen. Als Sohn eines Viehhändlers hätte ich mir damals nie träumen lassen, dass ich später die Verantwortung und die Befriedigung haben würde, in der »Allgemeinen« mitzuarbeiten und einmal an der Spitze des Zentralrats zu stehen.

Zuerst einmal nahmen mich meine Eltern – ohne zu wissen, dass meine Schule einst nach Adolf Hitler benannt worden war – von der Dammschule, weil die antijüdischen Pöbeleien der Schüler, vor allem aber die Fragen der Lehrer nach Rosa für Mutter unerträglich geworden waren.

Dann aber begann in der Volksschule an der Klosterstraße eine schöne, unbeschwerte Zeit. Endlich konnte ich wie jeder andere Junge leben, mit beiden Eltern, ohne Angst, ohne Anfeindungen und ohne Extrawürste. Die Schule machte mir viel Spaß, aber mein Ehrgeiz wurde wohl nicht geweckt. Ich war ein mittelmäßiger Schüler, aber vielleicht ziemlich beliebt. Schließlich hatte ich als kleines Kind im Versteck in Uccle gelernt, wie wichtig es ist, auf andere zuzugehen. Entscheidend zu meiner Beliebtheit dürfte allerdings auch beigetragen haben, dass ich einen »echten« Fußball besaß. Zunächst kickte ich wie alle Schul- und Nachbarsbuben mit einem Stoffknäuel. Das war dermaßen teigig, dass man damit

nicht einmal eine Fensterscheibe »einschießen« konnte.
Und dann brachte mir Vater eines Tages einen »echten«
Lederball mit. Fortan war ich der Fußballkönig. Mein
Talent war zwar mittelmäßig, doch ich besaß die be-
gehrte Lederkugel und damit den Schlüssel zum Fuß-
ballparadies.

Auch meine musikalische Begabung war zum Kummer meiner Mutter begrenzt. Der Geigenunterricht
brachte ebenso wenig wie die Übungsstunden. Als Erster erkannte dieses Dilemma unser schwarzer Pudel
Bläcki, der mein Gefiedel bald mit gequältem Gejaule
begleitete. Unser jammervolles Duett veranlasste mich,
meine musikalische Karriere in einem frühen Stadium
zu beenden – ehe ich noch mehr Schaden anrichten
konnte.

In der Schule genügten meine Leistungen immerhin,
mich ins Gymnasium zu hieven. Die Aufnahmeprüfung
bestand ich ohne Anstrengung. Fortan besuchte ich das
Laurentianum. Ohne große Mühe lernte ich Latein und
Griechisch. Meine Mutter war glücklich. Sie sah den
Traum vieler jüdischer Mütter in greifbare Nähe ge-
rückt: ihr Sohn ein bekannter Arzt! Mein Vater dachte
pragmatischer. Seine Maxime lautete: »Im Handel liegt
der Segen.« Für ihn stand fest, dass ich, ebenso wie er,
die Familientradition fortsetzen und Viehhändler werden würde. Ich konnte mich für keines der Karriere-
modelle meiner Eltern begeistern.

Stattdessen entdeckte ich bereits am Anfang meiner
Jahre im Gymnasium eine Kraft, die mich zunehmend
faszinierte und beschäftigte: das Judentum. Als Kind in
Belgien hatte Judentum für mich eine anonyme Bedrohung bedeutet, einen Makel. Ich hatte mir das Ju-

Die Gymnasiasten

dentum als eine ansteckende Krankheit vorgestellt. Sie konnte bei mir jederzeit ausbrechen – anders als bei meinem Cousin Luc. Eine Taufe beim Pfarrer wie bei einem Neugeborenen hätte die Gefahr bannen können. Doch der Pfarrer hatte sich geweigert, mich zu taufen. Stattdessen hatte er mir einen Rosenkranz gegeben, der mich tatsächlich vor den unbekannten Gefahren der jüdischen »Krankheit« beschützt hatte. Die jüdische »Seuche«, dachte ich, war offenbar vor allem in Zusammenhang mit den Deutschen gefährlich – früher und sogar heute. Auch nachdem die amerikanischen Soldaten und Tanks die Deutschen besiegt hatten, gab es in Deutschland immer noch Menschen, die Juden nicht ausstehen konnten und sogar prügelten, zum Beispiel Kinder in der Schule und Erwachsene, die meinen Vater beleidigten, weil er Jude war.

Glücklicherweise ging es mir in der Schule gut, obgleich ich Jude war. Ich musste keine Schlägereien oder gar Verhaftungen mehr befürchten, obwohl meine Freunde und Klassenkameraden selbstverständlich wussten, dass ich Jude war: Ich ging nicht zur Kirche und musste nicht zum Religionsunterricht. Außerdem hatten es ihnen ihre Eltern gewiss gesagt. Sie unterhielten sich zu Hause ebenso darüber, wie meine Eltern feststellten, dass dieser oder jener ein Nazi gewesen sei und noch heute Juden hasse. Aber Vater und Mutter redeten immer seltener über Judenfeinde und auch ich hatte nichts mehr mit ihnen zu tun. Die jüdische »Krankheit« hatte ebenso wie die bösen Riesen ihre Gefährlichkeit eingebüßt. Zumindest war sie eingeschlafen.

Je mehr die Angst verblasste, desto mehr bekam das Judentum Konturen für mich. Freitagabend, wenn Vater vom Gottesdienst in Münster heimkehrte, feierten wir zu Hause den Schabbat. Der Schabbat wurde bei uns traditionell begrüßt wie seit jeher in jeder jüdischen Familie: als Braut. Wir zogen uns fein an und Mutter entzündete die Schabbatlichter. Vater sprach den Segen über Brot und Wein, anschließend servierte Mutter ein festliches Schabbatmahl. Die Last des Alltags fiel von uns ab, über Sorgen und Geschäfte wurde jetzt nicht geredet. Oft saßen auch Gäste mit an unserer Tafel: Nach altem Brauch brachte Vater aus der Synagoge jeden mit, der am Schabbat einsam oder unglücklich war – oder ihm so erschien.

Je älter ich wurde, desto öfter nahm Vater mich am Samstag zum Gottesdienst nach Münster mit. Die Andacht fand in einem bescheidenen Betsaal am Kanonengraben statt, die alte, prächtige Synagoge der Stadt war ja zerstört worden. Die Männer sprachen und sangen hebräische Gebete, die ich nicht verstand. Aber ich bekam mit, dass die Thora, die Bibel, den Mittelpunkt des Gottesdienstes bildete. Vater erklärte mir, dass die Worte von Hand mit einem Gänsekiel auf einer unendlich langen Pergamentrolle niedergeschrieben worden waren. Die Thora ist die Königin des Judentums. Sie wird in ein Gewand aus buntem Samt gehüllt und ihr Haupt mit einer silbernen Krone geschmückt. Aus ihr lesen zu dürfen, ist die größte Ehre, die einem während des Gottesdienstes zuteil werden kann.

Als erstes Gotteshaus hatte ich die Kirche von Chapelle-lez-Herlaimont kennen gelernt. Das Wichtigste darin war Jesus, der Gottessohn, gewesen und die Kirche war prächtig geschmückt. Die jüdische Betstube dagegen war karg und man konzentrierte sich auf Gottes Gebote. Christentum war Judentum plus Jesus, dachte ich. Man betete zum gleichen Gott und befolgte gleiche oder ähnliche Gebote. Das wusste ich vom Religionsunterricht. Ich war zwar vom katholischen wie auch vom evangelischen Religionsunterricht befreit, doch da ich neugierig war und wissen wollte, was meine Mitschüler über ihren Glauben lernten, blieb ich oft da und hörte zu.

Mit meinem Eintritt ins Gymnasium wurde ich auch in die religiöse Unterrichtspflicht genommen. Da wir immer noch die einzigen Juden Warendorfs waren, erhielt ich Einzelstunden. Mein Religionslehrer, Salomon Domb, war gewiss der Religionspädagoge Nordrhein-Westfalens mit den weitesten Unterrichtswegen. Außer in Düsseldorf, Köln, Aachen und Dortmund, wo jeweils ein paar hundert Juden lebten, wohnten in den übrigen Städten und Ortschaften des Landes nur jeweils einige Juden oder wie in Warendorf eine einzige Familie. Jüdische Kinder waren in Deutschland nach Hitler ein seltener Segen und so nahm Herr Domb gerne die Mühsal der langen Anreise auf sich. Er schwang sich in Rheine auf sein Motorrad und tuckerte den langen Weg zu uns. Da war es für mich Ehrensache, seinem Unterricht zu folgen. Zumal ich unbedingt mehr über meinen so »gefährlichen Glauben« lernen wollte.

Salomon Domb brachte mir zunächst bei, hebräisch zu lesen. Das ist die Grundlage, um einem jüdischen Gottesdienst folgen zu können.

Salomon Domb war ein sehr gütiger Mann. Er zeichnete sich besonders durch seine Nachsicht gegenüber seinen Schülern aus, wenn er merkte, dass es ihnen an Lerneifer mangelte, sie faul waren. Eines Tages sagte er in seiner liebenswürdigen Art zu mir: »Ich glaube, du hast wieder einmal ›vergessen‹, dich auf den Unterricht vorzubereiten, Paul. Von mir aus kannst du alles vergessen, was du von mir und bei mir gelernt hast. Aber eines musst du auswendig können, dein Leben lang: die Brachoth, die Segenssprüche. Man muss sie sprechen, wenn man während des Gottesdienstes dazu aufgerufen wird, der Vorlesung aus der Thora zu folgen. Denn wenn du – wo auch immer in der Welt – bei einem jüdischen

Gottesdienst mit dieser Ehre bedacht wirst und du kannst die Segenssprüche auswendig und fehlerfrei sprechen, bist du in der Synagoge anerkannt.«

An diese Aufforderung habe ich mich gehalten. Salomon Dombs Rat war wirklich richtig und wertvoll.

Später gingen wir die Bibel durch. Doch am meisten bewegte mich die Frage: Was macht das Judentum aus? Die Antwort meines Lehrers wird mir immer im Gedächtnis bleiben: »Alles.«

Das machte mich zunächst ein wenig ratlos. Doch bald verstand ich die Grundlagen, auf denen alles aufbaut.

Die fünf Bücher Mose erzählen die Geschichte von der Erschaffung der Welt, dem Entstehen der Menschheit und dem Werden des jüdischen Volkes. Die 613 Gebote und Verbote, die das Wesen des Judentums ausmachen, sind in der Bibel enthalten. Das klassische Judentum kommt ohne Theologie aus. Die Frage nach dem Wesen und den Absichten Gottes ist verboten: »Du sollst dir kein Bildnis machen.« Stattdessen beschäftigt sich der Talmud mit der Auslegung der Gesetze. »Und was ist deren Sinn?«, pflegte Domb rhetorisch zu fragen, um sogleich eine Parabel zum Besten zu geben: »Rabbi Akiba, einem der weisesten Männer des Judentums, wurde einst befohlen, alle Bücher des Talmud zu erläutern, so lange er auf einem Bein stehen konnte. Seine Antwort: ›Was du nicht willst, das man dir tu, das füg auch keinem anderen zu.‹ Das ist der Kern des Judentums.«

Mein Lehrer verstand es, in mir die Liebe zum jüdischen Glauben zu wecken. Mit viel Zeit und Geduld bereitete er mich auf meine Bar Mizwa vor. Immer wie-

115

der gingen wir den Wochenabschnitt der Bibel durch, den ich während der Zeremonie vorzutragen hatte. Da die Thora mit kalligraphischen Lettern geschrieben ist, erfordert es viel Übung, sie nach dem alten Ritual zu singen.

Am 6. Januar 1951 war es endlich so weit. Der kleine Betsaal am Kanonengraben 4 war bis auf den letzten Platz besetzt. Meine Feier war gleichzeitig ein besonderes Ereignis: Es war die erste Bar Mizwa im Münsterland, ja in ganz Westfalen nach dem Holocaust. Da Münster keinen Rabbiner besaß, wurde die Zeremonie vom Vorsitzenden des Landesverbandes der jüdischen Gemeinden Westfalens, Siegfried Heimberg, geleitet. Er wurde dabei durch einen weiteren Siegfried unterstützt, Siegfried Goldenberg, seines Zeichens Vorsitzender der Jüdischen Gemeinde Münster. Die Herren waren vor Freude darüber, dass das jüdische Leben in ihrer Stadt und ihrem Landstrich weitergehen sollte, ganz aus dem Häuschen. Mein Lehrer Salomon Domb war aufgeregt wie ein Angeklagter, der gleich vor seinen Richter zu treten hat. Ständig zupfte er an seinem Talith und hüpfte nervös von einem Bein auf das andere. Ich selbst aber blieb ruhig. Offenbar habe ich das ausgeglichene Temperament meines Vaters geerbt, der stolz, aber gelassen das Geschehen verfolgte. Ohne Hast und daher ohne Fehler sang ich meine Parascha, meinen Wochenabschnitt. Der Name des Kapitels heißt Waera, das bedeutet: »Ich erschien.« Noch heute erinnere ich mich genau an meine Parascha. Sie erzählt von den Vorbereitungen für den Auszug der Juden aus Ägypten.

»Und Mose ging von Pharao hinweg zur Stadt hinaus und breitete seine Hände zum Ewigen empor; da hör-

Meine Bar Mizwa am 6. Januar 1951

ten die Donnerschläge und der Hagel auf, und der Regen strömte nicht mehr zur Erde nieder. Als aber Pharao sah, dass der Regen, der Hagel und die Donnerschläge aufgehört hatten, da sündigte er weiter; und er und seine Diener verhärteten ihr Herz. Pharaos Herz blieb verstockt, und er ließ die Kinder Israels nicht ziehen, wie es der Ewige durch Mose vorausgesagt hatte.«

Das Leben aber besteht nicht nur aus Festtagen. Mit Beginn meiner Pubertät langweilte mich die Schule zunehmend. Ich wollte »etwas tun, statt den ganzen Tag in der Penne verpennen«. Mutter war entgeistert. Ihr Sohn sollte doch Arzt werden! Mein Vater dagegen sah meine Schulunlust nicht ungern. Theorien und Studien hielt er für überflüssig. Das einzige Buch, das er gelten ließ, war die Bibel. »Wozu soll der Junge seinen Kopf mit unnötigem Wissen vollstopfen? Was nützen ihm Latein und Griechisch?«, sagte er und was Warendorf betraf, hatte er Recht damit. Ich machte mir Vaters Argumentation sofort zu eigen, nicht, weil ich von deren Richtigkeit überzeugt war, sondern weil ich vom Gymnasium genug hatte. Ich ließ mich von Mutter gerade noch überreden, die 10. Klasse abzuschließen und damit die »Mittlere Reife« zu erwerben. Dann ging ich fröhlich von der Schule ab.

Eine Entscheidung, die ich bald bereuen sollte. Das Bedauern ist bis heute geblieben. Schon wenige Jahre später wollte ich immer mehr wissen und lernen und meine Neugier ist mir erhalten geblieben. Ein alter jüdischer Witz tröstet mich immer wieder über meine kurze Schulkarriere hinweg. »In der jüdischen Gemeinde eines Städtchens wird ein Schammes, ein Synagogendiener, gesucht. Moische bewirbt sich um den Posten, wird jedoch abgelehnt, weil er Analphabet ist. Er kompensiert diese Kränkung und wird ein erfolgreicher Kaufmann. Als Mäzen spendet er Geld für eine neue Synagoge. Dabei wird Moische vom Rabbi nach seiner Bildung gefragt. Er antwortet mit entwaffnender Offenheit: Ich kann weder lesen noch schreiben.

Bei einer Veranstaltung der Jüdischen Gemeinde Dortmund

Was hätte aus einem Mann mit Ihren Fähigkeiten werden können, wenn Sie Bildung besäßen!, ruft der Rabbi pathetisch aus.

Schammes, lautet Moisches nüchterne Antwort.«

Ich hab zwar nicht studiert und bin kein Millionär,

meinen Weg bin ich dennoch gegangen. Aber etwas mehr Ausdauer in der Schule wünschte ich mir heute doch. Nach meinem Abschied vom Gymnasium besuchte ich auf Anraten meines Vaters eine Handelsschule. Dabei dämmerte mir bald, dass der Abgang vom Gymnasium eine leichtfertige, unrichtige Entscheidung gewesen sein könnte. Statt Sprachen, Geschichte und Deutsch zu lernen, Fächer, die ich liebte, musste ich hier über Bilanzen und kaufmännischen Rechnungen brüten, die mich wenig interessierten. Doch ich mochte meinen Fehler nicht eingestehen und nach meiner Mutter auch noch meinen Vater enttäuschen. So beendete ich die einjährige Schule und begann, in Vaters Betrieb mitzuarbeiten. Ein Weg, von dem ich bald wusste, dass er der falsche für mich war. Aber ein Fehler zieht eben den nächsten nach sich – wenn man nicht bereit ist, ihn zumindest sich selbst einzugestehen und einen neuen Weg zu suchen und zu gehen.

Bis ich bei meinem Vater tätig wurde, hatte ich mir nie Gedanken über den Viehhandel gemacht. Doch nun hatte ich täglich mit den Tieren zu tun. Meine Aufgabe war es, sie günstig einzukaufen und möglichst teuer weiter zu veräußern. An Metzger oder Wurstfabriken, wo die Tiere nach der Schlachtung verarbeitet wurden. Mich belastete diese Arbeit mit jedem Tag mehr. Ich begann mich zu fragen, was ich stattdessen tun könnte. Das Einzige, was ich in der Handelsschule gerne lernte, war Englisch. Die Sprache flog mir zu. Sollte ich versuchen, wieder ins Gymnasium zurückzukehren, als 20-Jähriger in die 11. Klasse? Damit hätte ich mich bei Eltern und Mitschülern blamiert. Oder sollte ich eine Sprachenschule besuchen? Vater hätte mich nicht verstanden.

Familienfeier

Während ich noch darüber nachdachte, wie ich dem
Viehhandel entkommen könnte, sprang mir ein Inserat
der »Allgemeinen Wochenzeitung der Juden in Deutschland« ins Auge. Das Blatt suchte einen Volontär. Das
war's! Aus Volontär wird Redakteur. Als Journalist, das
wusste ich, hatte man mit Sprache, Menschen und Politik zu tun. Bei der »Allgemeinen« zudem auch mit Juden-

tum. Das Volontariat war direkt auf mich zugeschnitten! Ich bewarb mich umgehend und bat in meinem Anschreiben den Herausgeber, mir seine Antwort postlagernd zu schicken, da mein Vater nicht mit meiner Berufswahl einverstanden wäre. Ich war ja erst zwanzig und damals wurde man mit 21 Jahren volljährig. Also konnte ich ohne Zustimmung der Erziehungsberechtigten kein Arbeitsverhältnis antreten. Ich hatte meinen Vater zwar nicht ausdrücklich danach gefragt, doch ich kannte seine Ansichten. Also machte ich mir keine allzu großen Hoffnungen.

Dennoch marschierte ich jeden Tag zur Post. Nichts! Meine heimliche Zuversicht schwand. Da erhielt ich von unerwarteter Seite Ermutigung. Meine Mutter, die ich in meinen Plan eingeweiht hatte, sagte mir, dass sie und Papa zur Einweihung der Synagoge nach Minden fahren und dort Karl Marx treffen würden. Vielleicht könnte sich aus einem Gespräch mit ihm Positives für mich ergeben. Als beide zurückkamen, trat Vater in mein Zimmer und verkündete: »Du gehst zur Zeitung.«

Karl Marx, der Herausgeber des Blattes, hatte mein Begleitschreiben richtig interpretiert. Statt sich mit einem 20-Jährigen auf heimliche, aber folgenlose Gespräche einzulassen, beschloss er, den Stier bei den Hörnern zu packen. Nach der Feier setzten sich die beiden Herren zusammen und führten ein offenes Gespräch. Dabei offenbarte Karl Marx seine Stärke, die ich bald kennen lernen sollte: Überzeugungskraft. Er machte, ohne mich persönlich zu kennen, meinem Vater deutlich, dass ein junger Bursche, der das etablierte Unternehmen des Vaters verlassen wolle, um als Lehrling bei einer kleinen jüdischen Gazette zu beginnen, kein Geschäftsmann, sondern ein geborener Journalist sei, den man seinen Weg gehen lasse müsse.

Diese klare Argumentation leuchtete meinem Vater ein. Zwar wurde damit sein Lebenstraum zerstört, sein Geschäft wie seit Generationen üblich dem Sohn zu vererben, doch Vater war unsentimental. Er sah den Tatsachen ins Auge. Wichtiger als seine Firma war ihm das Glück seines Kindes und wenn der Junge dieses Glück nur im »Luftgeschäft« des Journalismus zu finden glaubte, dann sollte er es seinetwegen zumindest versuchen. Vater war ein Mann schneller Entschlüsse. So vereinbarte er mit Marx, dass ich so rasch wie möglich meine Ausbildung bei der Zeitung beginnen sollte. Als er mir das alles in dürren Worten erklärte, war ich so verwirrt, dass ich Mühe hatte, ihm zu danken. »Du sollst dich nicht bedanken, sondern mir in Zukunft sagen, was du willst – nachdem du dir selbst darüber klar geworden bist«, sagte er und ließ mich verdattert zurück.

Bereits ein paar Tage später fuhr ich mit meinen Eltern nach Düsseldorf. Ich war aufgeregt. Erstmals würde ich eine Redaktion sehen. Die »Allgemeine« war in der Zietenstraße 50 untergebracht. Karl Marx empfing uns in seinem mit Büchern, Zeitungen und Manuskripten vollgestopften Büro. Er war ein schmächtiger Mann und besaß einen hellwachen Geist, der sich in seinen lebendigen Augen spiegelte. Marx kam sofort zum Punkt, die vielen Journalisten eigene Geschwätzigkeit war ihm fremd. An mich richtete er eine einzige Frage: »Sind Sie bereit, alles andere dem Journalismus unterzuordnen?« Mein enthusiastisches »Selbstverständlich!« kommentierte er trocken: »Etwas anderes habe ich nicht erwartet.«

Dann kramte er aus einer Schublade einen vorbereiteten Vertrag hervor, den mein Vater und ich unterschrieben. Meine Entlohnung war selbst für die damalige Zeit bescheiden: im ersten Jahr 80 Mark monatlich, im zweiten 115 Mark. Als Marx meine enttäuschte Miene bemerkte, sagte er mir: »Geld verdient man als Kaufmann, nicht als Journalist. In unserem Beruf sammelt man Wissen.« Damit war die Audienz beendet. Meine Bitte nach einem Besuch der Redaktion schlug er aus. »Den Laden lernst du noch früh genug kennen. Ich bin kein Fremdenführer.«

Vater und Mutter spürten meine Enttäuschung, aber sie waren zu klug und hatten mich zu lieb, um aufzutrumpfen. Um meine Laune zu heben, lud mich mein Vater zum Essen ein und half mir in den folgenden Tagen, ein möbliertes Zimmer zu finden. Es kostete 120 Mark monatlich. 50 Prozent mehr, als ich verdienen würde. Vater beglich die Maklergebühr sowie die Kautionskosten und überwies fortan die Miete von seinem Konto direkt an den Vermieter.

Am 3. November 1958 begann ich mein Volontariat. Die »Allgemeine« war damals eine Wochenzeitung, erst seit einigen Jahren erscheint sie – aus Kostengründen – alle 14 Tage. Als Chefredakteur begrüßte mich damals Marcel Gärtner, der allerdings nach wenigen Monaten die Zeitung verließ. Er wurde zunächst stellvertretender Leiter der Pressestelle der nordrhein-westfälischen Landesregierung, später Redakteur und Korrespondent des Westdeutschen Rundfunks, dann bis zu seiner Pensionierung Leiter des Düsseldorfer Studios des WDR. Im Februar 1959 übernahm Hermann Lewy die Leitung der Redaktion. Von ihm habe ich das Redakteurs-Handwerk gelernt. Hermann Lewy war nicht nur ein hervorragender Journalist, sondern auch ein väterlicher Ratgeber. Bis zu seinem Tod war ich mit ihm befreundet, auch zu der Zeit, als ich die Arbeit für die »Allgemeine« aufgegeben hatte und er Mitglied des Vorstandes der Jüdischen Gemeinde Düsseldorf und Präsident der Bnai-Brith-Loge in Düsseldorf war.

Zunächst Gärtner, später auch Lewy setzten mich zuerst als Redaktions-Volontär ein, also als »Mädchen für alles«. Ich musste die Telefonzentrale bedienen, Gebäck für die Redaktion besorgen, das Archiv ordnen und Korrektur lesen. Aber schon bald durfte ich meine ersten kleinen Beiträge schreiben und da wir wenig Geld und noch weniger Mitarbeiter hatten, musste ich gelegentlich über zwei Kulturveranstaltungen berichten, die zur gleichen Zeit an verschiedenen Orten stattfanden. Ich half mir, indem ich die Lokalpresse studierte und daraus mit ein wenig Phantasie einen eigenen Artikel zusammenzimmerte. Ich empfand unsere Arbeitsbedingungen als ungenügend. Das stimmte auch objektiv. Doch im Nachhinein bin ich für meine Lehrzeit dankbar. Denn je kleiner die Zeitung und je unzulänglicher der Apparat, desto mehr ist man zur Improvisation gezwungen. Man lernt durch die Praxis.

Übrigens war meine liebste Tätigkeit in der ersten Zeit das Verfassen von Nachrufen. Ich studierte alte Fotos und Dokumente und sprach mit Angehörigen und Bekannten der Verstorbenen. So entstand allmählich das Bild des Menschen vor mir, den ich porträtierte. Alle Nekrologe mussten natürlich positiv abgefasst sein. De mortuis nil nisi bene.

Die Arbeit in der Redaktion machte mir viel Spaß. Ich war froh, dass ich den Mut gefunden hatte, aus der Routine des Hergebrachten auszubrechen und meinen

Wunschberuf zu ergreifen. Meinen Eltern war ich dankbar, dass ihnen mein Glück wichtiger war als ihre auf mich projizierten Träume und dass sie mich tatkräftig unterstützten.

Ehe ich mich versah, waren die zwei Jahre des Volontariats vorbei und ich erhielt einen Redaktionsvertrag. Meine Genugtuung wurde durch die Tiefe meines Gehalts von 250 Mark im Monat nur unwesentlich gedämpft. Unser Herausgeber hatte mich ja gewarnt!

An Karl Marx hatte ich mich erst gewöhnen müssen. Doch je besser ich ihn kannte, desto mehr respektierte, ja bewunderte ich ihn. Marx war weder der leidenschaftliche noch der beschränkte Journalist, der sich mit gut formulierten Artikeln begnügte. Seine größte Stärke war der Gesamtüberblick. Er dachte strategisch, begriff politische Hintergründe, verstand es, Nachrichten zu lancieren und war überdies ein hervorragender Menschenkenner. Karl Marx und Konrad Adenauer schätzten einander sehr. Der jüdische Journalist begriff, dass die Aussöhnung mit den Juden dem tiefgläubigen Katholiken Adenauer ein Herzensanliegen bedeutete. Doch Adenauer beschränkte sich nicht auf Gefühle. Der Kanzler wusste, dass die Versöhnung mit den Juden mehr sein musste als ein Lippenbekenntnis. Für ihn bedeutete sie auch die Bereitschaft zu materiellen Leistungen. Diese Verpflichtung würde der jungen deutschen Demokratie internationales Renommee einbringen. Der Politiker und der Journalist dachten und handelten kongruent. Kaum war Konrad Adenauer im September 1949 zum Kanzler gewählt, da plädierte er in einem Gespräch mit Marx für die Bereitschaft Deutschlands zu materiellen Entschädigungsleistungen an die Juden.

*Karl Marx, 2. von links, mit Ernst Reuter, Theodor Heuss
und Heinz Galinski*

Diese Aussage, die in der »Allgemeinen« erschien, war damals eine Sensation. Deutschland litt noch an den Schäden, die der Nationalsozialismus und der Krieg dem Land zugefügt hatten und viele wollten von neuen Verpflichtungen nichts wissen, doch Adenauer ließ sich von seinem Versprechen nicht abbringen. So kam schließlich drei Jahre später, im September 1952, das »Abkommen von Luxemburg« zustande. Deutschland verpflichtete sich darin, Zahlungen und Sachleistungen in Höhe von drei Milliarden Mark an die Juden und den jüdischen Staat Israel zu leisten. Im deutschen Volksmund wurde dies als »Wiedergutmachung« – oder böser: »Wiederjudmachung« – apostrophiert. Doch millionenfacher Tod und das Leid lassen sich nie wieder gut- oder »judmachen«. Allerdings halfen die Zahlungen einzelnen Menschen, ihre Existenz wieder zu begründen. Und der

127

soeben entstandene jüdische Staat brauchte die Hilfe dringend, um Hunderttausende Überlebende der Schoah einzugliedern.

In Israel war das Entschädigungsabkommen äußerst umstritten. Der Oppositionspolitiker Menachem Begin warf der Regierung vor, die Opfer durch die Annahme des »deutschen Blutgeldes« zu verhöhnen. Doch Ministerpräsident und Staatsgründer David Ben Gurion wusste, wie dringend Israel die deutschen Mittel brauchte. Ben Gurion setzte statt auf Gefühl und Verbitterung auf Verstand und Aussöhnung. Das waren auch die Beweggründe von Karl Marx, obgleich er wie jeder Jude die Schmerzen der Überlebenden teilte.

Durch meine journalistische Arbeit für die »Allgemeine« lernte ich immer mehr über jüdische Geschichte und Gegenwart und je mehr ich erfuhr, desto mehr wollte ich wissen. Immer wieder las ich über jüdische Geschichte. Ich war und bin bis heute fasziniert vom kulturellen und historischen Reichtum des Judentums und es ist mir unerklärlich, dass manche sich vom Judentum abwenden, um keine »Unannehmlichkeiten« zu erleiden. Ich empfinde das als Verleugnung der jüdischen Geschichte und der Opfer des Antisemitismus. Meine Schwester Rosa und Millionen andere starben unter Hitler, auch davor und danach wurden Menschen umgebracht, nur weil sie Juden waren. Deshalb sollten wir ihr Andenken ehren, indem wir an unseren Werten und unserer Geschichte festhalten.

Ich war und bin kein Theoretiker. Aber ich hatte gelernt, auf Menschen zuzugehen. Damals wollte ich jüdische Menschen kennen lernen. Besonders Altersgenossen. In Warendorf aber, ja, selbst in der Gemeinde

Münster, war ich einer von vier jüdischen Jugendlichen. Andere junge Juden hatte ich bislang nur in den Sommerlagern der Zentralwohlfahrtsstelle in Bad Sobernheim oder in Wembach im Schwarzwald getroffen. Da kamen Hunderte jüdische Jungen und Mädchen aus ganz Deutschland zusammen. Man schwätzte, sang, tanzte, flirtete, kurz, man lebte. Ich kehrte jedes Mal begeistert nach Warendorf zurück.

Als ich mich dann in Düsseldorf eingelebt hatte, begann ich, die jüdischen Jugendlichen zu organisieren. Ich wurde Jugendleiter der Gemeinde. Das Erste meiner Ehrenämter.

»Jugendleiter« und »organisieren« klingt sehr offiziell und nach Arbeit. Tatsächlich ging es uns lediglich darum, zusammen etwas zu unternehmen. Wir wollten neben unseren christlichen Bekannten und Freunden auch mit jüdischen Menschen in unserem Alter zusammenkommen, gemeinsam Ausflüge machen, diskutieren, Spaß haben. Jungen und Mädchen kennen lernen. Aber wir kümmerten uns auch um die Jüngeren. Auf diese Weise lernten wir spielend mit Verantwortung umzugehen.

Diese Arbeit machte mir nicht nur Spaß, sondern sie war auch ziemlich erfolgreich. Immer mehr Jugendliche meldeten sich bei uns und bald veranstalteten wir neben unseren kleinen Treffen am Samstagabend auch eigenständige Zusammenkünfte für junge Juden aus ganz Nordrhein-Westfalen. Als das alles erfolgreich lief, organisierte ich mit Freunden sogar ein bundesweites Treffen in Münster, das den Teilnehmern so gut gefiel, dass wir es im nächsten Jahr wiederholen wollten. Doch mir kam beruflich und privat einiges dazwischen.

1959 lernte ich auf einer Zusammenkunft in Düsseldorf Gisèle kennen. Sie kam mit ihren Eltern aus Lyon.

Das hübsche Mädchen mit den frechen blauen Augen gefiel mir auf Anhieb. Ich wollte natürlich Eindruck auf sie machen und um meine Schüchternheit zu überspielen, gab ich mich besonders forsch. Das aber blieb ohne Wirkung auf Gisèle und nach wenigen Wochen erschien sie nicht mehr zu unseren Meetings. Schade!

Meine Aufmerksamkeit wurde aber bald von einem anderen Ereignis absorbiert. In Warendorfs Schützenverein »Hinter den 3 Brücken« wurde mein Vater 1962 Schützenkönig, zweifellos ein Ereignis mit symbolischem Charakter. Zum ersten Mal wurde ein Jude in Warendorf und im Münsterland und wohl auch in Deutschland Schützenkönig. Stolz wie ein wahrer König trug er die Kette, die ihm verliehen worden war. Ein würdiger König war er – aber kein gedankenloser. Als wir nach all dem Trubel endlich allein waren, sagte er, der nie über die Vergangenheit sprach, zu Mutter und mir: »Seht ihr! Es war richtig, heim nach Warendorf zu kehren!« Und dann, fast verstummend: »Wenn unser Roselchen das hätte erleben können . . .«

Ein Jahr später tauchte Gisèle unverhofft wieder im Freizeitheim der jüdischen Gemeinde auf. Sie war bei Verwandten in Frankeich gewesen und nun nach Westdeutschland zurückgekehrt. Gisèle gefiel mir besser denn je. Und ich hatte aus meinem gewollt kecken Auftreten von damals gelernt. Nun ging ich behutsam mit ihr um und bald war ich rettungslos in meine Französin verliebt. Glücklicherweise erwiderte Gisèle meine Gefühle. Wir wurden ein Paar und ich stellte Gisèle meinen Eltern vor. Sie nahmen sie mit Freude auf und ich spürte auch ihre Erleichterung. Wäre ich in Warendorf geblieben, hätte ich mit hoher Wahrscheinlichkeit eine Nicht-

Hugo Spiegel als Schützenkönig

jüdin zur Frau genommen. Nun aber würden Gisèle und
ich die jahrhundertealte jüdische Tradition unserer Familie fortsetzen.

131

Gisèle und ich wollten rasch heiraten und eine Familie gründen. Doch mit meinen 250 Mark Redakteursgehalt war das unmöglich. Ich sprach mit unserem Herausgeber. Marx hielt mir vor, was ich ohnehin wusste: dass die »Allgemeine« sich mühsam über Wasser halte, dass die jüdische Bevölkerung Deutschlands bei deutlich unter 30 000 Seelen stagniere und eine Zunahme der Leserschaft nicht in Aussicht stünde. Andererseits schätzte er mich, wollte mich behalten und wusste, wie gerne ich bei seiner Zeitung arbeitete. Die einzige Möglichkeit, die der Herausgeber als Ausweg aus der Misere sah, war die Akquisition von Inseraten. Mir war alles recht! Hauptsache, ich konnte bei der »Allgemeinen« bleiben.

In der rauen Luft der Wirklichkeit entpuppte sich der Plan, mich neben meiner Redakteurstätigkeit zur Anzeigen-Werbung einzusetzen, allerdings als Flop. Die verkaufte Auflage von 3000 Exemplaren und eine wenig kaufkräftige Leserschaft waren als Werbeforum für Inserenten uninteressant. Ich aber wollte das nicht wahrhaben und lief mir nach Redaktionsschluss die Hacken ab. Nirgends hatte ich nennenswerten Erfolg. Doch meine Zuversicht war ungebrochen. Bis ich eines Abends den Besitzer einer großen Spielwarenhandlung für ein Inserat in unserem Blatt gewinnen wollte. Der Geschäftsmann hörte mir geduldig zu und als er von unserer Auflage erfuhr, sagte er: »Also, ein Inserat in Ihrer Zeitung zu schalten, hat keinen Sinn. Aber es ist ja für einen guten Zweck.« Der Ladenbesitzer griff flink in die Kasse und wollte mir einen 20-Mark-Schein überreichen. »Das ist für Sie.«

Ich rannte wortlos aus dem Laden. Ich wollte als Journalist arbeiten, nicht als Schnorrer.

Was sollte ich tun? Die Zeitung konnte mir kein höheres Gehalt zahlen. Selbstverständlich würde Vater uns nach der Hochzeit finanziell unterstützen. Doch als Ehemann und hoffentlich bald Vater mit Mitte zwanzig noch immer an der Brieftasche des Vaters zu hängen, widerstrebte meiner Selbstachtung. Also erkundigte ich mich bei anderen Lokalblättern. Die Entlohnung war allenthalben kümmerlich. Man wird nicht Journalist, um reich zu werden – die Worte von Marx hafteten mir allzu gut im Gedächtnis. Natürlich hätte ich Gisèle bitten können, zu arbeiten und die Hochzeit sowie unseren Familienwunsch aufzuschieben. Doch das kam nicht in Frage. Ich wusste, dass Gisèle die Frau meines Lebens war, und ich dachte nicht daran, unser Lebensglück aufs Spiel zu setzen. Ich ahnte, dass private Zufriedenheit die Voraussetzung für beruflichen Erfolg ist. Heute weiß ich, dass ich Recht hatte.

Ich fuhr also nach Hause und schilderte meinem Vater ungeschminkt die Lage. Er war mir immer ein guter Berater gewesen. Wie ich es erwartet hatte, zeigte er Verständnis für mein Dilemma. Er, wie später auch mein Schwiegervater, bot uns, auch das hatte ich vorausgesehen, eine Starthilfe an. Als ich ihm jedoch eingestand, dass ich keine finanzielle Perspektive sah, riet er mir, einen »Schnitt zu machen und die Konsequenzen zu ziehen«. Vater war zu klug, um mir eine Rückkehr in seinen Viehhandel zu offerieren, obgleich wir beide wussten, dass er nichts lieber gesehen hätte. Also versprach er, sich für mich umzuhören. Und hatte prompt Erfolg. Mir wurde der Posten des Exportleiters in der Lebensmittelfabrik »Wiltmann & Co.« in Versmold angeboten. Die Arbeitsbedingungen waren angenehm, die Kollegen freundlich und das Gehalt ordentlich.

Zunächst aber stand für mich der Beginn eines neuen und schönen Lebens bevor: die Hochzeit mit meiner Gisèle. Nach der standesamtlichen Eheschließung in der Düsseldorfer Inselstraße fand am 7. Oktober 1964 die jüdische Trauung in der Düsseldorfer Synagoge statt. Die Gäste kamen aus aller Welt: Gisèles Eltern, Leon und Mary Spatz, sowie Familienmitglieder aus Deutschland, Frankreich, England und den USA. Meine Familie war leider nicht so zahlreich, außer meinen Eltern freuten sich an der Hochzeit nur einige wenige Verwandte aus den Niederlanden. Zu unserer und der Hochzeitsgäste großen Freude kamen aus Brüssel Monsieur und Madame Blomme, unsere Retter aus der Rue Theodore Verhaegen 42. In einer kleinen Rede hob ich die Verdienste dieser beiden Menschen besonders hervor.

Rabbiner Lipschitz traute uns unter einem Baldachin, den mein Schwiegervater extra für unsere Trauung hatte anfertigen lassen. Noch viele Jahre später sind unter diesem Baldachin in der Düsseldorfer Synagoge Ehen geschlossen worden, die hoffentlich alle so glücklich sind wie die unsere.

Bald nach der Hochzeitsreise, die uns nach Italien und Frankreich führte, begann der Alltag. Die Arbeit in der Lebensmittelfabrik war nicht unangenehm, obwohl sie wirklich nicht meinem Lebensziel entsprach. Aber immerhin konnte ich bei vielen Gelegenheiten meine Englisch- und Französischkenntnisse verbessern. Außerdem hatte ich viel Freizeit. Vorbei die Jahre, in denen ich nach Feierabend noch Termine wahrnehmen oder schnell noch einen Artikel in Satz geben musste.

Einen Wermutstropfen gab es in dieser fast ein Jahr

Hochzeit mit Gisèle

dauernden Zeit: Gisèle konnte in Warendorf nicht als Auslandskorrespondentin arbeiten. Schließlich fand sie eine Stelle in Düsseldorf, was aber bedeutete, dass wir unser junges Glück lediglich an den Wochenenden in unserer kleinen Düsseldorfer Wohnung genießen konnten.

So ein »Pendelglück« war aber auf Dauer nicht das Richtige für uns, ebenso wenig meine Arbeit in der Lebensmittelbranche. Ich wusste, ich brauchte jetzt eine Tätigkeit, die mich intellektuell fordert, in der ich mit Menschen zu tun habe – und mit Juden. Außerdem wollten wir beide im Jahr 1965 gemeinsam zurück in die Großstadt, wir fühlten uns in Düsseldorf zu Hause, wo wir viele und gute Freunde gefunden hatten, und mit den meisten von ihnen fühlen wir uns auch heute noch harmonisch verbunden.

Es traf sich daher nur allzu gut, dass ich eines Tages nach dem Besuch des Jom-Kippur-Gottesdienstes in der Düsseldorfer Synagoge vom Generalsekretär des Zentralrats der Juden in Deutschland, Hendrik George van Dam, nach meinen Berufsplänen gefragt wurde. Ich erzählte ihm von meinen Bewerbungsschreiben an verschiedene Verlage, woraufhin er mich bat, am kommenden Tag in sein Düsseldorfer Büro in die Fischerstraße 49 zu kommen. Ich ging hin und er bot mir gleich die Position seines Assistenten an.

Sieben Jahre blieb ich Angestellter des Zentralrats. Wenn mir damals jemand vorausgesagt hätte, dass ich eines Tages an der Spitze dieser Organisation stehen würde, ich hätte es wohl nicht geglaubt.

Zuversicht allein genügt nicht

Das Amt des Generalsekretärs des Zentralrats war satzungsgemäß dem Verwaltungsrat – der Exekutive des Zentralrats – zugeordnet. Diesem Gremium, jeweils für zwei Jahre vom Direktorium gewählt, gehörten damals an: Heinz Galinski (Berlin), Werner Nachmann (Karlsruhe), Dr. Fritz Manasse (Hamburg), Kurt Neuwald (Gelsenkirchen), Julius Spokojny (Augsburg), Max Willner (Offenbach). Das Direktorium setzte sich zusammen aus den Delegierten der dem Zentralrat angeschlossenen Gemeinden und Landesverbände. Vorsitzender des Direktoriums war Professor Dr. Herbert Lewin aus Offenbach, ein anerkannter Gynäkologe, der aber in seiner Funktion als Direktoriumsvorsitzender nicht sehr häufig in Erscheinung trat.

Tatsächlich aber war Hendrik van Dam Zeit seines Amtes die überragende Persönlichkeit unter Deutschlands Juden. Er war hochintelligent, ein brillanter Jurist und besaß großes, gelegentlich zu großes Durchsetzungsvermögen. Van Dam war von einem kompromisslosen Gerechtigkeitssinn beseelt, er war diszipliniert und rastlos tätig. Diese effektive Seite seiner Persönlichkeit kontrastierte mit seinen vielen liebenswürdigen und schillernden Zügen. Er war zwar »nur« ein Doktor, aber zerstreut wie der sprichwörtliche Professor. Oft kam er mit nur einer rasierten Gesichtshälfte ins Büro, da war ihm während der Morgentoilette etwas derartig Wichtiges durch den Kopf gegangen, dass er schnurstracks ins Büro geeilt war, oft auch mit falsch geknöpftem Hemd oder ohne Hut und Mantel. Doch weltfremd war der Doktor keineswegs. Bei aller Hektik und Ungeduld nahm sich der »General« für alle Menschen viel Zeit, einerlei wie niedrig ihr Rang war. Er ruhte nicht, bis er ihnen zu ihrem Recht verholfen hatte.

Dieser Kranz von trefflichen Charakterzügen und Gegebenheiten wurde allerdings ergänzt von Eigenschaften, die ein Auskommen mit van Dam gelegentlich erschwerten. Das Gespür für die Nöte seiner Mitmenschen, besonders jener, die auf seine Unterstützung angewiesen waren, entsprang einer ausgeprägten Empfindsamkeit, die im Verhältnis zu Gleichgestellten rasch in eine übergroße Empfindlichkeit und Verletzlichkeit umschlug. Sein nervöses Naturell ließ ihn außerdem mitunter heftig reagieren, was den Umgang mit dem General nicht immer einfach machte.

Ich kam mit Hendrik van Dam hervorragend aus. Ich bewunderte seinen Intellekt und sein Wissen und war nach der Phase jugendlicher Wurschtigkeit versessen darauf zu lernen. Ich wusste, dass es maßgeblich dem unermüdlichen Einsatz und der Organisationskraft des »Generals« zu verdanken war, dass nach der Auswanderung von 200 000 Displaced Persons in Folge der Staatsgründung Israels die kleine jüdische Gemeinschaft hierzulande funktionsfähig blieb. So war der institutionelle, personelle und juristische Rahmen geschaffen worden, das organisierte Judentum Deutschlands zunächst zu erhalten, zu stabilisieren und später, als van Dam längst tot war, wieder zu neuer Lebenskraft zu erwecken.

Auf einem einzigen Feld ergab sich mit Hendrik van Dam und mir eine unglückliche Konstellation, die mich in einen Gewissenskonflikt stürzen sollte. Der »Gene-

Hendrik George van Dam

ral« war ein leidenschaftlicher Zeitungsleser und Artikel-
schreiber. So hatte er zwangsläufig immer wieder etwas
an dem jüdischen Blatt auszusetzen. Selbstverständlich
konnte die »Allgemeine« mit ihren beschränkten Mitteln und dem wenigen Personal nicht das Gleiche leisten, was großen Zeitungen möglich war. Doch das
wollte der Perfektionist van Dam nicht einsehen. Ständig beschwerte er sich bei Karl Marx über Mängel, die
er festgestellt habe. Hätte nun der Herausgeber ein we-

nig Geduld und Verbindlichkeit aufgebracht, um die Versäumnisse zu erläutern, dann wäre der cholerische van Dam schnell besänftigt gewesen. Doch der autoritäre Journalist fertigte den »General« stets kurz ab und ließ ihn spüren, dass er vom Zeitungmachen, ja von der »großen Politik«, nichts verstünde. Auf diese Weise schürte Marx unnötig den Groll des »Generals«.

Van Dam aber war nicht der Mann, sich auf Dauer unwidersprochen kränken zu lassen. Er sann auf Abhilfe.

Eines Tages eröffnete er mir, er habe genug von der »Allgemeinen«, fortan werde sich der Zentralrat ein eigenes Publikationsorgan schaffen. Der Verwaltungsrat habe seinem Vorhaben bereits zugestimmt.

Ich begriff sogleich, dass dies eine existenzielle Bedrohung für die »Allgemeine« bedeutete. Doch mein Plädoyer für eine gütliche Einigung mit Marx war vergeblich.

»Das habe ich schon hundertmal versucht«, antwortete van Dam. Ich wusste, dass es so war.

Fortan gab der Zentralrat einen »Jüdischen Pressedienst« (JPD) heraus. Die Leitung der Redaktion wurde mir übergeben.

Von da an gab es zwei jüdische Presseorgane in Deutschland, die beide für sich in Anspruch nahmen, Sprachrohr der jüdischen Gemeinschaft in Deutschland zu sein. Die »Allgemeine« – sie nannte sich inzwischen »Allgemeine jüdische Wochenzeitung« war nach wie vor auf Abonnenten, Einzelverkauf und Anzeigen angewiesen, während der JPD an so genannte Meinungsbildner und an die jüdischen Gemeinden und Landesverbände monatlich einmal kostenfrei versandt wurde. Diese gravierenden Unterschiede machten den Konkurrenzkampf nicht leichter. Zeit ihres Lebens hat es zwischen van Dam und Marx keine Aussöhnung gegeben, was dem Image der jüdischen Gemeinden zwar nicht geschadet hat, aber es hätte meiner Meinung nach sicher mehr erreicht werden können, wenn diese beiden hochintelligenten und leistungsfähigen Männer an einem Strick gezogen hätten.

Nach dem Tod von Karl Marx im Jahr 1966 übernahm seine Frau Lilli die Leitung der Zeitung, sah sich gleichzeitig aber – von sinkenden Auflagenzahlen und geringem Anzeigenaufkommen gezwungen – nach einem Käufer des Blattes um. Es stellte sich heraus, dass hierfür wohl nur der Zentralrat in Frage kam. Er kaufte also die »Allgemeine«, gründete die Jüdische Presse GmbH mit Dr. van Dam als Leiter des Unternehmens. Bald danach konnte der JPD eingestellt werden. Die Meinungen und Stellungnahmen des Zentralrats fanden nunmehr Platz in der »Allgemeinen«.

In der deutschen Gesellschaft waren die späten sechziger Jahre, die 68er, eine notwendige Phase des Umbruchs. Nach dem »Zusammenbruch«, wie die vollständige Niederlage der Nazidiktatur vielfach genannt wird, konzentrierte die deutsche Gesellschaft ihre Energie auf den Wiederaufbau. Die Aufarbeitung der eigenen Vergangenheit wurde vielfach verdrängt. Konrad Adenauer war eine der Persönlichkeiten, die begriffen, dass die Beschränkung auf eine ökonomische Restauration nicht genügte. Eine moralische Erneuerung, eine Bereitschaft zu Reue und Verantwortung, musste hinzukommen. Die materielle Entschädigung war ein Schritt in die richtige Richtung. Eine demokratische Verfassung, ein stabiles, politisches System wiesen ebenfalls dorthin.

Doch in Gesellschaft, Verwaltung, Justiz, Wirtschaft, sogar in der Politik blieb vieles ungeklärt. Adenauer selbst beschäftigte Hans Globke als Staatssekretär und engen Mitarbeiter. Jenen NS-Juristen, der Kommentator der antisemitischen Nürnberger Rassengesetze war, mit deren Hilfe die Juden qua Vorschrift zu Menschen von minderem Wert herabgestuft wurden. Auch der frühere Nationalsozialist Theodor Oberländer diente Adenauer als Minister. Die von den Alliierten installierte »Entnazifizierung« wurde in der Nachkriegsgesellschaft oft als ausschließlich bürokratische Schikane angesehen, die es »effizient« zu umgehen gelte.

Überall, selbst an den Universitäten, wirkten frühere Nazis. Sie traten nicht mehr für Hitler ein und planten keinen Angriffskrieg. Die ehemaligen Parteigenossen machten sich vielmehr in der Demokratie der Bundesrepublik breit und durchzogen viele Sektoren der Gesellschaft mit ihrer bleiernen, uneinsichtigen, rückwärts gewandten Haltung. Richter und Staatsanwälte schonten Kriegsverbrecher, in Schulen und Universitäten herrschte hinter der Fassade der Demokratie oftmals der lähmende Geist von einst. Gegen diese Haltung kämpften viele junge Deutsche und manche ihrer Lehrer an. Die harsche Reaktion des Staates ließ manche über das Ziel hinausschießen. Eine winzige Gruppe Unbelehrbarer driftete in den Terrorismus ab. Doch insgesamt überwogen die positiven Seiten der 68er Bewegung. Die deutsche Gesellschaft begann sich von ihrer wirtschaftlichen Fixierung zu lösen, sich ihre Freiheiten zu erobern und ein demokratisches Selbstbewusstsein zu entwickeln.

142

Parallel dazu etablierte sich inmitten der deutschen Gesellschaft eine jüdische Gemeinschaft. Die jüdischen Gemeinden hatten die schier nicht zu bewältigende Aufgabe, ihre oftmals traumatisierten und entwurzelten Mitglieder so gut es ging zu betreuen. Die Funktion des Zentralrats bestand darin, die Arbeit der Gemeinden zu fördern und zu koordinieren, vor allem aber dem jüdischen Anliegen Gehör zu verschaffen. Im Laufe der Jahre allerdings wandelte sich die Ausrichtung der Arbeit des Zentralrats unmerklich. Wollten noch Ende der vierziger Jahre fast alle Juden Deutschland mehr oder minder schnell den Rücken kehren, so hatte sich die Situation 15 Jahre später grundlegend verändert. Nach zwei Dekaden konnte man nicht länger davon sprechen, in Deutschland auf gepackten Koffern zu sitzen. Viele taten es dennoch. Aber die Menschen begannen sich trotz Angst und Schmerz in ihrer neuen Umgebung einzurichten. Das Provisorium stabilisierte sich. Aus Juden auf der Durchreise wurden allmählich Juden in Deutschland. Sie schlugen wieder Wurzeln in dem einst von den Nazis vergifteten Boden. Die ersten neuen Synagogen, jüdischen Kindergärten und Altenheime wurden ihrer Bestimmung übergeben.

Es war ein historischer Glücksfall, dass in diesem kritischen Zeitabschnitt Hendrik van Dam als Generalsekretär des Zentralrats amtierte. Unermüdlich koordinierte er die Arbeit des Zentralrats mit den einzelnen Gemeinden. Er handelte Staatsverträge mit einzelnen Ländern aus, bereitete so die Rechtsgrundlage vor und besorgte die Gelder, die nötig waren, um die Gemeinden aufzubauen und ihren Mitgliedern einen minimalen sozialen und rechtlichen Rahmen zu geben, der ihre Existenz absicherte. Er verfasste juristische Gutachten zur Wiedergutmachungsfrage, die die Basis bildeten für die entsprechenden Verhandlungen der jüdischen Organisationen mit der deutschen Regierung. Die Mehrheit der Juden in Deutschland waren damals seelisch traumatisierte, körperlich vielfach sieche, alleinstehende und alte Personen. Viele blieben nur deshalb hier, weil ihre Gebrechen es ihnen nicht erlaubten auszuwandern und weil sich im Ausland niemand um sie kümmern würde. Es ist wohl das hervorragende Verdienst der jüdischen Gemeinden, dass sie die ihnen anvertrauten Menschen nicht nur versorgten, sondern sie so gut wie möglich betreuten. Auf diese Weise wurde die Basis für ein Weiterbestehen der jüdischen Gemeinschaft in Deutschland geschaffen. An dieser Aufgabe waren zahlreiche Menschen, Juden und Christen, beteiligt. Die meisten leisteten ihre Arbeit unentgeltlich.

Wie ein begnadeter Kapellmeister dirigierte Hendrik van Dam das Spiel seines Orchesters virtuos. Ich lernte viel bei ihm. Die Hingabe an eine Aufgabe, gleichzeitig ständiges Hinterfragen und nie endende Lernbereitschaft. Stets wollte er seine Arbeit verbessern und suchte Rat. Auch meinen. Es schmeichelte mir, dass der erfahrene Jurist sich sorgfältig mit mir besprach, mein Urteil ernst nahm und jeden seiner Artikel von mir redigieren ließ.

1972 kündigte ich beim Zentralrat. Nach sieben Jahren beruflicher Tätigkeit, in denen ich mich ausschließlich mit jüdischen Themen beschäftigt hatte, wollte ich mich nun doch anderen journalistischen Feldern zuwenden. Bis ich im Jahr 1973 Chefredakteur eines Modemagazins wurde, arbeitete ich freiberuflich für verschiedene Zeitungen und Zeitschriften des In- und Auslandes.

Mit Asher Ben Nathan, links, und Hendrik van Dam

Als ich von der schweren Erkrankung Dr. van Dams hörte, besuchte ich ihn in der Düsseldorfer Uni-Klinik. Trotz oder gerade wegen seines Leidens zeigte er sich ungewohnt gelöst. Er ergriff meine Hand und lobte gerührt meine Anhänglichkeit und Loyalität ihm gegenüber. Ehe ich das Krankenzimmer verließ, riet van Dam mir, mich in Zukunft mit dem PR-Bereich zu befassen. »Sie können das, Paul. Sie haben ein Händchen für Menschen.« Ich hatte Mühe, meine Haltung zu bewahren. Sobald ich das Krankenzimmer verlassen hatte, weinte ich. Ich habe Hendrik van Dam nie wiedergesehen. Er starb am 28. März 1973 und wurde auf dem jüdischen Friedhof in Hamburg beigesetzt.

Am meisten an Dr. van Dam hat mich beeindruckt, dass er bei allem Aktivismus und aller Anspannung niemals vergaß, dass seine Arbeit den Menschen galt. Auch wenn er sich mit Ministern, Managern, Funktionären und Chefredakteuren erbittert stritt, fand er stets Zeit und Geduld für den so genannten kleinen Mann und seine Anliegen. Hendrik van Dam war bis zuletzt ein Diener der jüdischen Gemeinschaft in Deutschland. Er war einer meiner wichtigsten Lehrer und wird mir stets Vorbild sein.

Mein Leben bestand aber nicht nur aus Arbeit. Drei Jahre nach unserer Hochzeit schien unser Glück vollkommen, denn im Sommer 1967 wurde unsere erste Tochter geboren. Ich genoss es, unser Kind in Freiheit und ohne Angst aufwachsen zu sehen. Die Zusammenarbeit mit Dr. van Dam hatte mir Mut gemacht, mich ehrenamtlich in der Jüdischen Gemeinde Düsseldorf zu engagieren. Vor Jahren hatte ich mich schon in der Jugendarbeit betätigt. Dabei hatte ich Gisèle kennen gelernt. Unser Kind war wohl die Dividende meines ersten sozialen Engagements! Ein ermutigender Anfang. Ich wurde nun bald als Mitglied des Jugendauschusses gewählt.

Mehr wollte ich eigentlich nicht, denn ich glaubte, bei den Wahlen zum Gemeinderat keine Chancen zu haben. Eines Tages bat mich Alfred Israel, der schon erfolgreich in der Gemeinde ehrenamtlich tätig war, zu einem – wie

146

Wieder in Düsseldorf

er sagte – unverbindlichen Gespräch. Dabei überredete er mich, bei der Wahl zum Gemeinderat zu kandidieren. Bei der Wahl am 9. April 1967 erhielt ich als Newcomer 205 der 704 gültigen Stimmen und wurde so einer von sechs stellvertretenden Gemeinderäten.

Auf diese Weise konnte ich bis zur nächsten Wahl im Jahr 1969 an den Gemeinderatssitzungen teilnehmen, ohne abstimmungsberechtigt zu sein. Das war ein gutes Praktikum. Ich lernte das Gemeindeleben kennen und erfuhr von den Bedürfnissen unserer Sozialabteilung, des Altenheims, des Kindergartens und des Rabbinats. In den manchmal bis weit nach Mitternacht dauernden Sitzungen wurden nicht nur strenge Sachentscheidungen gefällt. Gefühle, Vorlieben und Abneigungen spielten vielfach eine ebenso wichtige Rolle und haben alles und nichts mit jüdischer Politik zu tun. So sind Menschen eben. Juden wie Christen sind keine ausschließlich kopfgesteuerten Wesen. Wer dies nicht begreift, hat in der Politik nichts verloren – und hat es woanders auch nicht leicht.

Zwei Jahre später war meine »Lernzeit« vorbei. Ich landete diesmal mit 315 von 679 Stimmen auf dem zehnten Platz und wurde somit »ordentliches« Gemeinderatsmitglied. Seither gehöre ich ohne Unterbrechung diesem Gremium an und habe in dieser Zeit mit so vielen jüdischen Männern und Frauen für unsere Düsseldorfer Gemeinde ehrenamtlich gearbeitet, dass es mir unmöglich ist, sie alle namentlich zu nennen. Verdient hätten sie es wahrlich! Stellvertretend gedenke ich zweier Männer, die sich viele Jahre für unsere Gemeinde und darüber hinaus für die jüdische Gemeinschaft in Deutschland eingesetzt haben: Dr. Dr. Josef Neuberger, viele Jahre führendes SPD-Mitglied und Abgeordneter im nordrhein-westfälischen Landtag sowie Justizminister von Nordrhein-Westfalen. Neuberger ließ es sich trotz der großen Beanspruchung durch seine politischen Ämter nicht nehmen, in unserer Gemeinde viele Jahre als Vorsitzender des Vorstandes wie auch des Gemeinderates zu wirken. Der Zweite ist der leider bereits vor Jahren verstorbene Kaufmann Heinrich Scheinmann. Er war viele Jahre Vorsitzender der Gemeinde und mein Vorgänger als Mitglied des Direktoriums des Zentralrats.

Im Gemeinderat habe ich mich zunächst und vor allem mit dem Bereich Jugend beschäftigt. Eine Generation nach Hitler begannen sich die Gemeinden zu konsolidieren. Nun wurde deutlich, wie sehr uns die »mittlere Generation«, also die Jahrgänge zwischen 1934 und 1946, fehlten. Gisèle und ich waren damals eines der wenigen jüngeren jüdischen Paare mit Kind. Ich konzentrierte

148

Mit Axel Cäsar Springer und Heinrich Scheinmann

meine Anstrengungen darauf, unsere Jugendarbeit zu institutionalisieren. Die Betreuung jüdischer Jugendlicher durfte nicht von der zufälligen Initiative Einzelner abhängen und sie durfte nicht erst nach dem Ende der Schulzeit einsetzen.

So sorgten wir dafür, dass in der Gemeinde vom Kindergarten über unterschiedliche Jugendgruppen und dem wiederbegründeten jüdischen Sportverein Makkabi ein breites Angebot an Einrichtungen bereitstand, um jüngere Juden an die Gemeinde heranzuführen und ihnen kulturelles und religiöses Wissen zu vermitteln. Vor allem arbeiteten wir darauf hin, einen gesellschaftlichen Rahmen aufzubauen, in dem die jungen Menschen Altersgenossen mit ähnlichen Fragen und Wünschen kennen lernen konnten.

Das alles hat selbstverständlich nichts mit dem oft beschworenen Gespenst der Abschottung zu tun. Aber als Jude sollte man zumindest die religiösen, historischen und kulturellen Wurzeln unseres Volkes kennen. Der Holocaust war die gravierendste Katastrophe in der jüdischen Geschichte, aber die nachhallende Trauer darf uns nicht vergessen lassen, dass es eine dreitausendjährige jüdische Geschichte und Kultur vor Hitler gab – selbst in Deutschland währt die jüdische Historie immerhin schon fast 2000 Jahre. Diese Tatsache dürfen weder Juden noch Christen missachten.

Wenn wir Juden unsere religiösen, kulturellen und geschichtlichen Wurzeln vernachlässigen, hören wir auf, selbstbewusste Juden zu sein. Wir dürfen unser Judentum nicht zur Formalie der Abkunft von einer jüdischen Mutter reduzieren. Das wäre ein später Erfolg der Nazis. Das träfe auch zu, wenn wir unsere Gefühle auf Trauer beschränkten und aufhörten, Gedichte zu schreiben, wie Theodor W. Adorno es der Menschheit nach Auschwitz empfahl. Das Judentum hat, wie ich immer wieder sage, dank seines Optimismus selbst die schlimmste Katastrophe der Humangeschichte überstanden. Doch Zuversicht alleine genügt nicht. Wissen muss sich dazu gesellen und das lässt sich am wirksamsten in der Jugend vermitteln. Deshalb habe ich mich stets intensiv um die Jugendarbeit gekümmert. Ein weiterer Aspekt kommt hinzu: Um Juden zu machen, braucht es Juden. Die kleine jüdische Gemeinschaft in Deutschland – in Düsseldorf lebten 1970 gerade mal tausend Juden – brachte es zwangsläufig mit sich, dass nur eine Minderheit jüdische Partner heiratete. Die Kinder aus interkonfessionellen Ehen konnten den Weg ins Judentum nicht finden, wenn ihnen nicht die Möglichkeit gegeben wurde, Juden – vor allem in ihrem Alter – treffen

Glückwünsche zum 60. Geburtstag

zu können und möglichst viel über die Inhalte des Judentums zu erfahren. Der Sinn meiner Arbeit in der Gemeinde war, kurz gesagt, unserer Jugend die Möglichkeit zu geben – wie Gisèle und ich es erlebt hatten –, andere Juden kennen zu lernen: mit den bekannten glücklichen Folgen.

1973 war für mich, ohne dass mir das damals vollständig bewusst gewesen wäre, ein Wendejahr. Der Tod Hendrik van Dams war ein entscheidender Einschnitt für das hiesige Judentum. Der »General« hatte den Aufbruch und Aufbau nach der Katastrophe verkörpert. Er stand für die Neugründung der Gemeinden und die Strukturierung des Zentralrats ebenso wie für deren Anerkennung in Deutschland und in der jüdischen Welt, vor allem in Israel und den Vereinigten Staaten. Die Überzeugungsarbeit, die er auf diesem Gebiet leistete, war bewundernswert.

Die späten 60er Jahre brachten gegenläufige Umbrüche. Die deutsche, nichtjüdische Gesellschaft bewegte sich teilweise unter Krämpfen auf eine neue, größere Offenheit zu. In Israel und der jüdischen Welt wuchs das Selbstbewusstsein nach dem militärischen Triumph des Sechs-Tage-Krieges von 1967. Der jüdische Staat war fortan nicht länger existentiell gefährdet.

Parallel dazu setzte in der jüdischen Gemeinschaft Deutschlands eine Konsolidierungsphase ein. Die Gemeinden waren aufgebaut, die Juden begannen, ihre Koffer auszupacken, das heißt, sich mit dem Leben im Land der einstigen Täter und ihrer mehr oder minder willigen Helfer abzufinden.

Hendrik van Dam ging von Bord, nachdem er das Schiff der jüdischen Gemeinschaft aus der stürmischen See nach Hitler in das ruhigere Binnengewässer der bundesrepublikanischen Gesellschaft gelotst hatte. Fortan wurde vom Zentralrat hauptsächlich verwaltet. Das war eine verantwortungsvolle Tätigkeit, aber von der Aufbruchstimmung, die noch vor wenigen Jahren geherrscht hatte, war nur noch wenig zu spüren.

Dem neuen Generalsekretär Alexander Ginsburg aus Köln fehlten das Charisma und die Dynamik seines Vorgängers. Aber Ginsburg war ein fähiger Administrator und ein machtbewusster Funktionär. In seinem Büro ging die Arbeit ihren geregelten Gang. Bei van Dam hatte ich stets das Gefühl gehabt, an der Seite eines Eroberers Neuland in Besitz zu nehmen.

Auch meine Tätigkeit als Redakteur des »Jüdischen Pressedienstes« empfand ich als nicht mehr so wichtig, denn der Zentralrat als Herausgeber der »Allgemeinen« hatte auch Einfluss auf die Veröffentlichungen. Kurz gesagt: Ich war nicht mehr so richtig glücklich.

Da kam mir das Angebot des Düsseldorfer Verlegers Horst Zester sehr gelegen. Er fragte mich im Jahr 1973, ob ich als Chefredakteur und Verlagsleiter die Geschicke seines Vierteljahres-Hochglanz-Magazins »Mode & Wohnen« übernehmen wollte. Das war eine Chance, die mich nicht nur wegen der sehr guten Bezahlung reizte. Ich spürte auch, dass ich mich einer neuen Herausforderung stellen wollte. Beim Anstellungsgespräch bekannte ich gegenüber meinem künftigen Arbeitgeber, dass ich von extravaganter Mode und von exklusivem Wohnen nicht besonders viel verstünde. Doch das störte Horst Zester nicht. »Das werden Sie schon lernen. Wenn Sie den Job annehmen, wird Ihnen gar nichts anderes übrig bleiben«, sagte er. Unwillkürlich musste ich an Walter Rathenau denken, der halb launig, halb im Ernst einst erklärt hatte: »Ich traue mir zu, jedes Amt mit Würde und Effizienz auszuüben, einschließlich dem des Papstes.«

So weit wollte ich zwar nicht gehen, doch da ich das journalistische Handwerk gelernt und selbständig den »Jüdischen Pressedienst« ohne »Vorbildung« gemacht hatte, reizte es mich, meine Fähigkeiten auf einem für mich neuen Feld auszuprobieren.

Horst Zester behielt Recht. Mir blieb tatsächlich nichts übrig, als möglichst rasch möglichst viel über Mode, Inneneinrichtung und Design zu lernen. Bis dahin war Journalismus für mich gleichbedeutend mit Transformation von Information und Meinung über Politik und Gesellschaft gewesen. Die Form war Nebensache, Inhalt alles. Die Seiten wurden nach dem Platzbedarf der Artikel aufgerissen, vereinzelte Schwarz-Weiß-Fotos dienten lediglich zur Information.

Bei »Mode & Wohnen« lernte ich eine neue Welt kennen. Hier spielten Form und Ästhetik eine entscheidende Rolle. Verpackung war hier Inhalt. Meine professionelle Sicht weitete sich vom Sachlich-Rationalen zum Sinnlichen. Nicht politische Erwägungen, sondern gut formulierte Beschreibungen und das Wecken von Emotionen und Wünschen waren entscheidend. »Mode & Wohnen« sollte informieren, vor allem aber Begehrlichkeiten hervorrufen.

Meine neue Arbeit war eine Herausforderung und schmeichelte meinem Selbstwertgefühl. Mit 35 Jahren war ich Chefredakteur einer kleinen, aber eben »meiner« Zeitschrift. Ich konnte das Magazin nach meinen Vorstellungen gestalten, journalistisch, aber auch verlegerisch. Ich durfte, ja, ich musste alles neu aufbauen. Ich musste Fotografen, Schreiber, Layouter, Graphiker, Setzer, Akquisiteure und andere Mitarbeiter anwerben, von ihnen lernen und gleichzeitig ihre Arbeit koordinieren. Unser Heft sollte den Lesern gefallen – und unserem Verleger. Vielfältige und reizvolle Aufgaben. Dabei halfen mir neben der Geduld meiner Mitarbeiter und meines Chefs auch mein natürliches Bedürfnis mit Menschen umzugehen, meine Neugier auf ihre Wünsche und meine relative Gelassenheit.

Der Arbeitsdruck aber war enorm. Wir mussten auf der Höhe des Mode- und Wohngeschmacks sein und dessen Produkte ansprechend präsentieren. Wir strengten uns unglaublich an. Und hatten Erfolg! Den Menschen gefiel unser Magazin und sie kauften es!

Mit der Zeit begann die Spannung natürlich der Routine zu weichen und ich konnte mich auf die Verbesserung der Heftgestaltung und auf die Pflege von Kontakten konzentrieren. Eine Schwierigkeit war, dass ich aus

Gründen des Etats nur wenige feste Redakteure einstellen konnte. So sah ich mich im Düsseldorfer Presseklub nach tüchtigen Schreibern um, was mir selbstverständlich nicht nur Pflicht, sondern meist auch Freude war. Ich lernte neue Kollegen kennen, hörte Hintergrundinformationen nebst Tratsch und erfuhr von Angeboten auf dem Arbeitsmarkt. Offenbar mochten die Kollegen mich auch, denn bald wurde ich aufgefordert, für das Amt des stellvertretenden Vorsitzenden im Presseklub zu kandidieren.

Ich zögerte, denn neben meiner Arbeit als Chefredakteur und Verlagsleiter war ich ja auch im Gemeinderat der Jüdischen Gemeinde Düsseldorf aktiv. Und meine Familie forderte ihr Recht. Im Frühjahr 1972 wurde Gisèle von unserer zweiten Tochter entbunden. Neben meinen vielen Verpflichtungen verbrachte ich so viel Zeit wie möglich mit meiner Frau und den Kindern. Am Wochenende fuhren wir häufig nach Warendorf. Meine Eltern waren stolz auf ihre beiden Enkeltöchter.

Meine Eltern und ihre Enkelinnen

Unsere Besuche in Warendorf waren keine Pflicht-übungen. Ich genoss es bei meinen Eltern zu sein, mit-zuerleben, dass unsere Mädchen uns und ihren Groß-eltern so viel Freude bereiteten. Am schönsten und entspanndsten aber war es für mich, alleine zu sein mit meinen drei Frauen – zu Hause oder bei Spaziergängen entlang des Rheins in Düsseldorf. Bei meiner Familie tanke ich Kraft.

Die Liebe meiner Frau hat mir in all den Jahren unse-rer schönen und auf gegenseitigem Vertrauen basieren-den Ehe geholfen, schwierige berufliche Klippen zu meistern. Gisèle gibt mir die Kraft, die ich brauche, um berufliche und ehrenamtliche Aufgaben zu bewältigen. Das Sprichwort »Hinter jedem erfolgreichen Mann steht eine starke Frau« kann ich nur bekräftigen. Auch seit ich, als Präsident des Zentralrats, zahlreiche Termine überall in Deutschland wahrnehmen muss, versuche ich immer, abends wieder in Düsseldorf zu sein. Denn ich brauche unsere Familienatmosphäre zum »Auftanken«.

Aber ich brauche auch, wie wohl jeder, andere Men-schen um mich, mit denen ich arbeite, für die ich Ver-antwortung trage, von denen ich etwas lernen und mit denen ich meinen Spaß haben kann. Das ist sicher ein Grund dafür, dass ich immer wieder Ehrenämter übernehme. So gab ich schließlich auch der Versuchung nach und ließ mich zum Vizevorsitzenden des Vereins Düsseldorfer Journalisten wählen.

Vereinsmeierei, also endlose Sitzungen und leeres Ge-schwätz, ist mir jedoch zuwider. Ich brauche immer eine konkrete Aufgabe, für die ich mich einsetzen kann. Meine Kollegen vom Journalisten-Verein machten sich meine Freude an Geselligkeit und meine Lust am Or-ganisieren bald zunutze.

Meine Familie

Bei jeder sich bietenden Gelegenheit wies ich darauf hin, dass eine Landeshauptstadt wie Düsseldorf einen Presseball haben müsste. Meine Journalisten-Kollegen gaben mir Recht. Wenn es aber an die Finanzierung eines solchen Unternehmens ging, verließ uns der Mut. Das

Wagnis schien einfach zu groß. Eines Tages rief mich der Vorsitzende des Presseklubs Hans-Peter Neumann an und teilte mir begeistert mit, er habe mit dem Präsidenten des Rheinischen Sparkassen- und Giroverbandes, Friedel Neuber, einen Sponsor gefunden, der bereit sei, das finanzielle Risiko zu übernehmen.

Umgehend begannen wir mit den Vorbereitungen. Wir gründeten ein Festkomitee, dem ich angehörte. Viele Vorbereitungsgespräche mit unserem Sponsor fanden statt. Endlich war es so weit. Im November 1973 veranstalteten wir den ersten Landespresseball im Düsseldorfer Hilton-Hotel unter der Schirmherrschaft von Friedel Neuber. Der Abend stand unter dem Motto: »Wir geben unseren Senf dazu.« Der Ball wurde nicht nur finanziell, sondern auch gesellschaftlich ein großer Erfolg. Noch viele Jahre organisierten wir diesen Ball, bis sich kaum noch Journalisten fanden, die bereit waren, sich ehrenamtlich hierfür zu engagieren.

Im Mai 1974 erhielt ich einen Anruf von Friedel Neuber. Unvermittelt fragte er mich: »Wollen Sie ab sofort mein Pressechef werden?« Ich war zunächst sprachlos. Als ich meine Fassung wiedergefunden hatte, stotterte ich: »Aber ich habe doch keine Ahnung vom Sparkassenwesen. Ich habe noch nicht mal ein Konto bei der Sparkasse ...«

Neuber lachte amüsiert. »Sie sollen ja auch keine Sparkasse leiten, sondern meine Stabsstelle Öffentlichkeitsarbeit. Und das können Sie.«

Er genoss meine Verblüffung einen langen Moment, ehe er fortfuhr. »Sie besitzen Organisationstalent, sind schlagfertig und Sie können mit Geld umgehen.«

158

Meinen Einwand, dass ich als Chefredakteur von »Mode & Wohnen« in einem festen Arbeitsverhältnis stünde und mir darüber hinaus sein Angebot genau überlegen und mit meiner Frau besprechen müsse, nahm Neuber nicht allzu ernst. »Wir werden uns schon einigen. Auch über Ihr Gehalt.«

Je gründlicher ich über das Angebot nachdachte, desto verlockender erschien es mir. Ich würde Gelegenheit bekommen, ein neues Arbeitsgebiet bei einem hervorragenden Chef zu guten Bedingungen zu erlernen. Ich könnte meine journalistischen Kenntnisse mit meinem Talent, mit Menschen umzugehen, verknüpfen. Auch Gisèle gefiel Neubers Vorschlag. Sie redete mir zu. Dass ich überall rastlos arbeiten würde, wusste sie ohnehin.

Als ich Horst Zester von Neubers Offerte erzählte, zögerte der Unternehmer keine Sekunde. »Das müssen Sie machen! Ein solches Angebot bekommt man nur einmal im Leben.« Er bat mich nur, einen Nachfolger einzuarbeiten – eine Selbstverständlichkeit. Dann war ich frei für meine neue Aufgabe.

Friedel Neuber ist einer der klügsten Menschen, die mir je begegnet sind. Er kam aus kleinen Verhältnissen, hatte nur die Volksschule besucht und danach eine kaufmännische Lehre absolviert. Bereits zu dieser Zeit war er SPD-Mitglied geworden. Die Partei war sein Zuhause. Rasch erklomm er die Karriereleiter und wurde jüngster Abgeordneter des Landtags in Düsseldorf. Friedel Neuber war jedoch kein engstirniger Karrierist, der von blindem Ehrgeiz zerfressen nach politischen Ämtern strebte. Er ist vielmehr der geborene Stratege. Ihm war es stets um Gestaltungskraft und Einfluss zu tun, nicht um die Aura der politischen Macht. Wie ein kluger Schach-spieler plante er sein Vorgehen immer mehrere Züge im Voraus. Seine scheinbar spontanen Vorschläge waren tatsächlich sorgfältig überlegte Schritte, angetrieben von einer schier unbegrenzten Energie. Schon damals wurde mir klar, dass Neubers Offerte an mich keineswegs ein impulsiver Akt, sondern eine durchdachte Handlung war. Ehe er mir die Stelle anbot, hatte er sich selbstver-ständlich sorgfältig über mich und meine Arbeit infor-mieren lassen. Die kühle systematische Planung und ihre genaue Durchführung entsprachen seinem klaren Charakter. Sie waren das Geheimnis seines erfolgrei-chen Weges vom Volksschüler bis zum einflussreichsten Banker des größten Bundeslandes.

Bei alledem ist Friedel Neuber keineswegs ein verknif-fener Grübler. Die schillernde Vielfalt seines Wesens macht seinen Erfolg aus. Der baumlange Mann ist ein sinnlicher Mensch. Er isst gerne und gut, weiß ein edles Glas Wein ebenso zu schätzen wie ein kühles Bier und ist ein leidenschaftlicher Jäger. Seine hohe Intelligenz ist gepaart mit außergewöhnlichem Selbstbewusstsein, aus-geprägter Sensibilität und großer Menschenkenntnis. Dazu kommen ein trockener Humor und ein geradezu brachialer Charme. All diese Eigenschaften zusammen befähigten Neuber, seine Partner aus Wirtschaft und Politik präzise einzuschätzen und gemäß seinen Inter-essen einzusetzen. Übergeordnetes Ziel war immer ein Optimum an wirtschaftlichem Einfluss. Und die Förde-rung Nordrhein-Westfalens.

Die Zusammenarbeit mit diesem Mann war eine stän-dige Herausforderung für mich. Neuber war ein effi-zienter Manager, der davon ausging, dass seine Mitar-

Friedel Neuber

beiter seine Ideen begriffen und seine Vorgaben rasch und präzise in die Tat umsetzten. Auf welche Weise dies geschah, war dem Chef unwichtig, Hauptsache, es wurde gut gemacht. Anders als Hendrik van Dam besaß Friedel Neuber keinen pädagogischen Antrieb.

»Sie machen das schon«, lautete die Standardantwort des Chefs auf Fragen zur Durchführung seiner Anweisungen. Nachdem ich meine Irritation überwunden hatte – denn ich verstand, wie gesagt, herzlich wenig vom Bankbetrieb –, dachte ich intensiv über seine Arbeitsweise nach und dabei wurden mir wesentliche Zusammenhänge klar: Neuber beschränkte sich darauf, die Linie und die grundsätzlichen Entscheidungen vorzugeben. Er hatte nicht die Zeit und nicht das Bedürfnis, sich um Details zu kümmern. Daher war sein Schreibtisch im Gegensatz zu dem Hendrik van Dams stets aufgeräumt. Die lakonische Feststellung: »Sie machen das schon«, war eine Aufforderung, Verantwortung

161

zu übernehmen, nach dem optimalen Weg zu suchen, ihn zu finden und die gestellte Aufgabe auf die bestmögliche Weise zu lösen.

Ich lernte von Friedel Neuber, ehe ich michs recht versah und noch bevor ich meine Arbeit richtig aufnehmen konnte, bereits meine wichtigste Lektion: Um bestmöglich arbeiten zu können, muss man fähig sein, die Aufgaben durchzudenken, den Kurs zu bestimmen – und die Erledigung der einzelnen Schritte den zuständigen Fachleuten zu überlassen. Kurz, die Fähigkeit zum Delegieren ist die Voraussetzung für optimales Arbeiten.

Mit diesem Wissen fiel mir fortan mein Tun leicht. Nicht nur beim Sparkassenverband. Die Möglichkeit, ja die Notwendigkeit zur Delegation befreit von der Angst, alles wissen und alles können zu müssen. Man muss lediglich eine Aufgabenstellung begreifen und die zur Lösung geeigneten Experten ausfindig machen.

So konnte ich mich bei der Erfassung und Darlegung finanztechnischer Probleme auf unsere hervorragenden Fachleute in der Stabsstelle oder den einzelnen Abteilungen verlassen. Das Prinzip der Delegation wurde zur magischen Formel meiner zukünftigen Arbeit. Ich verstand nicht nur, ich fühlte, dass ich nicht die Geschäfte der Sparkassenorganisation bis ins Detail zu begreifen hatte. Ich musste sie mit Hilfe von Experten nur so weit verstehen, dass es mir möglich war, sie in der Öffentlichkeit zu vertreten.

Unsere Stabsstelle hatte jedoch mehr zu tun, als nur die Presse zu informieren. Unsere Aufgabe war es vielmehr, die Öffentlichkeit, also die Sparer, für unsere Arbeit zu interessieren und sie als Kunden zu gewinnen. Das muss, wie sollte es anders sein, bei Kindern und Jugendlichen beginnen. Ein sechzigjähriger mehr oder minder zufriedener Anleger wird wohl kaum noch sein Geldinstitut wechseln. Also konzentrierten wir einen Großteil unserer Anstrengungen auf Jugendliche. Und unser Chef, der sogleich den Kern jeder Angelegenheit erfasste, gab mir freie Bahn bei meiner Strategie. Unter anderem unterstützten wir die Aktivitäten von Schülerzeitungen im Rheinland. Die Aktion war ein großer Erfolg und wird bis heute weitergeführt.

Ein anderer Schwerpunkt unserer Öffentlichkeitsarbeit war der Bereich Veranstaltungen. Es ging darum, die nordrheinischen Sparkassen bei der Planung und Durchführung von öffentlichen Veranstaltungen zu beraten. Bereits seit Jahren veranstalteten die Sparkassen eine Art Lotterie, bei der sich der Kunde gegen Zahlung von 10 Mark an einer Auslosung beteiligen kann, die monatlich stattfindet. Dabei können Preise bis zu 100 000 Mark gewonnen werden. Und weil von den eingezahlten 10 Mark dem Sparer 8 Mark auf sein Sparkonto gutgeschrieben werden, ist der Einsatz pro Monat gemessen an der Gewinnchance sehr gering. Da laut Lotteriegesetz die Ziehung öffentlich stattfinden muss, geschah dies bis zum Jahr 1975 nach vorheriger Bekanntmachung des Datums in einem Büro des Verbandes. Natürlich gab es bei diesem Verwaltungsvorgang niemals ein »Publikum«. Deswegen machte ich Friedel Neuber sehr bald den Vorschlag, diese Ziehung monatlich während einer öffentlichen Show mit attraktivem künstlerischem Programm jeweils durch eine andere Sparkasse im Verbandsgebiet stattfinden zu lassen. Friedel Neuber und auch die Entscheidungsgremien des Verbandes waren mit meiner Idee einverstanden. Ich wurde mit der Planung und Durchführung solcher Veranstaltungen beauftragt.

Mein Klient Udo Lindenberg

Bei dieser Arbeit mit Künstlern und Entertainern lernte ich viele Showstars und Musiker kennen, die mir bis dahin nur von der Leinwand oder dem Bildschirm ein Begriff waren. Die Arbeit mit diesen Profis machte mir außerordentlichen Spaß, mit vielen dieser Showgrößen hatte ich bald mehr als nur beruflichen Kontakt. So verbindet mich eine schöne und langjährige Freundschaft mit den Moderatoren Jan Hofer, Hans Meiser, Max Schautzer, Ulrich Wickert und Dieter Thomas Heck, mit dem Regisseur Michael Verhoeven und seiner Frau Senta Berger sowie mit dem Schauspieler Uwe Friedrichsen und dem Sänger Udo Lindenberg.

Im Jahr 1974 machte der gesundheitliche Zustand meiner Mutter unserer Familie zunehmend Sorgen. Zwei Herzinfarkte hatte sie bereits überstanden und trotzdem konnte sie sich nicht von ihren Zigaretten losreißen. Wir wussten, dass wir ihr nicht helfen konnten und hofften doch lange, dass sie sich wieder erholen würde. Nach einem dritten Infarkt verstarb meine Mutter am 12. November 1974. Wir beerdigten Ruth Regina Spiegel, geborene Weinberg, auf dem jüdischen Friedhof von Warendorf.

Der Verlust meiner Mutter war traumatisch für mich. Obwohl ich längst erwachsen war, eine eigene Familie hatte, hing ich voller Liebe an ihr. Unser Verhältnis war, sicher bedingt durch die Jahre des Verstecks in Belgien und den Verlust ihrer geliebten Tochter, besonders innig. Wenn auch Vater mein Ratgeber in allen praktischen Lebenslagen war, so war es doch immer meine Mutter, der ich mein Herz öffnete. Ihre liebevolle Zuwendung, die Berührungen ihrer Hand werden mich stets begleiten.

Deutschland schwierig Vaterland

Von all meinen Künstlerfreunden wuchs mir Hans Rosenthal am meisten ans Herz. Freundschaft lässt sich nicht rational begründen und kaum erklären. Ich will das auch gar nicht versuchen, doch ich möchte wenigstens beschreiben, wie ich den Freund sah, der mir so nahe stand und meinem Lebensweg eine entscheidende Wendung gab.

Jeder feinfühlige Mensch, der Hans begegnete, musste ihn gern haben. Der zierliche Mann war in steter Unruhe. Er war klug, schlagfertig, besaß Charme und einen nie versiegenden Humor. Doch gleichzeitig sprach aus seinen Augen unendlicher Schmerz. Wenn Hans mit seiner stets heiseren Stimme auf mich einredete, das Gesagte mit zappeligen Gesten seiner Hände unterstrich und mich dabei mit gottserbärmlicher Traurigkeit ansah, hatte ich stets das Bedürfnis, meinen Arm um seine Schultern zu legen. Als wir uns besser kannten, tat ich es oft. Gelegentlich ließ dann seine Hektik kurz nach.

Was Hans und mich zusammenbrachte, war eine Mixtur aus Vertrautheit und Gegensätzlichkeit. Wir waren deutsche Juden, hatten während der Schoah im Versteck gelebt und wir hatten beide unsere Geschwister verloren. Doch Hans, als der Ältere von zwei Brüdern, hatte es damals unendlich schwerer. Er war kein Spieler – im Gegenteil, er war ein Perfektionist –, doch er hatte die zarte Seele eines Gauklers, der süchtig nach Zustimmung, nach Beifall, ja, nach der Liebe seiner Mitmenschen ist.

Hans Günter Rosenthal kam 1925 in Berlin zur Welt. Die Stadt war damals eines der Zentren des Judentums. In der deutschen Hauptstadt lebten und wirkten der Satiriker Kurt Tucholsky, der Regisseur Max Reinhardt, der Journalist Theodor Wolff, der Komponist Kurt Weill, die Verlegerfamilien Ullstein und Mosse, die Kaufhausdynastie Wertheim und, und, und. Das »und« bedeutet die zahllosen unbekannten und unbemittelten Juden, wie die Rosenthals. Immerhin hatte Vater Kurt zunächst ein bescheidenes Auskommen als Bankangestellter, während viele, ungefähr ein Viertel der Berliner Juden zu Beginn der Wirtschaftsdepression in den 30er Jahren von Sozialhilfe lebten. Annähernd 40 Prozent der Nichtselbstständigen waren arbeitslos. Dies passte nicht ins Klischee des reichen Juden, den man schlachten muss, wenn einem Geld fehlt.

Mit dem Machtantritt der Nazis begann für die Rosenthals ebenso wie für die meisten deutschen Juden eine Zeit des Leidens und der Schrecken. Kurt Rosenthal wurde 1937 als Jude von seiner Bank auf die Straße gesetzt. Wenige Monate später starb er im Alter von nur 37 Jahren. Die fortgesetzten Demütigungen hatten seine Gesundheit ruiniert und seinen Lebenswillen zerbrochen.

Else Rosenthal musste nun ihr Söhne Hans und seinen jüngeren Bruder Gert allein durchbringen. Und natürlich fehlte ihr das Geld, um ihre Familie nach der Reichspogromnacht im Dezember 1938 außerhalb Deutschlands in Sicherheit zu bringen. Der hochbegabte Hans musste die Schule nach der zehnten Klasse verlassen und war gezwungen, im Akkord und als Totengräber zu arbeiten.

1941 starb Else Rosenthal. Hans und Gert kamen in ein

167

jüdisches Waisenhaus. Weil Hans von dort aus unerlaubt Freunde außerhalb Berlins besucht hatte, wurde er von seinem Bruder getrennt und in einem anderen Waisenhaus untergebracht. Diese »Strafe« rettete ihm das Leben. Denn schon im Oktober 1942 wurde Gert zusammen mit anderen Waisenkindern des Heims nach Riga deportiert und ermordet.

Hans Rosenthal machte sich Zeit seines Lebens Vorwürfe wegen des harmlosen Bubenstreiches, der ihn und seinen kleinen Bruder auseinander gerissen hatte.

Im Frühjahr 1943 tauchte Hans unter. Mit Hilfe dreier christlicher Frauen und anderen in der Illegalität lebenden Juden hielt sich der junge Mann bis Kriegsende in einer Schrebergartenkolonie und auf dem Gelände des jüdischen Friedhofs Weißensee in Berlin verborgen.

Nach der Befreiung blieb Hans ähnlich wie mein Vater in seiner Heimatstadt. Doch Hugo Spiegel war bereits ein reifer Mann mit Familie, er war seelisch gefestigt und hatte einen Beruf. Hans Rosenthal dagegen stand 1945 ganz allein da, die Eltern waren gestorben, der Bruder ermordet. Zwanzigjährig war er noch ein unsicherer Jüngling, ohne Zuhause. Aber er war entschlossen, sich vom Leid nicht unterkriegen zu lassen. Seine Träume von Abitur und Studium begrub er schnell, er ging sogleich den direkten, pragmatischen Weg, dem er fortan folgen sollte.

Der scheue, verschreckte Hans suchte das Licht der Öffentlichkeit und begann noch 1945 ein Volontariat beim Berliner Rundfunk. 1948 wechselte er zum RIAS, zum »Rundfunk im amerikanischen Sektor«. Dort machte er dank seiner preußischen Disziplin, seiner Freundlichkeit, seines hellen Köpfchens und seiner unbändigen Energie rasch Karriere.

Lachend berichtete er, dass er eine Zeit lang neun Sendereihen gleichzeitig gemacht habe. Hänschen, wie ihn alle nannten, wollte die Leute unterhalten, er war kein politischer Mensch, ihn interessierten die kleinen Leute. Hans war neugierig auf sie – und umgekehrt. Die idealen Voraussetzungen für seinen Job, der ihn später berühmt machen sollte. Zunächst aber wurde er 1962 Chef der Unterhaltung beim RIAS, dann gelang ihm der Sprung vom Radio zum Fernsehen.

Seit Anfang der 70er Jahre moderierte Hänschen die ZDF-Quizsendung »Dalli-Dalli« und wurde damit bis an sein Lebensende zum unumstrittenen Star der Fernsehunterhaltung. Hans Rosenthal hat sich allerdings nie so gesehen. Bei ihm stand immer das Spiel im Vordergrund, nicht seine Person. Und: Hans sorgte dafür, dass sich die Kandidaten – und damit auch die Zuschauer – bei ihm wohl fühlten. Seine Witze gingen niemals auf Kosten seiner Besucher, denn sein Grundsatz lautete: »Ich lasse keinen sich wirklich blamieren.«

Bald war Hans Rosenthal *der* beliebteste deutsche Showmaster, noch vor den etablierten Größen Hans-Joachim Kulenkampf und Peter Frankenfeld. Hans war am Ziel, er war so populär, dass er unerkannt nicht mal in einen Sexladen hätte gehen können, wie er selbst gewitzelt hatte. Tatsächlich erfüllte ihn, der sich als jüdischer Jüngling jahrelang hatte verstecken müssen, um zu überleben, seine Beliebtheit beim deutschen Publikum mit großer Genugtuung. Hans' Sucht nach Beifall war zweifellos eine Kompensation der Demütigungen des Ausgestoßenseins und der Schrecken, die er unter den Nazis hatte erleiden müssen.

Seine ihm selbst unvorstellbare Beliebtheit war für Hans der Beweis, dass sich die Menschen in Deutschland geändert hatten. Deutsche, die einst Millionen Juden, darunter seinen Bruder, umgebracht hatten, erkoren nun den Juden Hans Rosenthal zu ihrem Liebling. Das machte ihn stolz auf die Menschen seiner Heimat.

Anders als andere jüdische Künstler, die zunächst ihre Herkunft verbargen und sich erst ab Ende der 80er Jahre »outeten«, als Judentum zunehmend »in« wurde und sich viele Deutsche einen siebenarmigen Leuchter in den Salon stellten, machte Hans Rosenthal aus seiner Religion nie ein Geheimnis. Er protzte nicht damit, doch er stand zu seinem Glauben – und war zugleich mit einer Nichtjüdin glücklich verheiratet. Mehr noch, Hans engagierte sich in der Jüdischen Gemeinde zu Berlin und wurde dort Vorsitzender der Repräsentantenversammlung. Seine Gemeinde entsandte Rosenthal in den Zentralrat, wo er aufgrund seiner Beliebtheit und Intelligenz bald ins Direktorium, den Lenkungsausschuss des Gremiums, aufrückte. Doch während andere Mitglieder wie Werner Nachmann aus Karlsruhe oder Heinz Galinski großen politischen Ehrgeiz entwickelten, war es Hans Rosenthal nur um die Aufgabe zu tun. Er wollte mithelfen, dass Juden in Deutschland wieder eine Heimat finden konnten, wollte ihnen den Schrecken nehmen, der seine und ihre Seelen verband.

Ich glaube, dass es, zumindest in der Diaspora, deshalb so unverhältnismäßig viele erfolgreiche jüdische Künstler gibt, weil sie ein unstillbares Verlangen nach Beifall und Beliebtheit haben. Die Juden wollen angenommen werden. Der jüdische Filmkomiker Jerry Lewis hatte jahrelang ein Poster an seiner Bürotür hängen, auf dem stand: »Zögern Sie nicht! Kommen Sie herein! Sie sind willkommen und ich liebe Sie!«

Und bitte lieben Sie mich!, sollte das heißen.

Die Sucht nach Liebe ist selbstverständlich kein ausschließlich jüdisches Phänomen. Viele nichtjüdische Deutsche sind unsichere Menschen. Eine der Ursachen hierfür ist wohl die Lage des Landes im Herzen Europas, seine wechselvolle Geschichte mit den vielen Kriegen, die keineswegs alle von Deutschland ausgingen, und schließlich die Hitler-Ära. Ich behaupte, der Zulauf zu den Nazis und später die fanatische Gefolgschaft von Millionen Deutschen geschah nicht, weil alle Deutschen verschworene Judenfeinde waren – massiven eliminatorischen Antisemitismus gab es vor allem in Polen, der Ukraine, Russland und in den baltischen Staaten –, sondern weil viele Menschen hier nach dem verlorenen Ersten Weltkrieg und später durch massive Arbeitslosigkeit zutiefst verunsichert waren. Sie suchten Schutz und Sicherheit ausgerechnet bei dem größten Verbrecher. Der Hitlerismus muss auch als Angstbewegung begriffen werden. Dafür spricht auch sein lautloser, vollständiger Kollaps. Noch im Frühjahr 1945 kämpften Millionen Deutsche mit Hingabe für den Nationalsozialismus. Doch gleich nach der Kapitulation des Nazi-Staates ließen selbst einstige fanatische Anhänger Hitlers von ihren Idealen ab und versuchten sich in den entstehenden demokratischen, westlich ausgerichteten Staat zu integrieren.

Die Bereitschaft zu Zahlungen von Entschädigung an die Juden war zunächst ein einsamer Entschluss Adenauers. Er wurde jedoch von einer breiten Mehrheit im Parlament unterstützt und schließlich von großen Teilen der Bevölkerung getragen. Erst Jahrzehnte nach dem Ende der Hitlerdiktatur begriffen viele Deutsche, vor allem die Nachgeborenen, welche verheerenden Schäden die Nazis mit ihren Morden nicht nur den Juden, sondern der deutschen Gesellschaft und Kultur zugefügt hatten. Max Liebermann, der beim Anblick der SA ausgerufen hatte, er könne nicht so viel essen, wie er kotzen müsse, starb noch 1935 eines natürlichen Todes in seiner Heimatstadt Berlin. Doch Albert Einstein, Lise Meitner, Max Reinhardt, Lion Feuchtwanger, Kurt Weill, Nelly Sachs, Leo Baeck und viele andere bedeutende und unbekannte Männer und Frauen, mehr als 300 000 deutsche Juden flohen für immer aus ihrer deutsche Heimat. Sie hinterließen eine Lücke, die durch nichts geschlossen werden wird, jedenfalls nicht durch die israelischen Kurzgeschichten von Ephraim Kishon und die Klezmer-Musik von Giora Fejdman.

Ich lernte Hans Ende der sechziger Jahre bei unserer gemeinsamen Tätigkeit für den Zentralrat kennen. Unsere Gemeinden entsandten uns als Delegierte zur einmal jährlich stattfindenden Ratsversammlung. Bald entstand zwischen uns eine Vertrautheit, die von einem Geflecht gemeinsamer und sich ergänzender Charaktereigenschaften erweitert und vertieft wurde. Kurz, wir schlossen eine tiefe Freundschaft. Ich engagierte Hans für Sparkassen-Veranstaltungen und war dabei von Anfang an von seiner Professionalität beeindruckt. Hans war Preuße durch und durch und das bedeutete nicht nur, dass Disziplin und Pflichterfüllung für ihn an erster Stelle standen. Als Berliner, Preuße und deutscher Patriot litt er unter den politischen Verhältnissen, die eine Teilung seiner Stadt und seines Vaterlandes zur Folge hatten. Ich habe es immer als tragisch empfunden, dass Hans die Wiedervereinigung Deutschlands nicht mehr erleben durfte.

Neben seiner Familie und Witzen hatte Hans eine Leidenschaft, die ihn jung erhielt: Fußball. In seiner freien Zeit kickte er leidenschaftlich. Besonders bei seinem Verein Tennis Borussia. Er war dort so beliebt, dass man ihn bald zum Vereinspräsidenten wählte. Und natürlich, wie es seine Art war, nahm Hans das Amt sehr ernst und begleitete und betreute den Club viele Jahre nach Kräften.

Rosenthal hatte stets ein offenes Ohr für die Menschen seiner Umgebung, besonders für seine Mitarbeiter. Doch sobald es an die Arbeit ging, war es mit seiner Freundlichkeit zu Ende. Dann kam der Perfektionist in ihm zum Vorschein. Er duldete keine Unpünktlichkeit und Schlamperei. Er war, wie er selbst zugab, »gnadenlos professionell«. Ein Beispiel dafür, wie sehr er darunter litt, wenn etwas nicht klappte, habe ich selber erlebt.

Als Fußballfan wollte Hans immer auf dem Laufenden sein über die Spielergebnisse und die Zuschauer sollten während seiner Sendungen ebenfalls Bescheid wissen. Hans ging es darum, sein Publikum optimal zu unterhalten, das hieß für ihn, es ständig zu fesseln. Also wollte er bei öffentlichen Veranstaltungen, an denen zur gleichen Zeit ein Bundesliga-Fußballspiel stattfand, stets den Spielstand verkünden.

Bei einer von mir organisierten Sparkassen-Veranstaltung in Moers am Niederrhein geschah Folgendes: Ich hatte mit Hans vereinbart, ihn über das Ergebnis des parallel zur Veranstaltung stattfindenden Bundesligaspiels Bayern München gegen Fortuna Düsseldorf zu informieren. Ich hatte mir den Zeitpunkt des Spielendes errechnet, rief bei der Sportredaktion der in Düsseldorf erscheinenden »Rheinischen Post« an und fragte nach dem Ergebnis des Spiels. »Unentschieden 1 : 1«, sagte man mir. Ich schrieb dieses Ergebnis mit großen Zahlen auf ein Blatt Papier, lief damit vor die Bühne, zeigte es Hans und der gab dem Publikum zu dessen Zufriedenheit den Spielstand bekannt. Kurz darauf kam jemand zu mir und berichtete, der Zeitungsredakteur habe soeben telefonisch das Ergebnis korrigieren müssen, Bayern München habe 2 : 1 gewonnen.

So musste ich also einen neuen Zettel schreiben und mit dem noch mal vor die Bühne treten. Jeder, der Hans' sprichwörtlichen Perfektionismus kannte, hätte erahnen können, wie schwer ich mich tat, ihm »auf offener Bühne« den Fehler einzugestehen. Nie werde ich den durchbohrenden Blick vergessen, mit dem er meine Korrektur quittierte.

Hans Rosenthal war es auch, der mir immer wieder zu verstehen gab, dass ich aufgrund meines Organisationstalentes durchaus in der Lage wäre, mich mit einer Veranstaltungsagentur selbständig zu machen. Wobei er meine Überlegungen damit positiv zu beeinflussen versuchte, dass er mir anbot, auch ihn als Entertainer bei Gala-Veranstaltungen anbieten zu dürfen.

Als dann Friedel Neuber als Vorsitzender des Vorstandes zur Westdeutschen Landesbank wechselte und sein Nachfolger im Verband sein bisheriger Vizepräsident Johannes Fröhlings wurde, ließ mich das Angebot von Hans Rosenthal nicht mehr los. Andererseits verstand ich mich mit Fröhlings sehr gut und die Arbeit machte weiterhin Spaß. Dann aber drängte Hans zur Eile. Ich glaube, feinfühlige Menschen spüren, dass ihnen nicht viel Zeit bleibt, und versuchen, Dinge, die ihnen am Herzen liegen, zu beschleunigen. Meinem Freund war es offenbar sehr wichtig, mich dazu zu bringen, beruflich auf eigenen Beinen zu stehen.

»Dalli-Dalli«

So deutlich wie heute habe ich die Situation damals natürlich nicht übersehen. Doch begriff und mehr noch fühlte ich, dass Hans Recht hatte. In wenigen Monaten würde ich fünfzig, es war sozusagen die letzte Gelegenheit, noch selbstständig Erfolg zu haben. Durch sein

175

Angebot verschaffte mir Hans Rosenthal ideale Start-bedingungen. Eine Künstler- und Veranstaltungsagen-tur, die den beliebten deutschen Showstar vermarkten durfte, musste einfach Erfolg haben.

Entgegen meiner Gewohnheit überschlief ich meine Entscheidung nicht. Ich war zu aufgeregt und nach Be-ratung mit Gisèle handelte ich. Johannes Fröhlings wollte meinem künftigen Berufsleben nicht im Wege stehen. Wir beendeten das Arbeitsverhältnis im besten Einver-nehmen. Am 1. Juli 1986 gründete ich meine Agentur und erfüllte mir meinen Traum von der Selbständigkeit.

Ich mietete mir ein kleines preiswertes Einzimmer-Büro im 5. Stock eines Geschäftshauses in der Duisburger Straße 119. Mein Werkzeug waren Schreibtisch, Adress-buch, Telefon, Schreibmaschine und frisch gedrucktes Geschäftspapier. Der Briefkopf lautete: »Agentur Paul Spiegel Programm-Service«. So heißt mein Unterneh-men noch heute. Ich musste an meinen Vater denken. Hugo Spiegel hatte sich als 25-Jähriger nach seiner Hochzeit im April 1930 selbstständig gemacht. Ich war 48, fast doppelt so alt wie Vater damals.

Glücklicherweise fehlte mir die Zeit zum Grübeln. Unsere erste Veranstaltung für die örtliche Sparkasse in Landau in der Pfalz musste organisiert werden. Der Auf-tritt des populären Hans Rosenthal war eine Sensation für das Provinzstädtchen. Die große Festhalle des Ortes war bereits Wochen vor dem Termin ausverkauft. Die Vorbereitungen liefen auf Hochtouren. Außer Hans Rosenthal hatte ich u. a. den Pantomimen Nemo und Mary Roos engagiert. Die Lokalpresse brachte groß aufgemachte Vorberichte.

Am Nachmittag des 11. September 1986 – es war ein Donnerstag – rief mich Hans an und eröffnete mir, dass er am kommenden Dienstag nicht zu unserer Show nach Landau kommen könne, er sei krank. Ich wurde stutzig, denn es war nicht seine Art, wegen einer Erkältung oder ähnlichen Wehwehchen eine Veranstaltung abzusagen.

Ich fragte ihn: »Was ist denn los?« Hans antwortete mit erstaunlich ruhiger Stimme: »Es ist das eingetreten, wovor ich mich am meisten gefürchtet habe: Krebs.«

Ich konnte kaum noch den Telefonhörer halten, meine Hände zitterten, vergeblich kämpfte ich gegen die Tränen. Hans schien die Situation besser zu meistern als ich, er sagte: »Ich habe schon mit Max Schautzer gesprochen. Er ist bereit, für mich in Landau einzuspringen.« Ich konnte mich noch immer nicht fassen und fragte nur: »Heute Abend ist deine Sendung ›Dalli-Dalli‹?« Hans daraufhin: »Klar mache ich die Sendung und fahre morgen nach Berlin zurück.«

Nach diesem Gespräch brauchte ich sehr lange, um mich zu fangen. Als ich Gisèle von diesem Gespräch berichtete, weinten wir beide.

Erst am nächsten Morgen war ich in der Lage, die Verantwortlichen der Sparkasse in Landau zu informieren und Max Schautzer als Ersatz für Hans vorzuschlagen. Auch die Verantwortlichen dort waren erschüttert von der Nachricht und entschlossen sich sofort, die gesamte Veranstaltung abzusagen. Es war wohl auch richtig so, denn wenn Max Schautzer sich auch noch die größte Mühe gegeben hätte, die Zuschauer hätten bestimmt während der gesamten Veranstaltung gedacht: »Wir hätten viel lieber Hans Rosenthal gesehen!«

Die Sparkasse war sehr großzügig und zahlte allen verpflichteten Künstlern die vereinbarte Gage.

Am Abend verfolgte ich vor dem Fernseher die »Dalli-Dalli«-Sendung. Hans zog sein Programm in der gewohnten Art professionell und mit scheinbarer Heiterkeit durch. Kurz vor Ende der Sendung wurde – wie immer – das von den Gästen erspielte Geld einem guten Zweck gespendet. Hans verkündete, es komme diesmal vier kleinen Kindern zugute, die erst kürzlich ihre Mutter verloren hätten, sie sei an Krebs gestorben. Dabei lag – wahrscheinlich nur für Eingeweihte vernehmbar – ein Beben in seiner Stimme. Die Sendung ging dem Ende zu. Hans verabschiedete sich wie immer mit den Worten »Auf Wiedersehen bis zur Dalli-Dalli-Sendung im Oktober!« Es war der letzte Showauftritt von Hans Rosenthal.

»Hänschen« wurde nicht mehr gesund. Wir telefonierten noch einige Male miteinander. Dabei sagte er immer wieder: »Ich tue alles, was die Ärzte sagen. Ich werde es packen. Damit werde ich Menschen, die mein Schicksal teilen, Mut machen.«

Nach mehreren Operationen starb Hans Rosenthal im Februar 1987. Seine Frau Traudel erzählte mir sehr viel später: Wenige Tage vor seinem Tode habe Hans ihr im Krankenhaus berichtet, dass sein Arzt ihm zu verstehen gegeben habe, dass er nur noch wenige Tage leben würde. Hans habe zu ihr gesagt: »Fahr mich nach Hause. Langsam. Durch die Stadt, die ich liebe!« Sie hat es getan. Bewundernswert, dass Traudel für diese Fahrt die Kraft hatte!

Mit Max Schautzer und Frank Elstner, links, und
Jochen Pützenbacher und Hänschen Rosenthal

In Berlin und im ganzen Land trauerten Millionen
Menschen um den beliebtesten deutschen Unterhal-
tungskünstler. Der Platz vor dem heutigen Komplex des
Deutschlandradios wurde ein paar Jahre später in Hans-
Rosenthal-Platz umbenannt. Hänschen, der sich niemals
besonders nach Ruhm, aber sehr nach Zuwendung ge-
sehnt hatte, wäre gerührt gewesen, wie ich es jedes Mal
bin, wenn ich auf diesem Platz in Berlin stehe.

Als ich emotional einigermaßen wieder dazu in der Lage war, wurde mir klar, dass ich mich dringend mit meiner eigenen Situation beschäftigen müsste. Ohne die Sicherheit, die ein Star wie Hans Rosenthal geboten hätte, musste ich meine Agentur aufbauen, ich startete mein Unternehmen mit einer Tätigkeit, die wohl kaum einem Selbstständigen erspart bleibt: Ich begann zu akquirieren. Ich erneuerte die Kontakte zu Künstlern und versandte Werbeschreiben an Firmen und Organisationen.

Zuerst traf ich mich mit Rudi Carrell, einem Mann, der im Gegensatz zu seinem Erscheinungsbild im Fernsehen eher zurückhaltend, fast ein wenig scheu ist. Anfangs hatte ich große Schwierigkeiten, ihm menschlich nahe zu kommen. Unser Verhältnis war eher distanziert. Eines Tages unterhielten wir uns dann vor einem seiner Auftritte in einem Essener Hotel. Natürlich kamen wir auch auf das Showgeschäft im Allgemeinen und in Deutschland zu sprechen. Ich erwähnte, dass heute hier eben die Juden fehlten, die bis Mitte der dreißiger Jahre gerade in unserer Branche zu den besten gezählt hätten. Carrell stimmte mir zu, fragte mich aber sogleich, woher ich das denn alles wisse. Ich erzählte ihm, dass ich selbst Jude sei. Von diesem Moment an änderte sich unser Verhältnis fast abrupt. Es wurde herzlich, vertrauensvoll und offen. Wir haben nie über seinen Sinneswandel gesprochen, aber da wir uns nun menschlich näher standen, arbeiteten wir immer besser zusammen.

Als Künstler ist Rudi Carrell ein absoluter Profi. Er ist diszipliniert, pünktlich, konzentriert und ohne Allüren. Damals war seine »Tagesshow«, die wir auf das jeweilige Unternehmen zuschnitten, gerade bei Firmenver-

Meine Künstlerfreunde: Rudi Carrell,
Mary Roos und Otto Waalkes

anstaltungen sehr beliebt. Carrell hatte damit regelmäßig großen Erfolg, schon bald konnten wir nicht mehr alle Anfragen befriedigen. Mit zunehmender Popularität und mit den großen Fernsehverpflichtungen nahmen seine Showauftritte jedoch zwangsläufig ab.

Ein anderer Künstler-Weggefährte aus frühen Tagen ist der Düsseldorfer Pantomime Nemo, Wolfgang Neuhausen. Ich glaube, dass nur ein besonders feinsinniger Beobachter und guter Psychologe auch kleinste Gefühlsnuancen so wunderbar ausdrücken kann wie eben Nemo. Seine lautlose Kunst zu präsentieren, ist mir stets ein Herzensanliegen gewesen. Ich bin überzeugt, dass seine persönliche Bescheidenheit, die fehlende Egozentrik bislang seinen internationalen Durchbruch verhindert haben. Uns verband eine schöne Freundschaft.

Die Schlagerschwestern Tina York und Mary Roos sind sehr schnell zu Freunden der ganzen Familie geworden. Mary Roos war schon damals eine erfolgreiche, ernsthafte Schlagersängerin, die aber ihre Menschlichkeit und Feinfühligkeit nie vergessen hat. Unser Verhältnis war immer besonders vertrauensvoll, so erzählte sie mir zum Beispiel als Erstem nach meinem Mann: »Ich bin schwanger. Du sollst es wissen, dich freuen und rechtzeitig meine Showtermine disponieren.«

Bei ihr, in ihrer Hamburger Wohnung, habe ich vom Tod Hans Rosenthals erfahren. Ich war gerade gemeinsam mit Gisèle bei ihr zu Besuch, als mich eine große Tageszeitung anrief und mir die traurige Nachricht mitteilte. Obgleich ich ja wusste, dass Hans sterbenskrank war, blieb ich einen Moment stumm und fassungslos. Mary trauerte gemeinsam mit Gisèle und mir.

Dass Mary Roos' Lieder Evergreens sind, dass sie das Volumen und die Kraft ihrer Stimme bewahrte und sie als Künstlerin immer noch beliebt und begehrt ist, hängt sicher ganz stark mit ihrer Professionalität, aber auch ihrem Optimismus, ihrer menschlichen Wärme, ihrer Anpassungsfähigkeit, ja mit ihrer ganzen Ausstrahlung zusammen. Die Menschen lieben ihre Musik und geben diese Liebe weiter, von Generation zu Generation.

Einige Jahre später stieß auch Otto Waalkes zu meinem Klientenkreis, ein ganz anderer Künstler mit einem sehr speziellen Repertoire. Aus der Nähe aber ist der Blödelbarde, wie so viele Humoristen, ein ernsthafter, sehr nachdenklicher Zeitgenosse, der gerne über Politik und Zeitgeschehen spricht und ein sicheres Urteil hat. Doch kaum steht er auf der Bühne oder vor der Kamera, sprüht er vor Humor und Lebenslust. Sobald die Scheinwerfer ausgeschaltet sind, befällt ihn wieder Nachdenklichkeit.

Meine Agentur errang bald ein gutes Renommee, ich knüpfte Kontakte zu vielen Veranstaltern und gewann zahlreiche neue Künstler zu meinem Stamm dazu, so zum Beispiel Ulla Kock am Brink, Ireen Sheer, Anna-Maria Kaufmann, Roberto Blanco, Nina Ruge und Birgit Schrowange. Nie bekam ich Ärger mit den angeblich so arroganten und schwierigen Künstlern. Wir nehmen Rücksicht aufeinander, respektieren unsere Empfindlichkeiten und ich versuche, auch widerstrebende Interessen möglichst auszugleichen und in Einklang zu bringen.

Als sich die Agentur etablierte und ich eine Mitarbeiterin einstellen konnte, die mich von Routinetätigkeiten entlastete, war ich zufrieden mit mir, ja sogar ein wenig stolz, dass ich in der Anfangsphase durchgehalten und nicht wieder unter die Fittiche einer großen Firma zurückgekehrt war, die nicht nur beschützen, sondern auch beengen würde. Jetzt konnte ich wirklich meinen eigenen Weg gehen.

Endlich hatte ich auch wieder den Kopf frei für meine alte Aufgabe, ja Leidenschaft: das jüdische Gemeindeleben. 1984 wurde ich zum Vorsitzenden des Gemeinderates in Düsseldorf gewählt, eine Aufgabe, die ich sehr ernst nahm, wobei mir bald klar war, dass ich hauptsächlich eine ausgleichende Funktion haben sollte. Wir Juden sind ja ein demokratisches Völkchen und lieben die Diskussion, wobei einige, wie Nichtjuden auch, sich besonders gerne reden hören. Ich bemühte mich, diese Debatten zusammenzufassen, sobald alle Argumente gefallen waren und ehe sich die Diskutanten zu einer langen Karussellfahrt der vielfachen Wiederholungen anschickten. Zur Demokratie gehört neben der Freiheit des Wortes und der Vielfalt der Meinungen auch die Effektivität der Entscheidung, meine ich. Sobald sich eine Mehrheitsmeinung gebildet hat, sollte sie auch durchgesetzt werden. Im großen Parlament des Bundestags ebenso wie in dem Gemeinderat der Jüdischen Gemeinde Düsseldorf.

Mein deutsch-jüdischer Pragmatismus, den ich auch in meiner Agentur immer wieder erproben konnte, zeigte bald Früchte. Meine Arbeit wurde offenbar geschätzt, denn 1995 wurde ich zum Vorsitzenden des Landesverbandes der Jüdischen Gemeinden von Nordrhein gewählt. Den Landesverband vertrat ich im Zentralrat schon seit Ende der sechziger Jahre, zunächst lange Zeit als Delegierter bei der jährlich mindestens einmal stattfindenden Ratsversammlung und seit 1989 im Direktorium.

Daher habe ich auch sehr lebhafte Erinnerungen an den langjährigen Direktoriumsvorsitzenden Werner Nachmann, dessen Amtszeit und Leben sehr unrühmlich zu Ende gegangen sind.

Werner Nachmann repräsentierte physisch und psychisch das genaue Gegenteil des Klischees vom schmächtigen, ängstlichen Juden. Er war ein kräftiger, wagemutiger Mann, der gerne und unbeschwert lebte und für alle Genüsse des Daseins empfänglich war. Nachmann aß gerne und gut, was seine Figur rasch korpulenter werden ließ. Er zechte gerne, ohne zu saufen, und liebte das schöne Geschlecht. Seine zweite Frau Aviva, eine geborene Israelin, war sehr attraktiv.

Nachmanns robuste Hülle freilich barg eine feinfühlige Psyche. Seine dunklen empfindsamen Augen, um die oft ein Lächeln spielte, erspürten die Gefühle seiner Mitmenschen. Werner Nachmann war ein gutmütiger, hilfsbereiter Mann. Dabei verfügte er über einen feinen Humor. Er war intelligent und voller Kraft und Tatendrang. Die Zwiespältigkeit seines Wesens machte ihn für seine Zeitgenossen interessant und attraktiv.

Werner Nachmann wurde 1925 in Karlsruhe geboren. Er entstammte einer alten badisch-jüdischen Familie, der 1712 vom Markgrafen von Baden-Durlach das volle Bürgerrecht verliehen worden war. Nachmann war auf dieses alte Privileg der Gleichberechtigung – ein Widerspruch in sich selbst – stolz. Die Originalurkunde schmückte sein Büro.

Ähnlich meiner Familie waren auch die Nachmanns

Werner Nachmann

deutsch-jüdische Patrioten. Sie vertrauten ihren christlichen Landsleuten, selbst als die Nazis die antisemitischen Rassengesetze erließen. Ebenso wie meine Eltern begriffen auch sie erst durch die Gewaltausbrüche
um den 9. November 1938, dass den Juden Gefahr
drohte. Während meine Eltern nach Belgien flüchte-
ten, suchten die Nachmanns Exil in Frankreich. Auch
sie überlebten nur durch die Unterstützung von christlichen Familien.

Werner war ein selbstbewusster, mutiger Mann. Bereits
während seiner Gymnasialzeit in Aix-en-Provence

186

schloss er sich der Résistance an. 1944 nach der Befreiung Frankreichs meldete er sich zur französischen Armee und kämpfte in ihren Reihen gegen die Nazis. Aus dieser Zeit bewahrte er sich eine Affinität zum Militär. So wurde er später sogar Reserve-Offizier der Bundeswehr. Nachmann folgte damit einer Familientradition. Sein Großvater hatte bereits im Ersten Weltkrieg als deutscher Reserve-Offizier gedient.

Die Nachmanns waren unmittelbar nach Kriegsende in ihre Heimatstadt zurückgekehrt. Glücklicherweise blieben ihnen KZ und Tod erspart. Nachmanns Vater baute einen Altwarenhandel auf und wurde Vorsitzender der jüdischen Gemeinde Karlsruhe. Er war so beliebt, ja unentbehrlich, dass er sein Amt sozusagen vererben konnte. Nach seinem Tod wurde sein Sohn Werner Ende der 50er Jahre zum Vorsitzenden gewählt.

Der junge Nachmann war noch energischer als sein Vater. Er sorgte dafür, dass eine neue Synagoge in Karlsruhe erbaut wurde und kümmerte sich um jeden Juden in der Gemeinde. So war es kein Wunder, dass er bereits im Alter von 36 Jahren 1961 zum »Präsidenten des Oberrats der Israeliten Badens« gewählt worden war. Der pompöse Titel war allerdings weit eindrucksvoller als die ernüchternde Wirklichkeit der Juden Nachkriegsdeutschlands. In Karlsruhe, Freiburg und Lörrach lebten damals insgesamt weniger als 500 Menschen jüdischen Glaubens. Doch der optimistische und umtriebige Karlsruher war in seinem Tatendrang kaum zu bremsen. Er leitete die jüdische Gemeinde in seiner Heimatstadt und das regionale badisch-israelitische Gremium und war gleichzeitig Finanzreferent des Zentralrats. Neben diesen Ehrenämtern musste Nachmann noch das Familienunternehmen führen. Nach allem, was man hörte, war er auch dabei recht erfolgreich.

Ich hatte Werner Nachmann schon früh in seiner Funktion als Finanzdezernenten des Zentralrats kennen gelernt. Er nahm diesen Posten sehr ernst, galt als sparsam und gewissenhaft. Dr. van Dam hatte damals große Mühe, bei Nachmann eine Erhöhung meines Bruttogehalts um hundert auf 1800 Mark durchzusetzen.

Seine Dynamik und seine Zuversicht machten den Badener auch im Leitungsgremium der deutschen Juden bald unentbehrlich. 1967 wurde er zum Vorsitzenden des Direktoriums des Zentralrats der Juden gewählt. Mit Hilfe von Dr. van Dam und nach dessen Tod mit der seines Generalsekretärs Ginsburg straffte und konsolidierte Nachmann die Organisation des Verbandes. Damals wurde über den Auf- und Ausbau der Gemeinden entschieden. Denn ein Vierteljahrhundert nach der Schoah war deutlich geworden, dass das Nachkriegsjudentum in Deutschland kein Provisorium war. Auch wenn sie es vielleicht nicht so geplant hatten, waren viele Juden aus dem einen oder anderen Grund hier geblieben. Sie hatten ihre Koffer ausgepackt, Familien gegründet und begonnen, hier Existenzen aufzubauen. So wurden aus Juden in Deutschland allmählich wieder deutsche Juden. Dies bedeutete, die Gemeinden mussten eine stabile Struktur entwickeln und langfristig planen. Vom Kindergarten über Schule, Gemeindezentrum bis zum Altenheim und zum Friedhof musste fast alles neu geschaffen werden.

Werner Nachmann war in seiner Heimatgemeinde Karlsruhe mit aktivem Beispiel vorangegangen. Der Dynamiker gab sich nicht mit dem Erreichten zufrieden.

Er dachte und plante weiter. Juden heiraten, gründen Familien, bekommen Kinder, diese gehen zur Schule, studieren später. Das bedeutete, man brauchte jüdische Lehrer, Dozenten, bald auch Rabbiner. Noch konnte man sich mit Jeckes, also ursprünglich deutschen Juden, aus Israel und Amerika behelfen. Doch diese Männer und Frauen wurden immer älter, bald waren die meisten von ihnen pensioniert, und die jungen Israelis und Amerikaner sprachen kaum Deutsch.

Werner Nachmann hatte genug vom Provisorium. Er war überzeugt, dass das Judentum trotz der Schoah wieder in Deutschland Wurzeln schlagen würde. Der Karlsruher entschloss sich, die Voraussetzungen dafür zu schaffen. Das bedeutete nicht nur jüdische Schulen in den großen Gemeinden zu etablieren, sondern auch die Ausbildung von Religions- und Sprachlehrern und schließlich von Rabbinern. Vor allem dieses Vorhaben stieß bei vielen Juden inner- und außerhalb Deutschlands auf Kritik, ja auf Entsetzen und harte Ablehnung. Bereits eine Generation nach Hitler komme das Studium der Heiligen Schriften und die Ausbildung von Rabbinern auf deutschem Boden einer Geringschätzung der Ermordeten gleich, sagten sie und verwiesen auf Rabbiner Leo Baeck, den Mentor des deutschen Judentums vor Hitler und während der Schoah.

Nachmann antwortete seinen Kritikern, sie selbst seien der beste Gegenbeweis ihrer eigenen Argumente. Sie lebten in Deutschland, zeugten Kinder, studierten die Thora. Dafür brauche es einen festen Rahmen.

Gegen vehementen Widerstand gelang es Nachmann schließlich, die Etablierung einer Hochschule für Jüdische Studien in Heidelberg durchzusetzen. Die Frage des Rabbinatsstudiums allerdings blieb offen. Damals lebten in Deutschland weniger als 30 000 Juden und die Gemeinschaft schrumpfte. Eine Jeschiwa, eine Akademie zur Lehre der Thora, des Talmud und ein Ort zur Ausbildung von Rabbinern, wie Nachmann sie wollte, erschien da als Utopie.

Neben den innerjüdischen Belangen kümmerte sich der Chef des Zentralrats um die Vertretung jüdischer Interessen in der Öffentlichkeit und gegenüber staatlichen Stellen. Unermüdlich warb er für unseren Standpunkt. Nachmanns Rat war bei Politikern, Journalisten und Vertretern von Verbänden gefragt. Mit Außenminister Genscher und Bundeskanzler Kohl war er befreundet.

Werner Nachmann bestand darauf, dass die Rückkehr der deutschen Juden und das Beharren auf ihrer Heimat ein Vertrauensbeweis für die junge Demokratie der Bundesrepublik sei. National und international. Er führte also eine Zwei-Fronten-Kampagne. Innerhalb der jüdischen Gemeinschaft warb er für die deutsche Gesellschaft und Politik. In nichtjüdischen politischen Gremien wiederum vertrat er erfolgreich die Interessen der jüdischen Gemeinschaft. So gelang ihm, gemeinsam mit dem langjährigen Präsidenten des Jüdischen Weltkongresses, Nahum Goldmann, schließlich eine abschließende Entschädigungsvereinbarung für bislang nicht berücksichtigte Härtefälle auszuhandeln.

Das Publikum, die Journalisten und Politiker spürten, dass Nachmann das Ansehen Deutschlands am Herzen lag, und dass er im Ausland, vor allem in Frankreich, in Israel und den Vereinigten Staaten für Deutschland eintrat. Seine Aktivität, sein Witz, sein Geist, seine Herzlichkeit und Gutmütigkeit wurden fast stets honoriert.

Mit einer Ausnahme.

Als der baden-württembergische Ministerpräsident Hans Filbinger 1978 wegen seiner Vergangenheit in der Nazizeit, in der er als Marinerichter die Todesstrafe gegen Deserteure verhängte, unter Druck der Öffentlichkeit geriet, bat er den Zentralratsvorsitzenden um Unterstützung. Nachmann wollte Filbinger, den er privat schätzte, helfen und erklärte, er könne zum Verhalten des Politikers während des Krieges nichts sagen. Doch als Ministerpräsident habe sich Filbinger stets für die Belange der jüdischen Gemeinden eingesetzt. Diese Aussage wurde Nachmann von vielen übel genommen und als Solidarisierung mit Filbinger und dessen umstrittener Rolle im Krieg ausgelegt. Dabei hatte Nachmann lediglich die Wahrheit über die Gegenwart gesagt, allerdings zum taktisch ungünstigsten Zeitpunkt. Er konnte Filbinger nicht helfen und schadete lediglich sich selbst. Doch diese Ungeschicklichkeit Nachmanns war schnell vergeben. Ich kannte ihn als Mann, der immer mit Rat und Tat zur Stelle war, wenn man ihn brauchte, der vor Vitalität und Gesundheit strotzte und stets den prächtig gelaunten Gesprächspartner gab. So war ich überrascht, als ich 1987 um die Weihnachtszeit einen Anruf erhielt, in dem mir mitgeteilt wurde, Nachmann fühle sich nicht wohl und müsse sich in ärztliche Behandlung begeben. Daher würde die nächste Sitzung des Direktoriums des Zentralrats verschoben.

Ende Januar 1988 starb Werner Nachmann. Ich konnte es kaum fassen, denn ich hatte die Nachricht von seinem Unwohlsein als eine vorübergehende Unpässlichkeit bewertet. Freunde und Bekannte, aber auch viele Menschen, die sein Wirken wahrgenommen hatten, waren bestürzt und trauerten um diesen dynamischen Mann, dem viele Herzen zugeflogen waren.

Bei der offiziellen Trauerfeier am 28. Januar hielt Bundeskanzler Helmut Kohl eine bewegende Rede. Er nannte den Verstorbenen einen »klugen, von tiefer Menschlichkeit« geprägten Freund, der von dem »Wunsch nach Versöhnung und Verständigung« zwischen Christen und Juden beseelt gewesen sei. Kohl bezeichnete Nachmann auch als »deutschen Patrioten, der sich bei allem, was ihm in seinem Leben widerfuhr, die Liebe zu Deutschland, diesem schwierigen Vaterland, bewahrte«.

Die Erschütterung über den Tod Werner Nachmanns verwandelte sich wenige Tage später in Entsetzen, als bekannt wurde, der Verstorbene habe Entschädigungszahlungen monatelang auf seinen Privatkonten geparkt und die anfallenden Zinsen unterschlagen.

Das Direktorium des Zentralrats hatte zuvor Heinz Galinski aus Berlin zu seinem neuen Vorsitzenden gewählt. Der versprach eine schonungslose Aufklärung der Affäre.

Bei der Durchforstung der Akten stellte sich dann heraus, dass Nachmanns finanzielle Transaktionen weder vom Bundesfinanzministerium noch vom Generalsekretariat des Zentralrats ausreichend kontrolliert worden waren. Der Zentralrat ordnete fortan eine peinliche Beaufsichtigung aller finanziellen Tätigkeiten an.

Wie konnte es zu dem Skandal kommen? Ich weiß es bis heute nicht. Doch ich glaube, dass Werner Nachmann durch sein vehementes öffentliches Engagement den Bezug zur Realität, zumindest zu den wirtschaftlichen Gegebenheiten verloren und sein eigenes Unternehmen vernachlässigt hatte. Als seine Firma in Schwierigkeiten geriet, versuchte er wahrscheinlich, vergeblich, durch gesetzeswidrige finanzielle Transaktionen einen Zusammenbruch seiner ökonomischen Existenz zu verhindern.

Werner Nachmann war eine schillernde, kraftvolle Persönlichkeit. Er stellte sein Leben in den Dienst der jüdischen Gemeinschaft und der deutsch-jüdischen Aussöhnung. Nachmann sah die Etablierung und Entwicklung des deutschen Judentums voraus. Doch er persönlich büßte zunehmend die Fähigkeit ein, sein Leben mit der Wirklichkeit in Einklang zu bringen.

Die Forderung des Talmud, »Nie soll der Mensch sich selbst der Versuchung aussetzen«, ist von zeitloser Gültigkeit.

Heinz Galinski war in vielem das genaue Gegenbild Werner Nachmanns. Schon auf den ersten Blick. Galinski war von kleiner Statur. Geld und Besitz waren ihm nicht so wichtig. Sein Blick war streng. Darüber lag wie ein Schleier stetige Traurigkeit. Heinz Galinski, der selbst jahrelang Häftling im Konzentrationslager Auschwitz gewesen war, konnte den Mord an seiner Mutter, seiner Ehefrau und zahlreichen Angehörigen nie verwinden. Sein Leben nach der Befreiung war darauf ausgerichtet, dazu beizutragen, den Nazismus nie wieder entstehen zu lassen. Unnachsichtig bekämpfte er alle antisemitischen und diskriminierenden Tendenzen und Taten. Wir alle denken und handeln ebenso. Doch Galinski widmete sein Leben dieser Mission. Als seine andere Aufgabe sah er den Aufbau und die Führung der Jüdischen Gemeinde zu Berlin an.

Nach der Befreiung aus dem Konzentrationslager hatte es Heinz Galinski, der aus Schlesien stammte, nach Berlin verschlagen. Während andere zunächst versuchten, sich eine wirtschaftliche Existenz aufzubauen, manche Juden wie Christen in der Not Schwarzmarktgeschäfte machten, kümmerte sich Galinski kaum um seine persönlichen Bedürfnisse. Er verschrieb sich sogleich mit Haut und Haaren der jüdischen Gemeinschaft. Binnen kurzer Zeit wurde er zum Vorsitzenden der Jüdischen Gemeinde zu Berlin gewählt, er blieb es bis zu seinem Tod und hat Hervorragendes geleistet. Obgleich die Stadt nach dem Krieg geteilt und Westberlin ab 1948 isoliert und seit 1961 eine eingemauerte Insel war, trug auch das rastlose Wirken Galinskis dazu bei, dass die jüdische Gemeinde der Stadt die größte in Deutschland wurde und blieb.

In Berlin entstanden die ersten Ansätze einer jüdischen Nachkriegskultur. In den siebziger Jahren wurde hier die erste jüdische Volkshochschule gegründet. Die sozialen Einrichtungen und die Betreuung der Menschen waren vorbildlich. Ein Traum ging für Heinz Galinski in Erfüllung, als 1986 die erste jüdische Tagesschule in Deutschland nach dem Holocaust ihre Arbeit aufnahm. Es wäre ihm eine große Freude und Genugtuung gewesen, hätte er noch miterleben können, wie die Schule 1998 in ihr neues Gebäude umzog und fortan den Namen Heinz-Galinski-Schule trug.

Noch ein weiteres Schulprojekt brachte Galinski mit auf den Weg. 1993 wurde das erste jüdische Gymnasium in Deutschland nach dem Krieg wiedereröffnet. Es fand Platz in seinen alten Räumlichkeiten in der Großen Hamburger Straße, ganz in der Nähe des Grabes von Moses Mendelssohn. Mittlerweile haben dort die ersten Jahrgänge ihr Abitur abgelegt. In diesem Gymnasium ist heute das vorher nie erreichte Ideal der deutsch-jüdischen Symbiose Realität. Hier lernen Juden, Christen, Nichtreligiöse, Deutsche, Russen und Amerikaner ein- und zwieträchtig miteinander. Kurz, die Schule ist für jeden Schüler in Berlin offen. Dies ist an der freien Atmosphäre spürbar, die von der strengen Sicherheitsbewachung durch die Polizei nicht beeinträchtigt wird. Toleranz ist hier keine Phrase und kein Ziel, sondern Alltag.

Das hohe Prestige Galinskis blieb natürlich nicht auf Berlin beschränkt. Von Anfang an bekleidete er im Zentralrat eine führende Position. In den fünfziger Jahren war er Vorsitzender des Direktoriums. Doch seine unerbittliche Strenge machte Galinski nicht nur Freunde. So berief das Gremium schließlich den konzilianten Offenbacher Gynäkologen Professor Herbert Lewin an seine Spitze. Der gütige Arzt war als ausgleichender Charakter zu dem dynamischen Generalsekretär van Dam der richtige Mann zur rechten Zeit.

Lewin, dem jeglicher politische Ehrgeiz abging, trug in den Nachkriegsjahren viel zum inneren Frieden in der jüdischen Gemeinschaft bei. Wie unter anderem die Politiker Herbert Weichmann aus Hamburg und Jeanette Wolff aus Berlin sowie der Gewerkschafter Ludwig Rosenberg gehörte Lewin zu denen, die die ersten Schritte zur deutsch-jüdischen Aussöhnung machten.

Nach dem Bekanntwerden der Unterschlagungen Nachmanns war eine starke Persönlichkeit an der Spitze des Zentralrats gefragt, die fähig wäre, eine Reorganisation des Verbandes durchzusetzen und einen Imageverlust innerhalb der jüdischen Gemeinden und der deutschen Gesellschaft zu vermeiden. Dieser Aufgabe stellte sich Heinz Galinski und er löste sie.

Der Berliner erfüllte alle in ihn gesetzten Erwartungen. Und mehr. Die Anforderungen an ihn wuchsen rasch. Bei verschiedenen Gelegenheiten wies Heinz Galinski Mitte der achtziger Jahre in der Ratsversammlung wie auch im Direktorium darauf hin, dass mit einer großen Einwanderungswelle von Juden aus der Sowjetunion zu rechnen sei und unsere Gemeinden und Landesverbände sich darauf einstellen müssten. Mehrere tausend Juden aus der Sowjetunion waren schon nach Berlin gekommen und hatten Aufnahme in Galinskis Gemeinde gefunden. Wir aber dachten, Heinz Galinski würde übertreiben, denn wir konnten uns wirklich nicht vorstellen, dass die Sowjetregierung einer Auswanderung von Juden in großem Ausmaß zustimmen würde. Wenige Jahre später erinnerten wir uns an die Vorhersage unseres Vorsitzenden.

Im November 1989 fiel dann die Mauer. Wenige Monate später brach das morsche SED-Regime zusammen. Aus den ersten und letzten freien Wahlen in der DDR ging eine Allparteienregierung unter Führung des CDU-Politikers Lothar de Maizière hervor. Diese Ereignisse hatten für die jüdische Gemeinschaft Deutschlands, vor allem in Berlin, revolutionäre Konsequenzen. Da ich 1989 in das Direktorium des Zentralrats gewählt wurde, habe ich die Entwicklung aus nächster Nähe miterlebt.

Gorbatschow hatte in der letzten Phase der Sowjetunion im Zeichen der Perestroika die Ausreise für Juden er-

Heinz Galinski

leichtert. Ihre Diskriminierung, die fehlende Möglichkeit, ihre Religion und Kultur kennen zu lernen und
zu leben wie auch ein mit zunehmender wirtschaftli-
cher Not sich immer offener und schamloser gerieren-
der Antisemitismus hatten viele russische, ukrainische
und baltische Juden dazu gezwungen, ihrer Heimat den
Rücken zu kehren. Die meisten wanderten nach Israel
aus. Doch nicht alle. Den einen war es dort klimatisch,
den anderen politisch zu heiß, dritte wiederum wollten
schlicht in ihrem Heimatkontinent Europa bleiben. So
begannen einzelne sowjetische Juden nach dem Fall
der Mauer über die DDR in den Westen zu gehen. Ihre
erste Station war für gewöhnlich Westberlin. Die jüdischen Gemeinden nahmen die Zuwanderer freudig auf,
sie halfen ihnen nach Kräften.

Bald erklärte sich sogar die neue, demokratische DDR-Regierung bereit, jüdische Emigranten aus der UdSSR aufzunehmen. Dies entspreche der deutschen Verantwortung, so Ministerpräsident de Maizière. Folge und Anlass zur Freude war eine vermehrte Zuwanderung aus dem Osten. Die meisten »russischen« Juden, die nach Deutschland kamen, wollten nach Berlin. Weil die Gemeinde im Osten nur sehr klein und überaltert war und bald mit der Gemeinde im Westen vereinigt wurde, musste sich diese de facto um die Menschen aus der UdSSR kümmern. Die Berliner Juden übten gerne Solidarität mit den Glaubensbrüdern aus dem Osten – von denen nicht sehr viele wussten, wie der jüdische Glaube überhaupt beschaffen war. Die Zuwanderer hatten bislang unter ihrer Herkunft zu leiden gehabt. Sie waren Juden, weil die sowjetischen Behörden ihre Nationalität mit »Jüdisch« im Pass vermerkten.

Die Aufnahme von sowjetischen Juden in Deutschland missfiel wiederum der israelischen Regierung. Da nach zionistischer Auffassung Israel die Heimat, zumindest das Asyl aller Juden der Erde ist, kann es nach Gründung des Staates Israel keine jüdischen Flüchtlinge geben. Der Weg nach Israel stand ihnen nach dem Zusammenbruch der Sowjetunion ja jederzeit offen. Dass trotzdem immer mehr Juden aus der ehemaligen Sowjetunion nach Deutschland statt nach Israel einwandern wollten, kränkte den Stolz vieler Israelis, obgleich 90 Prozent nach Israel auswanderten. So intervenierte die Jerusalemer Regierung in Bonn. Israel bat Deutschland, die Einwanderung von Juden aus der UdSSR nach Deutschland zu unterbinden. Einige Politiker drängten auf eine neue Regelung, faktisch eine Reduzierung der

Einwanderung von Juden aus der UdSSR. Als Argument diente ihnen die dringende Bitte Israels. Einige Politiker waren wohl auch prinzipiell gegen eine größere Zuwanderung von Ausländern. Eine multikulturelle Gesellschaft, die ein Klima der Offenheit und Toleranz voraussetzt, was wiederum traditionell Bedingung für das Gedeihen jüdischer Gemeinschaften ist, war diesen Politikern ein Gräuel.

Mit dieser Haltung kamen sie Heinz Galinski gerade recht. Der Berliner war, ähnlich wie der Bayer Franz Josef Strauß, ein Freund des offenen Wortes und der deutlichen, manchmal allzu deutlichen Sprache – auch wenn sich ihrer beider Text meist gravierend unterschied. Galinski wusste, dass die jüdischen Gemeinden Deutschlands hoffnungslos überaltert waren. Die Sterbeziffer lag siebenmal höher als die Geburtenzahl. Die mittlere Generation fehlte aufgrund der Schoah fast ganz. Eine massive Zuwanderung von Juden aus Russland war *die* Chance für das Judentum in Deutschland, numerisch zuzunehmen und sich intellektuell und gesellschaftlich zu erneuern. Die Probleme, die dabei entstanden, wischte Galinski weg. Für ihn zählten nur menschliche Solidarität, die Gelegenheit zum Ausbau der jüdischen Gemeinden sowie die historische Verantwortung Deutschlands.

Als ich, kurze Zeit nach meinem Eintritt in das Direktorium des Zentralrats, zum Vorsitzenden der Zentralwohlfahrtsstelle der Juden in Deutschland gewählt wurde, gewann ich bald einen Überblick über das Ausmaß der vielfältigen Probleme, die eine massive Zuwanderung mit sich bringen würde. Die meisten Gemeinden waren klein, sie zählten Ende der achtziger Jahre wenige hundert Seelen. In meinem Heimatort Düsseldorf zum Beispiel lebten gerade mal 1500 Juden. In Nordrhein-Westfalen, dem größten Bundesland, weniger als fünftausend. Selbst die für unsere Verhältnisse so genannten Großgemeinden Frankfurt und München bestanden jeweils aus weniger als fünftausend Personen, Berlin lag knapp darüber. Uns fehlten schlicht das Geld und die soziale Infrastruktur, um eine nennenswerte Zahl an Immigranten aufnehmen zu können. Kindergärten, Schulen, Synagogen, Gemeindezentren waren, soweit vorhanden, auf schrumpfende Minigemeinden ausgelegt.

Heinz Galinski kannte diese Gegebenheiten und ihre möglichen Auswirkungen natürlich auch, zumindest in Berlin, doch er war nicht der Mann, der sich von Schwierigkeiten bremsen ließ, wenn er sich für Prinzipielles entschieden hatte. Also machte er seinen Mund auf und hieb kräftig mit der Faust auf den Tisch. Galinski verbat sich die israelische Intervention. Die russischen Auswanderer seien mündige Menschen und wenn sie sich für einen Zuzug nach Deutschland entschieden, dann müsse man dies respektieren.

Wir alle teilten seine Meinung, doch viele waren für ein moderates Vorgehen. Wir wussten, dass wir auf den guten Willen und die Kooperation der zuständigen deutschen Stellen mit den jüdischen Gemeinden angewiesen waren.

Galinski war ein sehr dünnhäutiger Mann – dieser grundsätzliche Charakterzug war sicher durch sein schweres Schicksal noch vertieft worden. Er vertrug Kritik nur schwer, selbst eine abwägende, um Vermittlung ringende Position regte ihn auf. Galinski handelte – vielleicht unbewusst – nach der Devise »wer nicht mit mir ist, ist gegen mich«. So blieben die Zögerer aus Besonnenheit auf der Strecke. Die Bundesregierung beschloss im Einvernehmen mit dem Zentralrat unter Leitung von Galinski eine großzügige Einwanderungsregelung. Seither wandern diese Juden als Kontingentflüchtlinge ein und können, wie andere Eingewanderte auch, nach sieben Jahren Antrag auf Einbürgerung stellen.

Sehr bald mussten die Gemeinden und die mit der Integration der Neuzuwanderer beauftragte Zentralwohlfahrtsstelle der Juden in Deutschland unter Leitung meines Freundes, ihres sehr professionellen Direktors Benjamin Bloch feststellen, dass die Zuwanderungsregelung mitunter missbraucht wurde. Unsere Gemeinden sind sich seit Beginn dieser Einwanderung darüber einig, dass alles versucht werden muss, um dem vorzubeugen. Schließlich kann keine unserer Gemeinden es sich leisten, eines Tages feststellen zu müssen, dass ein Teil ihrer Mitglieder keine Juden sind. Somit haben alle die Aufnahme neuer Mitglieder davon abhängig gemacht, ob die Antragsteller nach dem jüdischen Religionsgesetz (Halacha) Juden sind, das heißt entweder von einer jüdischen Mutter abstammen oder bei einem Rabbinatsgericht zum Judentum übergetreten sind.

In einigen Fällen vertrat Heinz Galinski mit einer öffentlichen Erklärung nicht unbedingt die Meinung aller Kollegen des Zentralrats. Das wollte er auch gar nicht, denn er betonte immer wieder, er könne sein Wirken nicht darauf ausrichten, es allen – Juden wie Nichtjuden – recht zu machen.

An einen Vorfall erinnere ich mich lebhaft, weil ich

darüber sehr intensiv mit ihm gesprochen habe: Bundeskanzler Helmut Kohl hatte den österreichischen Bundespräsidenten Kurt Waldheim zu einem Staatsbesuch eingeladen. Über den Staatsgast wurde diskutiert, seitdem er mit Verbrechen der Nazis in Verbindung gebracht worden war.

Heinz Galinski wandte sich in einem Interview mit einer Boulevardzeitung gegen diese Einladung durch den deutschen Bundeskanzler.

Kohl entgegnete tags darauf, er lasse sich als Kanzler eines souveränen Staates von niemandem vorschreiben, wen er einladen könne und wen nicht.

Ich fragte Heinz Galinski: »Warum hast du Kohl nicht persönlich geschrieben oder ihm per Telefon deine Meinung gesagt? Durch deinen öffentlichen Verweis hast du Kohl in die Enge getrieben und zu dieser harten Stellungnahme quasi gezwungen.«

Heinz Galinski nickte, doch es war unübersehbar, dass ihm mein Hinweis missfiel. Er war überzeugt, dass er aufgrund seiner Intelligenz und Eloquenz am besten wüsste, was zu tun wäre.

Ich war zu dieser Zeit schon überzeugt, dass auch Ignatz Bubis ein sehr geeigneter Repräsentant an der Spitze des Zentralrats sein könnte. Der Frankfurter leitete seit Jahren die jüdische Gemeinde seiner Heimatstadt. Bubis war ein Energiebündel, das mit drei Stunden Schlaf auskam. Er war klug, hilfsbereit und humorvoll. Vor allem aber war Bubis diplomatisch und warmherzig. Ein wahrer Menschenfischer. Die Menschen spürten seine Güte und waren daher gerne bereit, auf seine Anliegen einzugehen.

Dabei besaß Bubis durchaus einen gesunden Ehrgeiz. So war es mir nicht verborgen geblieben, dass er gerne an der Spitze des Zentralrats gestanden hätte. Als dann im Januar 1991 Wahlen zu diesem Amt anstanden, bat er mich um meine Unterstützung. Ich entgegnete, dass ich ihn für den optimalen Vorsitzenden hielte, doch Galinski habe sein Leben in den Dienst der jüdischen Gemeinde gestellt, da fände ich es kränkend, ihn abzuwählen.

»Dir geht's also um Eitelkeiten, nicht um Aufgaben?«
»Mir geht's um beides ... Außerdem wusste schon König Salomon, dass alles Irdische eitel ist – also auch das Amt.« Bubis lachte. Ich solle mir keine Gedanken um seine Eitelkeit machen. Er habe mit den übrigen Mitgliedern des Direktoriums gesprochen, und außer mir und natürlich Galinski – er schmunzelte – hätten ihm alle ihre Unterstützung zugesagt.

Doch Bubis unterlag in der Wahl. Öffentlich trug er es wie gewohnt mit Humor. Aber nach der Sitzung nahm er mich beiseite und drückte mir herzhaft die Hand. »Respekt, Paul. Du warst der Einzige, der mir klipp und klar gesagt hat, dass er mich nicht wählen würde. Die anderen haben mich hoffen lassen.« Er lachte aus vollem Herzen, so dass ich auch lachen musste. »Sie wollten meine Eitelkeit nicht kränken ...«

Heinz Galinski starb im Sommer 1992 nach kurzer Krankheit. Er war ein großer Mann und eine tragische Figur. Die Trauer und die Empörung über den Völkermord hatten ihn sein Lebtag begleitet. Er war verletzlich und gelegentlich verletzend. Doch Heinz Galinski hat sich nicht zerbrechen lassen, er war konstruktiv. Er baute und leitete mit außerordentlichem Erfolg länger als vier Jahrzehnte die größte jüdische Gemeinde Deutschlands. Er übernahm die Führung der deutschen Juden in einem kritischen Moment. Er machte auf seine Weise den Weg frei zum Aufbruch des Judentums von einer kleinen, statischen Gemeinschaft, die sich in einer isolierten Lage befand, zu einer selbstbewussten, schnell wachsenden, die sich anschickt, ihren Weg zum deutschen Judentum zu finden. Heinz Galinski besaß die Unbedingtheit, die visionäre Kraft, aber auch die Strenge eines biblischen Propheten. Er setzte sie zum Wohle des deutschen Judentums ein.

Nach der angemessenen Trauerzeit stand die Neuwahl des Vorsitzenden des Direktoriums an. Seit einer Satzungsreform vor drei Jahren ist die Position des Präsidenten zu wählen, statt eines Verwaltungsrates gibt es ein Präsidium aus neun Personen; sechs Präsidiumsmitglieder wählt nach wie vor das Direktorium, die anderen drei werden durch die Ratsversammlung bestimmt. Zur Wahl stellte sich Ignatz Bubis, sein Gegenkandidat war Dr. Robert Guttmann aus München. Bereits im ersten Wahlgang erhielt Ignatz die erforderliche Mehrheit.

Der langjährige Direktor der Zentralwohlfahrtsstelle und Vorsitzende des Landesverbandes der Jüdischen Gemeinden in Hessen, Max Willner, schon viele Jahre zuvor stellvertretender Vorsitzender des Direktoriums, wurde wiedergewählt. Er hat dies Amt bis zu seinem Tode ausgeübt. (Danach wurde ich im Zentralrat Nachfolger von Max Willner als stellvertretender Vorsitzender.) Zweiter stellvertretender Vorsitzender wurde Jerzy Kanal, der nach Heinz Galinskis Tod einige Jahre dessen verdienstvoller Nachfolger als Vorsitzender der Berliner Gemeinde war. Als Kanal 1997 zurücktrat, wurde Charlotte Knobloch – nach der Satzungsänderung hieß dies Vizepräsidentin – Nachfolgerin als eine der beiden Stellvertreter von Ignatz Bubis.

Wenn ihr wollt, ist es kein Märchen

Ignatz Bubis war einer der gütigsten Menschen, die mir je begegnet sind. Wobei mir das erst bewusst wurde, als ich ihn schon gut kannte. Zudem war er, auch wenn er damit kokettierte, bemerkenswert uneitel. Entscheidend für die Qualität seines Frisörs war, dass er seine Arbeit schnell erledigte und dabei einen guten Witz zu erzählen wusste. Schlafen, Essen, alles Nebensachen, die Ignatz Bubis quasi im Vorbeigehen, genauer im Vorbeifahren erledigte. Fahrten in seiner Limousine oder Reisen im Flugzeug nutzte er, auch wenn sie noch so kurz waren, für ein Nickerchen. Die so gewonnene Zeit widmete er seinen geschäftlichen Verpflichtungen, vor allem aber den Menschen.

Sein Name stand noch im Telefonbuch, als er schon Präsident des Zentralrats war und er meldete sich an Wochenenden persönlich am Apparat. Anrufbeantworter waren ihm verhasst. »Die Menschen rufen an, weil sie mit mir sprechen wollen, weil sie meinen Rat oder meine Hilfe brauchen«, wusste er. Ignatz Bubis hatte für jeden ein offenes Ohr. Selbst für schwierige »Klienten« nahm er sich viel Zeit. War aber jemand unverhohlen böse, dann machte Bubis ihn mit seinem zuweilen derben Humor lächerlich. Als sich eines Abends ein Mann mit »Adolf Hitler« bei ihm meldete, antwortete ihm Bubis prompt: »Gut, dass Sie endlich anrufen. Ich wollte Ihnen schon immer sagen: Sie sind ein Arschloch!«

Mein Förderer und Freund Ignatz Bubis

Ignatz Bubis wurde 1927 in Breslau geboren. Auch seine Familie geriet in die Fänge der Schoah. Vater, Bruder und Schwester wurden ermordet, seine Mutter war an Krebs gestorben.

Ignatz überlebte als Sklavenarbeiter in einer Munitionsfabrik. Nach der Befreiung verschlug es den 18-Jährigen nach Deutschland. Er wurde Geschäftsmann, handelte mit Schmuck und Edelmetallen. Wiederholt beschloss er auszuwandern – nach Frankreich, Lateinamerika oder Israel. Doch stets trieb es ihn dahin zurück, woher er gekommen war – nach Deutschland. Irgendwann begriff Bubis endlich, dass es keinen Sinn hat, sich gegen sein Schicksal zu wehren. So ließ er sich schließlich in Frankfurt nieder und wurde Immobilienkaufmann.

Ignatz Bubis verfügte über eine ungewöhnliche Intelligenz. Obgleich er wegen der Nazizeit nur sechs Klassen der Grundschule hatte besuchen können, sprach er sieben Sprachen und besaß die Fähigkeit, komplexe Sachverhalte rasch zu erfassen. Probleme löste er, indem er präzise nachfragte, eine Anekdote zum Besten gab, sich einen Witz erzählen ließ und dann eine Bemerkung machte, die einen Vorschlag zur Lösung des Problems enthielt. Darüber hinaus hatte er ein phänomenales Gedächtnis. Noch Jahre später konnte er Abmachungen Verträge, Reden, Vereinbarungen wortwörtlich zitieren.

Diese Fähigkeiten, gepaart mit einem robusten Nervenkostüm, kaufmännischem Gespür, Wagemut sowie umwerfendem Charme brachten Bubis in der Immobilienbranche rasch Erfolge. Hinzu kam ein unentbehrlicher Faktor: Fortune. Fast alles, was Ignatz anpackte, gelang. Er stieg ins Häusergeschäft ein, als der rasante Aufstieg Frankfurts zum deutschen Finanzzentrum begann. Büroraum war Mangelware, Bubis schuf welchen.

Zur gleichen Zeit, in den sechziger Jahren, setzte in den Universitäten Deutschlands ein geistiger Umorientierungsprozess ein, dessen Ziel es war, die autoritären Strukturen der deutschen Gesellschaft aufzubrechen. Einige Väter dieser Bewegung gehörten zur Frankfurter Schule und waren Juden: Max Horkheimer, Theodor W. Adorno, Ernst Bloch, Herbert Marcuse. Ihre Gedanken führten geradewegs in die 68er Bewegung. In Frankfurt wollten sich manche Aktivisten nicht mit Sit-ins und Protesten in der Universität oder in den Kneipen des Westends begnügen. Sie suchten die revolutionäre Aktion. Teil davon war der so genannte Häuserkampf. Die »Kämpfer« wollten eine Entmietung und den Abriss von Wohnhäusern, also ein Vernichten von Wohnraum zugunsten von Bürobauten, verhindern. Durch ihre Solidarität mit den Mietern wollten sie deren Unterstützung für die »Revolution« gewinnen.

Eine der Hassfiguren der Häuseraktivisten war der Immobilienkaufmann Ignatz Bubis. Zwar waren damals wie heute unzählige Kaufleute im Immobiliengeschäft tätig. Christen, Juden, Moslems, Atheisten. Bis jetzt hat es zu Recht niemanden interessiert, ob der Milliarden-Pleitier Jürgen Schneider Protestant oder Katholik war. Doch wenn der Kaufmann Jude ist, treten die längst tot geglaubten antisemitischen Reflexe wieder auf.

Auf die Frage, warum gerade Ignatz Bubis zur Feindfigur der Frankfurter Szene aufgebaut wurde, gibt es keine logische Antwort. Bubis war der falsche Adressat für Beschuldigungen und Polemiken. Er hat Mietern prinzipiell nie gekündigt, um die Häuser abtragen zu lassen und anschließend neue Bürogebäude zu errichten. Doch Vorurteile haben nichts mit Logik zu tun. Wahrscheinlich wurde Bubis als Hassfigur gewählt, weil er sich nicht versteckte, sondern offensiv seinen Standpunkt vertrat. Ignatz störte sich nicht an der Bezeichnung »Spekulant«. »Jeder Kaufmann spekuliert auf Gewinn, sonst würde er keine Geschäfte tätigen«, pflegte er auf entsprechende Fragen und Anwürfe zu antworten. »Jeder Bankkunde, der eine Aktie erwirbt, spekuliert ebenfalls auf Gewinn. Man kann mich einen Spekulanten nennen, nur nicht einen jüdischen Spekulanten.«

Bubis selbst machte aus Prinzip keine Börsengeschäfte. Wertpapierspekulationen waren ihm zu riskant. Doch das wollten die Studenten und Aktivisten des Häuserkampfes – viele von ihnen Kinder wohlhabender Kaufleute – so genau wiederum auch nicht wissen. Ihre Eltern waren keine Juden. Ignatz Bubis aber machte aus seiner Religion kein Geheimnis. Er engagierte sich mit vollem Einsatz in der jüdischen Gemeinde und das bedeutete für ihn nicht eine abstrakte politische Tätigkeit, sondern den Menschen konkret und vor Ort zu helfen. Sein Prestige unter den Frankfurter Juden war so groß, dass er 1983 Vorstandsvorsitzender der jüdischen Gemeinde in der Mainmetropole wurde.

Ein erfolgreicher und reicher jüdischer Kaufmann, das rührte an die überlieferten antijüdischen Klischees, über die sich die marxistischen Aktivisten erhaben fühlten. William Shakespeare hat dieses uralte antisemitische Vorurteil in seinem »Kaufmann von Venedig« zum Thema gemacht. Der Kaufmann Shylock sagt: *»Hat nicht ein Jude Hände, Gliedmaßen, Werkzeuge, Sinne, Leidenschaften? ... Wenn ihr uns stecht, bluten wir nicht? Wenn ihr uns kitzelt, lachen wir nicht? Wenn ihr uns vergiftet, sterben wir nicht? Und wenn ihr uns beleidigt, sollen wir uns nicht rächen? Sind wir uns in allen Dingen ähnlich, so wollen wir's euch auch darin gleichtun«.*

Das ist ohne Frage ein unvergleichliches Plädoyer für die Gleichstellung der Juden. Doch das Schauspiel wurde tausendfach als Propagandaparabel missbraucht, Shylock als Zerrbild des geldgierigen, mörderischen Juden dargestellt.

Auch Gerhard Zwerenz versuchte sich 1976 in einem Roman an diesem Thema. Rainer Werner Fassbinder machte den Roman dann zu dem Theaterstück »Der Müll, die Stadt und der Tod« – ein Versuch, Shakespeares Schauspiel aus der Lagunenstadt ins Frankfurt von heute zu übertragen. »Held« des Dramas ist ein Jude, der das Konzentrationslager überlebt und sich nun an der deutschen Gesellschaft rächen will. Seine christlichen Gegenspieler beschuldigen ihn, ihr Blut saugen

Der Frankfurter Theaterskandal

zu wollen. Ein altes antisemitisches Klischee. Fassbinder
wollte mit brachialer Methode über den Judenhass aufklären. Als er aber spürte, dass er damit die Gefühle von
Juden, die den Völkermord überstanden hatten, verletzte, ließ er das Schauspiel ruhen. Doch nach Fassbin-
ders Tod nahm sich das Frankfurter Schauspiel im Jahr
1982 des Stücks wieder an. Statt Aufklärung suchte
man jetzt den Skandal, um die Gefühle der betroffenen
Juden scherte man sich kaum, anders als einst Fassbinder, ja, man kalkulierte wahrscheinlich ihren Protest als
Publicity fördernd ein. »Der Müll, die Stadt und der
Tod« sollte auf jeden Fall aufgeführt werden.

Die Rechnung ging nur zum Teil auf. Zwar begehr-
ten die Juden, wie von den Theaterleuten vorhergese-
hen, auf, doch sie beließen es – anders als bislang in der
deutschen Geschichte gewohnt – nicht beim stummen
Protest. Unter Bubis' Führung stürmten Frankfurter
Juden, unter anderem auch der damals noch sehr junge

211

Michel Friedman die Bühne und verhinderten die Aufführung des Müll-Stadt-und-Tod-Dramas.

Ich meine, die Aktion war gerechtfertigt. Zwerenz und Fassbinder wollten schockieren und damit aufklären. Sie hatten vielleicht nicht die Absicht, ein antisemitisches Stück zu schaffen. Deshalb bestanden sie auch nicht auf der Aufführung. Doch die Aktivisten des Schauspielhauses kalkulierten die Verletzung der Gefühle der Juden ein, um mit dem Skandal zu reüssieren.

Bubis aber gab den Juden seiner Gemeinde genügend Selbstwertgefühl, damit sie das Gleiche tun konnten wie unzählige Demonstranten – Studenten, Rüstungsgegner, Hausbesetzer, Tierschützer, Deutsche, Ausländer –, nämlich für den eigenen Standpunkt massiv protestieren.

Bemerkenswert war, dass in Frankfurt Tausende gegen die Aufführung des Schauspiels eintraten, weil sie es für antisemitisch oder zumindest für verletzend hielten. Unter anderem die »Frankfurter Allgemeine Zeitung«. Viele protestierten auch – brav und gesittet vor dem Theater. Doch als es zur Tat ging, standen die Juden wieder einmal allein da – wie eh und je. Ignatz Bubis kommt das Verdienst zu, die Juden von der stummen Verbitterung zur befreienden Tat mitgerissen zu haben.

Der so genannte Theaterskandal krönte Bubis' Popularität in der jüdischen Gemeinde. Die Menschen spürten: Hier ist einer, der nicht nur redet und sich beklagt, sondern auch persönlich für unsere Interessen eintritt. Wobei der Protest eine Marginalie blieb, entscheidend war, dass Ignatz Bubis den Juden Mut machte, sich in ihrer Stadt allmählich zu Hause zu fühlen. Als kommunikativer Mensch verstand er es, Jung und Alt für die Gemeindearbeit zu motivieren. Besonders förderte er zwei junge hochtalentierte Männer. Michel Friedman, der sich um die kulturellen Belange kümmerte, und Salomon Korn, Architekt und Soziologe. Bubis unterstützte und ermunterte Korn, ein neues Gemeindezentrum zu entwerfen, und als die Planungen endlich standen, sorgte er dafür, dass sie nicht zerredet, sondern rasch in die Tat umgesetzt wurden. So wurde in Frankfurt das modernste jüdische Gemeindezentrum Deutschlands errichtet und rasch mit Leben gefüllt. Im Frühjahr 2001 erhielt es den Namen »Ignatz-Bubis-Gemeindezentrum«.

Ignatz Bubis kümmerte sich um alles – vom Kindergarten, der beliebten Schule, der Restauration der prächtigen Gründerzeit-Synagoge in der Freiherr-vom-Stein-Straße bis zur Instandsetzung des Friedhofs. Er war es auch, der den Bau eines jüdischen Museums durchsetzte. Hier können Frankfurter Christen und Juden ihre untrennbare Geschichte vor Ort plastisch erleben.

Bubis förderte alle Projekte gleichermaßen. Fehlte mal ein größerer Betrag zur Realisierung oder war ein Mensch in Not, dann half er diskret persönlich aus.

Nach seiner Wahl zum Vorsitzenden des Zentralrats im September 1992 wurde Ignatz Bubis nach Rostock eingeladen, wo im Stadtteil Lichtenhagen ausländerfeindliche Ausschreitungen stattgefunden hatten. Bei dieser Gelegenheit forderte ihn ein Bürgerschaftsabgeordneter namens Schmidt auf, den »israelischen Terror gegen die Araber« zu bewerten, denn schließlich sei »Israel (Bubis) Heimat«. Heinz Galinski hätte den Lokalpolitiker sicher scharf zurechtgewiesen. Ignatz Bubis dagegen blieb im Ton gelassen, in der Sache jedoch bestimmt. Judentum sei ein Glaube, keine Nationalität. Er sei deutscher Staatsbürger.

Die Öffentlichkeit horchte auf. Der Repräsentant des deutschen Judentums trat nicht länger als Mahner auf, sondern auch als Moderator. Ignatz Bubis warb für ein deutsch-jüdisches Gespräch, für gegenseitiges Verstehen. Das war die bislang vernachlässigte Grundlage der viel beschworenen Versöhnung.

Aber Bubis beschränkte sich keineswegs auf den deutsch-jüdischen Dialog. Ihm ging es um die Würde jedes einzelnen Menschen. So setzte er sich gleichermaßen für die Rechte von Roma und Sinti, Ausländern, alten Menschen, Behinderten und Moslems ein. Sein Engagement für deren Belange erschöpfte sich nicht in Presseerklärungen oder Sonntagsreden.

Ignatz Bubis wurde der Jude zum Anfassen. Er nahm jede Einladung an. Nicht nur zur Talkshow oder zum Galadinner, sondern auch zum Besuch von Schulen, Volkshochschulen, Altenheimen, Vereinen, Kirchen. Kurz: Überall, wo Menschen zum Dialog bereit waren, stand Ignatz Bubis zur Verfügung. Keine Frage war ihm zu simpel. Nie verlor er die Geduld. Die Leute fühlten: Dieser Mann will wirklich mit uns sprechen. Das ist kein strenger Jude, bei dem man jedes Wort auf die Waagschale legen muss, sondern ein Mensch wie wir. Diese Einstellung öffnete die Herzen vieler. Der Preis, den Bubis für seine Werbetour um die Menschen zahlte, war unermüdlicher Einsatz. Oft nahm er an einem Tag an vier, fünf Veranstaltungen teil: Morgens flog er mit der ersten Maschine nach München, ließ sich in einen kleinen Ort chauffieren, diskutierte dort mit Schülern, besuchte anschließend die jüdische Gemeinde Münchens, führte Gespräche mit bayerischen Politikern, flog weiter nach Berlin, hielt einen Vortrag an der Freien Universität, flog nach Hamburg, um dort an einer Podiumsdiskussion teilzunehmen, und landete schließlich gegen 23 Uhr wieder in Frankfurt. Zu Hause aß er gegen Mitternacht mit seiner Frau Ida ein leichtes Abendessen und verschwand nach einem doppelten Espresso in seinem Büro, um sich um seine Geschäfte zu kümmern. Am nächsten Tag ging die Ochsentour weiter. Sein unermüdlicher Einsatz für die jüdische Gemeinschaft wurde sehr bald über die Grenzen Deutschlands hinaus zur Kenntnis genommen. Sein Rat war auch in internationalen jüdischen Organisationen sehr gefragt. Als erster Jude aus Deutschland nach dem Holocaust wurde Ignatz Bubis im Jahr 1998 Präsident des Europäischen Jüdischen Kongresses. Ich gratulierte ihm zu dieser hohen Ehre und fragte, wie er es fertig bringen würde, nunmehr nicht nur die Termine in Deutschland, sondern auch noch in ganz Europa wahrzunehmen. »Ganz einfach«, antwortete er mir, »ich habe es freiwillig so gewollt. Niemand hat mich gezwungen.«

Ignatz Bubis wurde zu einer der populärsten Figuren der deutschen Öffentlichkeit. Eine Bestätigung dafür war der Vorschlag der Zeitung »Die Woche«, Ignatz Bubis, als Nachfolger von Richard von Weizsäcker, zum Bundespräsidenten zu küren. Ein Gedanke, der von anderen Medien aufgegriffen und von vielen Menschen unterstützt wurde. Die Grundidee war, dass ein populärer Jude vielleicht die Antisemiten von ihren Vorurteilen heilen würde.

Ignatz Bubis aber machte diesen Bestrebungen bald ein Ende. Zwar fühlte er sich geschmeichelt – wer wäre das nicht? –, doch er war überzeugt davon, dass die deutsche Gesellschaft noch nicht so weit wäre, ein jüdisches Staatsoberhaupt zu verkraften. Und er hätte, statt sich auf die vielfältigen Verpflichtungen seines Amtes zu konzentrieren, ständig den Zirkusgaul abgeben müssen: Seht her, meine deutschen Mitbürger haben mich zu ihrem Bundespräsidenten gewählt, obgleich oder gerade weil ich Jude bin …

Ich kannte Ignatz Bubis seit den 70er Jahren. Wir trafen uns bei vielfältigen Gelegenheiten: bei Gremiensitzungen des Zentralrats und der Zentralwohlfahrtsstelle, auf größeren Hochzeits- und Bar Mizwa-Feiern. Was uns bald verband, war eine Mischung aus Vertrautheit und Fremdheit – wir waren sehr verschiedene Charaktere – und vor allem eine undefinierbare gegenseitige Sympathie. Ignatz Bubis war der geborene Kaufmann, ich Journalist aus Überzeugung. Er war äußerlich der robustere, hatte aber – ich trete seinem Andenken nicht zu nahe, wenn ich das behaupte – eine zarte, fast kindliche Seele. Seine Umtriebigkeit entsprang seiner schier unerschöpflichen Energie, aber auch seiner Empfindsamkeit und Verletzlichkeit. Ignatz blieb bis zuletzt ein Suchender.

Ignatz war noch nicht lange Vorsitzender des Zentralrats, als er mich bat, sein Vize zu werden. Ich war verwundert, weil er doch wusste, dass ich statt seiner damals Heinz Galinski gewählt hatte. »Eben deshalb«, sagte er. »Ich wünsche mir, dass du mir genauso loyal zur Seite stehst wie meinem Vorgänger.«

Ich wusste, dass die Zusammenarbeit mit Bubis nicht einfach war. Ignatz wollte alles selbst erledigen. »Am liebsten würde ich jede Briefmarke persönlich aufs Kuvert kleben,« pflegte er sich treffend auf den Arm zu nehmen. Er war überzeugt, fast alles selbst am besten zu können. Die Fähigkeit zum Delegieren ging diesem großen Mann ab. Vielleicht hatte er das dafür nötige Grundvertrauen in andere während der Schoah eingebüßt.

»Du musst dich im Flugzeug doch auch auf den Piloten verlassen,« sagte ich ihm eines Tages. »Leider«, lautete seine knappe Antwort. Er bewunderte den früheren jordanischen König Hussein, weil dieser noch als Monarch selbst am Steuerknüppel seiner Maschinen saß. Ich bin sicher, hätte Ignatz mehr Freizeit zur Verfügung gestanden, hätte er wie Franz Josef Strauß noch als Erwachsener Fliegen gelernt. So musste er nolens volens auch in diesem Fall anderen vertrauen. Doch Bubis lernte auch hier dazu. Besonders, wenn er mit feinem Gespür die Loyalität seiner Umgebung erfühlte. Zu mir fasste er jedenfalls rasch Zutrauen und verlor es nie mehr. Er wusste, dass ich trotz meiner zahlreichen Ehrenämter ohne persönlichen Ehrgeiz war und mich nie nach einer Position gedrängt hatte. Vor allem aber kannte er meine Loyalität. Also wollte er mich als seinen Vize gewinnen. Nach kurzer Überlegung und Absprache mit meiner Frau ging ich auf sein Angebot ein und ließ mich zum stellvertretenden Vorsitzenden des Direktoriums des Zentralrats wählen.

In der Zeit, die nun folgte, lernte ich einen für mich neuen Ignatz Bubis kennen. Bis dahin hatte ich ihn, auch in den jüdischen Gemeinden, als öffentliche Person erlebt. Energisch, selbstsicher, schnell. Nun begegnete ich dem Mann, wie ihn außer seiner Familie und einer Hand voll Freunden kaum jemand kannte. In der Öffentlichkeit ahnte wohl niemand, wie sehr ihm persönliche Angriffe aber auch antijüdische Äußerungen oder Vorurteile wehtaten. Er ließ es sich nie anmerken – »Diese Genugtuung gönne ich keinem« – und sein massives Äußeres sowie ein stabiles Nervenkostüm verbargen seine Empfindlichkeit.

Eine besonders arge Kränkung für Bubis und natürlich auch für uns als seine engsten Mitarbeiter und für alle selbstbewussten deutschen Juden war das Verhalten des israelischen Staatspräsidenten Ezer Weizmann im Januar 1994. Noch ehe Weizmann zu einem Staatsbesuch nach Deutschland aufbrach, provozierte er uns bei einer öffentlichen Diskussion, in dem er die Existenz jüdischen Lebens und jüdischer Gemeinden in Deutschland nach der Schoah scharf kritisierte. Er könne nicht verstehen, dass Juden nach den Untaten der Nazis weiterhin in deren Land lebten. Selbst heute würden die Deutschen die Juden in ihrer Mitte verachten und schlecht über sie reden. Bei der anschließenden Deutschlandreise empfing Weizmann uns als Vertreter des Zentralrats. Doch die Stimmung war durch seine vorausgegangenen Statements sehr gedrückt.

Ignatz war durch Weizmanns Äußerungen tief verletzt. Seit seiner Jugend war er für den zionistischen Gedanken eines jüdischen Staates in Palästina eingetreten. Später, nach der Gründung Israels, hatte er das Land immer nach Kräften unterstützt. Als ein Zeichen seiner Solidarität mit dem jüdischen Staat hatte er Gelder in Israel investiert und das nicht aus vorwiegend wirtschaftlichen Gründen. Darüber hinaus fühlte er sich immer verpflichtet, in der deutschen Öffentlichkeit für

218

Jerusalems politische Position zu werben. Bubis und wir erwarteten von der israelischen Regierung selbstverständlich keinen Dank. Wir waren dem Staat unsere Unterstützung schuldig, denn schließlich ist Israel die Urheimat und das Asyl aller Juden. Doch wir waren von einer gegenseitigen Solidarität zwischen Israel und der Diaspora ausgegangen. Die Regierung in Jerusalem hatte sich bisher – meist – daran gehalten. Doch nun hatte Präsident Weizmann das Judentum in Deutschland bloßgestellt.

In dieser Situation erhielten wir Zuspruch und Unterstützung von nichtjüdischer Seite. Journalisten, Politiker, aber auch eine breite Öffentlichkeit ergriffen Partei für uns. Die Rückkehr der Juden nach Deutschland, der Aufbau der jüdischen Gemeinden sei ein Vertrauensbeweis für die deutsche Demokratie, eine Bereicherung der deutschen Gesellschaft, hieß es. Man wies Weizmanns Kritik, vor allem seinen verletzenden Tonfall, zurück.

Nach kurzer Zeit der Zusammenarbeit waren Ignatz und ich so vertraut miteinander, dass er sich nicht selten vor wichtigen Entscheidungen des Zentralrats mit mir beriet. Die Arbeit mit ihm war zwar anstrengend, aber auch sehr befriedigend, denn Bubis verfolgte ein utopisches Ziel: Er wollte mithelfen, die deutsche Gesellschaft humaner zu gestalten, indem er Vorurteile bekämpfte und Verständnis förderte. Das war sein Antrieb, das gab ihm die Energie, für seine humanen Ideen zu werben. Und zwar nicht, wie manche liebevoll-kritisch sagten, als Alleinunterhalter. Er motivierte und trieb uns unermüdlich an, seinem Beispiel zu folgen. Ignatz war für jede neue Idee dankbar und setzte sie sogleich in die Tat um. Dies alles geschah mitunter zwar in »Ignatzischer«-Hektik, doch nie mit Druck. Im Gegenteil. Ignatz hatte für jeden ein gutes Wort und einen Witz parat. Er liebte es, mit Menschen zu lachen. Einer seiner Lieblingswitze handelt von zwei Männern in einer Kneipe. »Der eine sagt: ›Sie sind doch Jude?‹

›Nein!‹

›Doch!‹

›Also gut. Ich bin Jude.‹

›Sie sehen aber gar nicht so aus.‹«

Besser als mit Humor kann man Antisemitismus, ja Vorurteile insgesamt, nicht ad absurdum führen.

Lachen war das eine. Harte Arbeit, ständige Herausforderung das andere. Wir alle, vor allem die Vorsitzenden der Gemeinden, der Landesverbände und die Mitglieder des Zentralratsdirektoriums, unter anderem Salomon Korn, Michel Friedman und Charlotte Knobloch, taten neben unseren Brotberufen für unsere jüdische Leidenschaft so viel wir konnten. Doch wohl keiner von uns reicht an die Einsatzbereitschaft von Ignatz Bubis heran.

Wenn mich die Arbeit für Gemeinde, Landesverband und Zentralrat aufzufressen drohte, griff meine Frau ein. Gisèle erinnerte mich dann überaus deutlich daran, dass ich neben Hobby und Geschäft auch eine Familie hätte, die etwas von mir haben wollte. Ich hörte auf ihre Mahnungen, und ich war und bin ihr heute noch dankbar dafür. Wir fuhren sogar mehr oder minder regelmäßig in den Urlaub, wo wir unsere Kräfte regenerierten. Die anderen Freunde aus Gemeinden und Zentralrat hielten es ähnlich. Nur Ignatz machte eine Ausnahme. Zwar war er Mitbesitzer eines schönen Hotels in Tel Aviv unmittelbar am Strand, in dessen Dachgeschoss er sich eine großzügige Wohnung eingerichtet hatte. Er reiste auch oft dorthin, mit dem Vorsatz, auszuspannen und Urlaub zu machen. Doch nach spätestens zwei Tagen nahm er seine Aktivitäten wieder auf – und kurz darauf saß er wieder im Flugzeug nach Frankfurt.

Am 12. Januar 1997 wurde Ignatz Bubis 70 Jahre alt. Schon am Vorabend lud Bundespräsident Roman Herzog etwa 100 Persönlichkeiten aus allen Bereichen des öffentlichen Lebens zum Diner ins Berliner Schloss Bellevue. An der Spitze der illustren Gäste kam der polnische Staatspräsident Kwaśniewski mit seiner charmanten Gattin. Ich erinnere mich, dass der Bundespräsident in seiner zu Herzen gehenden Laudatio in Anspielung auf die beispielhafte Aktivität des Jubilars sagte: »Wo man auch hinkommt: Entweder ist Bubis da oder er ist schon wieder weg!«

Am darauffolgenden Tag fand im Gemeindezentrum Frankfurt eine große Feier zu Ehren von Ignatz Bubis statt. Es war ein heiteres, gelöstes Fest. Fast die gesamte Prominenz der deutschen Politik, von Gewerkschaften, Verbänden, jüdischen Gemeinden und Kirchen war zugegen. Auch zahllose »einfache« Gemeindemitglieder und Frankfurter Bürger. Bundeskanzler Kohl, Hessens Ministerpräsident Eichel, Oberbürgermeister von Schöler, Jerusalems früherer Bürgermeister Teddy Kollek und ich hielten Reden, in denen wir unsere Wertschätzung für Ignatz Bubis als Brückenbauer und Versöhner zum Ausdruck brachten. Ignatz Bubis erwiderte launig und wie immer ohne Manuskript. Ein Satz ist mir besonders im Gedächtnis geblieben: »Viel ist über mich gesagt worden. Mein Vater wäre stolz gewesen, und meine Mutter hätte jedes Wort geglaubt!«

Ich hatte ihm nach jüdischem Brauch zum Schluss meiner Rede »bis zu 120!« gewünscht. Er erwiderte in seiner Dankrede: »Warum Gott eine Grenze setzen?«

Im Herbst des folgenden Jahres bahnte sich eine entscheidende Wende im Leben von Ignatz Bubis an. Anlässlich der Frankfurter Buchmesse wurde dem Schriftsteller Martin Walser der Friedenspreis des Deutschen Buchhandels in der Paulskirche verliehen.

Seine Dankesrede war außergewöhnlich und wurde sofort überall diskutiert. Er sagte unter anderem: »Ich habe lernen müssen, wegzuschauen ... Auch im Wegdenken bin ich geübt.« Und: »Jeder kennt unsere geschichtliche Last, die unerträgliche Schande. Kein Tag, an dem sie uns nicht vorgehalten wird ... Von den schlimmsten Filmsequenzen aus Konzentrationslagern habe ich bestimmt schon zwanzigmal weggeschaut ..., wenn mir aber jeden Tag in den Medien diese Vergangenheit vorgehalten wird, merke ich, dass sich in mir etwas gegen diese Dauerpräsentation unserer Schande wehrt ... (Ich) bin fast froh, wenn ich glaube, entdecken zu können, dass öfter nicht mehr das Gedenken, das Nichtvergessendürfen das Motiv ist, sondern die Instrumentalisierung unserer Schande zu gegenwärtigen Zwecken ... Auschwitz eignet sich nicht dafür, Drohroutine zu werden, jederzeit einsetzbares Einschüchterungsmittel oder Moralkeule oder auch nur Pflichtübung.«

Am Ende der Rede feierte das Publikum Walser mit stehenden Ovationen. Ignatz und Ida Bubis blieben schockiert sitzen. »Ich konnte nicht glauben, dass ein deutscher Dichter, ein Mann, der die Bedeutung der Sprache und jedes einzelnen Wortes kennt, eine so furchtbare Rede halten würde«, sagte Ignatz mir kurz darauf am Telefon.

Ich selbst hatte die Rede am Fernseher verfolgt und war wie Ignatz nicht nur über die Rede, sondern auch über die Reaktion der vielen, ehrenwerten hoch gestellten Persönlichkeiten entsetzt. Wir waren uns sofort einig, dass der Zentralrat dazu Stellung nehmen musste. Walser hatte, wie ich es empfand, gegen den bis dahin geltenden Konsens der kultivierten, freiheitlichen deutschen Nachkriegsgesellschaft verstoßen. Er hatte die eigene Wehleidigkeit über das Leid der Opfer und ihr Andenken gestellt und damit einer kalten Inhumanität den Weg gewiesen. Aus Egoismus lehnte er es ab, die Verantwortung für die Verbrechen der Vergangenheit wachzuhalten. Das war geistige Brandstiftung.

Ignatz Bubis fand schnell die richtigen Worte. In einem Zeitungsartikel verglich er die Rede Walsers mit Äußerungen der rechtsextremen Politiker Gerhard Frey und Franz Schönhuber und nannte sie »geistige Brandstiftung«. Unsere größte Sorge war, dass Walser seine verantwortungslose Haltung gegenüber der Geschichte salonfähig gemacht hatte und dass sich die Rechtsextremen bei ihrer Propaganda darauf stützen würden. Tatsächlich zitierte Freys »Nationalzeitung« in den nächsten Tagen »den weltbekannten Schriftsteller Martin Walser«.

Viele Intellektuelle, Publizisten und Politiker, die Walser zunächst bejubelt hatten, begannen durch Bubis' deutliche Worte zu begreifen, welchen Schaden Walsers Rede angerichtet hatte. So mahnte Bundespräsident Roman Herzog eine »adäquate Form des Erinnerns« an, die Trauer über Leid und Verlust zum Ausdruck bringt,

223

aber auch zur steten Wachsamkeit gegen Wiedergeschehen herausfordert.

Dagegen sprang der frühere Hamburger Bürgermeister Klaus von Dohnanyi Martin Walser bei. Der Sohn eines hingerichteten Nazigegners meinte, Bubis habe Walser nicht verstehen können, »denn Walsers Rede war die eines Deutschen – allerdings eines nichtjüdischen Deutschen – über den allzu häufigen Versuch anderer, aus unserem Gewissen Kapital zu schlagen«. Gleichzeitig forderte Dohnanyi die Juden auf, sich zu fragen, »ob sie sich so sehr viel tapferer als die meisten anderen Deutschen verhalten hätten«.

Dieses Ansinnen war in doppelter Hinsicht nicht hinzunehmen. Zum einen spottete es allen Bemühungen einer über Jahrzehnte, auch von Dohnanyi, angemahnten deutsch-jüdischen Versöhnung, indem der Hamburger gerade im kritischen Moment die Solidarität von Nichtjuden und Juden aufkündigte. Noch verstörender aber war meinem Verständnis nach die Aufforderung an die Juden, sich zu fragen, ob sie sich damals viel tapferer verhalten hätten als die meisten (nichtjüdischen) Deutschen. Immerhin entstammten diese Äußerungen der Feder eines Mannes, dessen Vater aufgrund seines Mutes von den Nazis hingerichtet worden war.

Am meisten empörte uns jedoch der Versuch Dohnanyis, das Verhältnis von Opfer und Täter auf den Kopf zu stellen. Es war, als würde man eine vergewaltigte Frau auffordern, sich doch gefälligst zu fragen, ob sie sich als Mann anders als ihr Vergewaltiger oder die gleichgültigen Zeugen verhalten hätte. Wahrscheinlich wäre eine derartige antifeministische Anmaßung Dohnanyi nie in den Sinn gekommen. Bei Juden kannte er diese Bedenken nicht.

Ignatz und ich berieten lange. Wir wollten kein Öl ins Feuer gießen und das Werk der deutsch-jüdischen Aussöhnung nicht gefährden, doch durften wir derartige Anwürfe auch nicht unbeantwortet lassen. Was war das Werben um Verzeihen, Versöhnen und Verstehen wert, wenn man es bei der erstbesten Gelegenheit desavouierte? Ignatz Bubis bezeichnete die Anwürfe Dohnanyis wohl überlegt als bösartig und löste damit eine kontroverse Diskussion aus.

Der Journalist Manfred Bissinger teilte Bubis' Ansicht von der geistigen Brandstiftung Walsers, während die Schriftstellerin Monika Maron ihren Kollegen Walser unterstützte. Den Vogel aber schoss wieder einmal Michael Wolffsohn ab. Der Bundeswehrhistoriker nannte Bubis »nicht mehr politikfähig« und forderte ihn zum Rücktritt auf.

Die Intensität der Auseinandersetzung machte vielen Angst. So bezeichnete zum Beispiel der frühere Bundespräsident Richard von Weizsäcker den Streit als gefährlich; während sich die meisten anderen Politiker zwar Sorgen machten, sich aber nicht explizit äußerten.

Bemerkenswert war, dass Martin Walser, dessen Rede die Kontroverse ausgelöst hatte, um dessen Satz von der »Instrumentalisierung unserer Schande zu gegenwärtigen Zwecken« so erbittert gestritten wurde, sich rar machte. Er tat nichts, seine umstrittenen Worte zu erklären und den Zwist zu beruhigen.

Die zunehmende Bitterkeit, mit der der Streit ausgetragen wurde, gewiss aber auch legitime publizistische Interessen, veranlassten schließlich den Herausgeber der »Frankfurter Allgemeinen Zeitung«, Frank Schirrmacher, die Kontrahenten gemeinsam mit Salomon

Korn zu einem Gespräch in sein Büro einzuladen. Vor laufender TV-Kamera machte Bubis noch einmal klar, dass der Vorwurf der Instrumentalisierung, vor allem aber dessen verheerende Wirkung auf die junge deutsche Generation, ihn am meisten aufgebracht habe. Martin Walser dagegen sprach von seiner »tiefen Verwundung« und hielt Bubis vor, er habe sich mit der Frage der Schuld lange vor Bubis beschäftigt. Trotz dieser anmaßenden Feststellung – Bubis war wie viele Opfer dermaßen traumatisiert, dass er sein Lebtag Schwierigkeiten hatte, selbst mit seinen Angehörigen über das Ungeheuerliche zu reden – nahm Ignatz den Vorwurf der geistigen Brandstiftung zurück.

Viele fragten sich natürlich, warum Bubis sich so nachgiebig verhalten hatte. Mir waren seine Beweggründe sehr schnell klar. Der Streit um die Interpretation der Rede Walsers – der Schriftsteller hat seine Worte bis heute bewusst vage gehalten – drohte tatsächlich die über Jahrzehnte geleistete Verständnisarbeit zu beschädigen. Deutschland war wieder unsere Heimat geworden, wir wollten in diesem Land leben und hatten daher die Verantwortung, dafür zu sorgen, dass das Verhältnis von Juden und Nichtjuden, ja das gesellschaftliche Klima insgesamt, sich verbesserte, statt Schaden zu nehmen. Diese Verantwortung wog für Ignatz Bubis höher als seine persönliche Kränkung – anders als bei Martin Walser, der immer nur über seinen Schmerz jammerte, statt mit den Opfern mitzufühlen.

Ignatz war ein Kaufmann aus Profession und ein Versöhner aus Passion. Sein Naturell war friedfertig. Er war durch und durch Pragmatiker. Die Wortakrobatik eines eitlen Dichters, dem das Prinzip wichtiger als die Wohlfahrt der Menschen ist, blieb ihm fremd. Verständnis und Aussöhnung wogen für ihn schwerer als persönliche Rechthaberei. Er stellte das allgemeine Ziel höher als seinen Stolz. Ich hatte Verständnis für seine persönlichen Motive, bin aber unserer ursprünglichen Einschätzung bis heute treu geblieben: Martin Walser hat geistige Brandstiftung betrieben. Er selbst ist gewiss kein Antisemit, doch seine Formeln von der Instrumentalisierung der Schande, von der Drohroutine und dem Einschüchterungsmittel der Moralkeule waren in der Tat Keulen – in den Köpfen derjenigen, die keine Aussöhnung wollen, sondern weiterhin ihre verheerenden Vorurteile pflegen. Es war kleinlich, schädlich und egoistisch, die Wehleidigkeit von Walser, das eigene Unbehagen, über das Leid der Opfer zu stellen und bis heute dabei zu bleiben. Walser wird weiterhin mit dem Vorwurf der geistigen Brandstiftung leben müssen.

Die Auseinandersetzung um das ganze Thema, die immer weitere Kreise zog, verletzte Ignatz Bubis tief. Weniger die Haltung des Individuums Walser als die breite Zustimmung, die dessen jämmerlicher Aufruf zum Wegschauen bei den Menschen fand, trafen meinen Freund und hinterließen bei ihm bis zuletzt schmerzhafte Narben.

Während ich diese Zeilen niederschreibe, kommt mir eine Rede in den Sinn, die Roman Herzog dieser Tage, im Juli 2001, gehalten hat. Darin fordert der Altbundespräsident in der Strafrechtsdiskussion um Kinderschänder eine »Kultur des Hinsehens«. Er sagte: »Wenn jeder mit wachem Auge auf seine Umgebung schauen und Zivilcourage zeigen würde, wäre es eher möglich, solche schlimmen Verbrechen zu verhindern.«

Wie wahr! Die von Roman Herzog angemahnte

»Kultur des Hinsehens« hätte die Verbrechen der Nazis unmöglich gemacht. Und in der Debatte um die Rede von Martin Walser hätten solch deutliche Worte von bedeutenden Politikern des Staates Schaden vom deutschen Volk – wie die Standardformel heißt – abwenden können und der deutsch-jüdischen Aussöhnung, ja dem gesellschaftlichen Frieden einen großen Dienst erweisen können. Doch solche offene Worte fanden damals nur wenige.

Trotz dieser Kränkungen und Enttäuschungen und seiner fortschreitenden Krankheit warb Ignatz Bubis unermüdlich für gegenseitiges Verstehen. Schließlich verschlechterte sich sein Zustand so sehr, dass er im April 1999 bei der Eröffnung des jüdischen Museums in Fürth im Rollstuhl erscheinen musste. Auch Sitzungen von Präsidium und Direktorium konnte er nur noch im Rollstuhl leiten. Schier unerträgliche Schmerzen plagten ihn, aber er erfüllte bis in die letzten Tage alle seine beruflichen und ehrenamtlichen Verpflichtungen. Meine wiederholten Angebote, ihm Routinepflichten abzunehmen, lehnte er immer noch in der für ihn typischen Weise entschieden ab: »Du weißt doch, dass ich unersetzlich bin. Lass es mich zumindest glauben.«

»Wann wirst du dich ausruhen?«, fragte ich. Er antwortete auf Jiddisch: »In jens Leben!« Im Jenseits. Ich weiß nicht, ob er ahnte, dass dieses Ausruhen schon sehr bald sein würde.

Wenige Wochen vor seinem Tod gab er dem Magazin »Stern« ein Interview. Darin betonte er seine Verbundenheit mit Deutschland, stellte jedoch gleichzeitig resigniert fest: »Ich habe nichts, fast nichts erreicht.«

In der Öffentlichkeit rief diese Einschätzung Widerspruch hervor. Die Deutschen möchten geliebt werden. Zumal von einem Mann, dessen Menschenliebe und Versöhnungsbereitschaft über jeden Zweifel erhaben sind. Jetzt, wo es fast zu spät war, wurden zahlreiche Stimmen laut, die Bubis Mut machten und ihn aufforderten, an seinem Kurs der Verständigung festzuhalten. Politiker, Publizisten, aber auch viele unbekannte Menschen bestärkten Bubis in seiner humanen Gesinnung. Ich rief in Frankfurt an. Ignatz, der unter zunehmenden Schmerzen litt, war sehr dünnhäutig geworden. Die Behauptung Michael Wolffsohns, Bubis sei den Erfordernissen seines Amtes nicht gewachsen und er solle zurücktreten, kränkte ihn tief. Ich bat ihn, diese Meinung eines Außenseiters zu ignorieren und stattdessen in der Welle der Sympathie zu baden, die ihm jetzt entgegenschlage. »Hoffentlich macht sie mich nicht nass«, witzelte er.

»Hoffentlich doch, Ignatz. Denn sie beweist, dass dein Pessimismus falsch war. Kein Mensch hat mehr für die deutsch-jüdische Verständigung geleistet als du. Wir alle brauchen dich.«

Er dankte mir gerührt und wehrte ab. Wenige Tage später musste er ins Krankenhaus. Die Operation, der er sich sofort unterzog, konnte ihn nicht mehr retten. Ignatz Bubis starb am 13. August 1999 in seiner Heimatstadt Frankfurt am Main. Er hatte verfügt, in Israel beerdigt zu werden.

Über die Gründe dieses Wunsches ist viel gerätselt worden. In seinem letzten Interview hatte Ignatz gesagt, er wolle nicht, dass sein Grab wie das seines Vorgängers Heinz Galinski von Antisemiten gesprengt werde. Ein Anliegen, das verständlich ist, wenn man weiß, dass noch heute, fast sechs Jahrzehnte nach Hitler, im demokratischen Deutschland fast wöchentlich unzählige jüdische Friedhöfe und Grabstätten geschändet werden. Dennoch war der Wunsch, wenigstens im Tode Ruhe zu finden, nur ein Grund für das Verlangen, in Israel beerdigt zu werden.

Die tiefere Ursache kannten nur jene, die viel von ihm wussten, denen er vertraute. Ignatz Bubis war kein religiöser Mann. Er besuchte nur gelegentlich einen Gottesdienst, fuhr entgegen dem Religionsgesetz am Schabbat Auto und hielt sich nicht an rituelle Speisevorschriften. Dennoch war er ein tiefgläubiger Jude. Er liebte das Land Israel und besuchte es, so oft er konnte. Vor allem das Pessachfest, das zum Gedenken an den Auszug der Kinder Israels aus Ägypten gefeiert wird, versuchte er in Israel zu begehen. Denn am ersten Abend dieses Feiertages rufen die Juden in aller Welt aus: »Nächstes Jahr in Jerusalem!« Und er liebte den 137. Psalm, in dem es heißt: »Wenn ich deiner vergesse, Jerusalem, ersterbe meine Rechte. Und meine Zunge verdorre, wenn ich deiner nicht gedenke.«

Ignatz Bubis hat Jerusalem nie vergessen – ebenso wenig wie sein Judentum, seinen Gott und das Land Israel. Er kannte und bekannte sich zum 111. Spruch des Babylonischen Talmud, der da lautet: »Wer im Lande Israel seine letzte Ruhe findet, ist gleichsam unter dem Altar begraben.« Ignatz machte diese Beweggründe nie öffentlich bekannt. Glaube war ihm Privatangelegenheit, die er für sich gewahrt sehen wollte.

Seit Ignatz in die Klinik eingeliefert worden war, rechnete ich jeden Augenblick mit dem Schlimmsten. Als mich die Nachricht von seinem Tod am Freitagnachmittag erreichte, war es dennoch ein Schock. Der ein-

Trauerfeier für Ignatz Bubis

zige Trost war, dass er von seinen Qualen erlöst war.
Doch gleichzeitig war ich ratlos. Kein Mensch ist zwar
unersetzlich. Aber Ignatz hatte durch seine Menschlichkeit, sein Engagement und seine Energie unsere Arbeit
so stark geprägt, dass ich mich in diesem Augenblick allein gelassen fühlte und nicht wusste, wie wir weiter-
machen sollten. Obgleich mein Verstand mir sagte, dass
wir nun gezwungen wären, unseren eigenen Weg zu
gehen. Wie der aussehen würde, wusste ich allerdings
nicht. Wollte ich nicht wissen.

Schmerz und Trauer gewannen zunächst die Ober-
hand. Doch unser Glaube und die Tradition stellen den
Geist vor die Gefühle. »Gesegnet sei der Richter der
Wahrheit.« Der Richter der Wahrheit, also Gott, hatte
seinen Sohn Ignatz zu sich gerufen und forderte nun
von uns, Verantwortung zu übernehmen für seine anderen Kinder, unsere Brüder und Schwestern.

Aus ganz Deutschland trafen Beileidsbezeugungen ein. Bundespräsident Johannes Rau erklärte spontan, er werde Bubis in Israel die letzte Ehre erweisen. Der Kanzler, das Kabinett, Parteien und Verbände, vor allem aber unzählige Menschen aus dem ganzen Land, Alt und Jung, waren traurig, erschüttert, fassungslos. Erst jetzt, da sie von seinem Tod erfuhren, begriffen die Leute, wie viel der Mann aus Frankfurt nicht nur für die deutsch-jüdische Aussöhnung, sondern für das gegenseitige Verstehen schlechthin, kurz, für die Menschlichkeit, in diesem Land geleistet hatte.

In den fast acht Jahren seiner Amtszeit hatte Ignatz Bubis vor mehr als einer halben Million Menschen gesprochen, damit hatte er jeden 160. Deutschen persönlich erreicht. So gut wie jeder kannte seine Haltung aus Fernsehen, Rundfunk und Presse. Ich wünschte mir so sehr, dass Ignatz diese Resultate seiner Arbeit zumindest noch erahnt hätte. Dann wären seine Angst und Verzweiflung, »nichts, fast nichts erreicht zu haben«, grundlos geworden. Der Wunsch, dem Dahingegangenen die Ernte seines Lebens zu präsentieren, bleibt immer vergeblich. Kein Denkmal, kein Artikel und keine Briefmarke können über die unbegreifbare Grausamkeit des Todes hinwegtrösten.

Ich versuchte, Ignatz für alles zu danken. Gleichzeitig musste und wollte ich meiner Pflicht als einer seiner beiden Stellvertreter nachkommen.

Unmittelbar nachdem ich von seinem Tod erfahren hatte, begannen wir mit den Vorbereitungen für die Beerdigung. Nach jüdischem Brauch soll der Tote bereits einen Tag nach seinem Ableben unter die Erde gebracht werden. Da jedoch am Schabbat, dem Tag der Ruhe und Freude, keine Beerdigungen stattfinden dürfen, hatten wir einen Tag länger zur Verfügung.

Die Bundesregierung, die Lufthansa, die Bundeswehr, die Rabbinate in Deutschland und Israels Botschafter Avi Primor halfen uns rasch und unbürokratisch. So konnten wir Ignatz' sterbliche Überreste und die Trauergesellschaft schnell nach Israel bringen. Wir, die engsten Freunde, unter anderem Salomon Korn und Michel Friedman, versuchten, Ida und Naomi beizustehen.

Die Beerdigung fand am Sonntagmittag, in Israel ein Werktag, auf dem Friedhof Kirjat Shaul im Westen Tel Avivs statt.

Nach einer schlichten religiösen Zeremonie in der überfüllten Totenhalle schritten wir zum Grab. Der Tote, eingewickelt in seinen Gebetsschal, wurde langsam zur Erde gelassen. Nun ruhte Ignatz Bubis endlich im heiligen Boden Israels, wie er, wie es sich die meisten gläubigen Juden wünschen. Sein kurzer irdischer Auftritt in der schlimmsten, aber auch in der bewegendsten Periode der jüdischen Geschichte war vorbei. Ignatz hatte die Schoah erlebt und den Tod seines Vaters und seiner Geschwister mit erlitten. Aber er war auch Zeuge geworden, dass das jüdische Volk nach einem fast 2000jährigen Exil voller Diskriminierung und Verfolgung endlich die Kraft gefunden hatte, wieder ins Gelobte Land der Väter zurückzukehren und sich einen eigenen Staat aufzubauen. Getreu der Devise Theodor Herzls, dem Begründer des politischen Zionismus: »Wenn ihr wollt, ist es kein Märchen.«

Ignatz Bubis hat mitgeholfen, entwurzelten, traumatisierten Menschen, die die Deutschen zunächst als

Mörder kennen gelernt und erlitten hatten, mit ihnen zu versöhnen. Er schaffte für sie die Möglichkeiten, in ihrem Land eine neue Heimat zu finden und so die schon tot geglaubte, mehr als 2000jährige Geschichte des deutschen Judentums wieder zu beleben. Ignatz Bubis schenkte den Menschen, Juden wie Nichtjuden, ein neues Selbstwertgefühl. Er schaffte das alles dank seiner Humanität und seiner Geduld, mit gutem Zureden, vor allem aber durch unermüdliche Arbeit – innerhalb und außerhalb der jüdischen Gemeinschaft.

Der Kantor stimmte das Totengebet Kaddisch an, was Heiligung bedeutet. Die Trauergemeinde bedeckte den Leichnam mit Erde. Die meisten waren gefasst, einige weinten. Der sensible Michel Friedman, der kurz zuvor seine Eltern verloren hatte und Ignatz tief verehrte, wurde vom Schmerz und seinen Tränen überwältigt.

Noch einmal trafen wir uns, Freunde, Verwandte und Bekannte von Ignatz, in dessen Dachwohnung am Strand von Tel Aviv. Im Westen schimmerte das Meer tiefblau, während sich im Norden und Süden das weiß getünchte Häusermeer Tel Avivs und seiner zahlreichen Trabantenstädte ausbreitete. Dort, wo die kräftige Mittelmeersonne hinter Bauten und Hainen verdämmerte, schlängelte sich die Straße aus der Tiefebene des Küstenstreifens in die judäischen Berge, auf denen Jerusalem thront.

Ignatz Bubis, der im Leben nicht von Deutschland wegkam, der unter diesem Land litt und es liebte und mitprägte, möge er Ruhe finden in Israel, wo alle den Frieden, Schalom und Salam anrufen und sich in dessen Namen und im Namen ihrer Propheten unendliche Kriege liefern.

Für alles gibt es die richtige Stunde

Auf dem Heimflug saß ich neben Salomon Korn. Wir unterhielten uns leise über den Toten. Schließlich kamen wir, ohne es zu wollen, auf die Zukunft zu sprechen. Ich erwähnte, wie sehr Ignatz ihn und Michel Friedman, die Jüngeren, geliebt habe und bat Salomon, sich für die Nachfolge zur Verfügung zu halten. Doch Korn lehnte entschieden ab. Im Verlaufe unseres Gesprächs aber wurde deutlich, dass Salomon, ganz in dem Geist, in dem ihn sein Vater, der aus einer alten Rabbiner- und Gelehrtendynastie aus Lublin stammt, erzogen hatte und in dem ihm sein sozusagen weltlicher Lehrmeister Ignatz Bubis gefördert hatte, bereit und willens war, Verantwortung für andere Menschen zu übernehmen. Am liebsten aber in seiner Heimatgemeinde Frankfurt. Ignatz Bubis war hier Vorsitzender der jüdischen Gemeinde gewesen. Salomon Korn war bereit, dessen humanistischen Kurs fortzusetzen.

Äußerlich sprang der Kontrast zwischen dem vermeintlich hemdsärmeligen Kaufmann Bubis und dem nachdenklichen, feinsinnigen Intellektuellen Salomon Korn sogleich ins Auge.

Während Ignatz den Menschen durch seine Burschikosität und seinen Humor rasch die Scheu genommen hatte, wägt Salomon jedes Wort ab, ehe er es ausspricht. Ignatz redete so gut wie immer ohne schriftliches Konzept. Als ich ihn einmal kurz vor einer wichtigen Ansprache fragte, worüber er referieren würde, zuckte er mit den Schultern und sagte mit entwaffnender Offenheit: »Das weiß ich noch nicht« – um sich sogleich über mein Entsetzen zu amüsieren. Doch als die Reihe an ihm war, hielt er eine ergreifende, logisch aufgebaute Rede. Sein natürliches Talent, sich in Menschen einzufühlen und sie zu überzeugen, sein hervorragendes Gedächtnis sowie eine außergewöhnliche Konzentrationsfähigkeit ließen ihn jederzeit ohne Vorbereitung in kleinem Kreis oder vor großem Publikum, im Zwiegespräch oder vor laufender Kamera die richtigen Worte finden.

Salomon, Salek, wie ihn seine Freunde nennen, hingegen, als promovierter Soziologe, liebt es, seine Gedanken systematisch zu entwickeln, sie strukturiert zu Papier zu bringen und abschließend vorzutragen. »Wer seine Reden frei hält, ist lediglich zu faul, sie aufzuschreiben und vorzulesen«, lautet sein Credo. Wo Bubis improvisierte und mit spontanem Humor die Leute mitriss, würzt Korn seine Reden mit feiner Ironie und verführt sein Publikum intellektuell.

Diese auffallenden Unterschiede sind Äußerlichkeiten. Im entscheidenden Punkt waren und bleiben sich Ignatz Bubis und Salomon Korn gleich. Beiden gilt Nächstenliebe nicht als ein abstraktes Gebot, dem sie widerwillig folgen, sie sind vielmehr von dem Bedürfnis durchdrungen, ihren Mitmenschen jederzeit zu helfen – einerlei, ob der oder die Nächste Jude, Christ oder Moslem ist. Und egal, bei welcher Gelegenheit und zu welcher Tages- oder Nachtzeit. Ebenso wie Ignatz steht auch Salomon Korn im Telefonbuch und ebenso wie Bubis meldet er sich persönlich, hört zu und versucht sogleich zu helfen.

Korn war entschlossen, die Arbeit seines Mentors, die er seit Jahrzehnten ohne Aufhebens unterstützt hatte, in der Frankfurter Jüdischen Gemeinde fortzuführen. Er hoffte, dieser Aufgabe gewachsen zu sein. Ich hatte nie Zweifel an seinen Fähigkeiten und ich behielt Recht. Salomon leitet die jüdische Gemeinde der Mainmetropole hervorragend. Die Menschen lieben und verehren ihn, weil sie sehen und fühlen, dass er stets für sie da ist und alles für sie tut.

Kürzlich berichtete er mir von einem Gespräch mit Marcel Reich-Ranicki kurz vor seiner endgültigen Entscheidung, sich als Gemeindevorsitzender zur Verfügung zu stellen. Der scharfsinnige Literaturkritiker habe den noch unsicheren Korn mit den Worten ermutigt: »Wem Gott ein Amt gibt, dem gibt er auch den nötigen Verstand, es auszuüben.« Reichs Voraussage sei eingetroffen, gestand der Architekt und neue Gemeindechef verlegen lächelnd.

Ich habe keinen Zweifel, dass Salomon Korn die nötigen Voraussetzungen dafür hat, die höchsten Ämter des deutschen Judentums bekleiden zu können.

Damals, auf dem Rückflug von Ignatz' Beerdigung, machte mich Korns Weigerung, die Nachfolge des Verstorbenen anzutreten und sein Hinweis darauf, der geeignete Kandidat sei nicht er, sondern ich, zunächst ratlos. Bubis selbst habe es sich so gewünscht, sagte Korn. Davon wusste ich zwar, doch ich hatte den Gedanken nie erwogen. Salomons Entgegnung zu meinem Ansinnen, er solle kandidieren, erinnerte mich wieder an einen Witz: »Warum antwortet ein Jude auf eine Frage immer mit einer Gegenfrage?‹ – ›Warum nicht?‹«

In Korns Frage war aber ebenso wie in dem jüdischen

Salomon Korn

Witz ein ernsthafter Kern enthalten. Warum stellte ich
mich nicht zur Verfügung? Und, wie sollte es mit dem
deutschen Judentum weitergehen? Die Fragen ließen
mich in den nächsten Wochen und Monaten nicht los.

Seit mehr als drei Jahrzehnten engagiere ich mich für
jüdische Belange. Dabei war ich ohne persönlichen Ehrgeiz den Weg vom Jugendleiter bis zum Vizepräsidenten des Zentralrats gegangen. Nach meinem Ausschei-
den als Assistent des Generalsekretärs im Zentralrat war
meine Arbeit ausschließlich ehrenamtlich geblieben.
Und dennoch oder gerade aus diesem Grund hatte mich
mein Engagement nicht mehr losgelassen.

Fast dreißig Jahre hatte ich so gut wie meine gesamte freie Zeit ausschließlich für die Arbeit in jüdischen Gremien verwendet. Dabei hatten mich nie abgehobene Maximen geleitet, sondern vielmehr das, was ich bereits als Kind bei meiner Mutter, bei meinen Pflegeeltern und dem Dorfpfarrer in Belgien und später bei meinem Vater hatte erleben dürfen: Nächstenliebe und die daraus entspringende Verantwortung für die Mitmenschen. Dazu waren später Neugier und eine zunehmende Kenntnis über das Judentum insbesondere in diesem Land gekommen.

Bei meiner ehrenamtlichen Tätigkeit war mir etwas begegnet, das früher in den Großfamilien, kleinen Dörfern und jüdischen Gemeinwesen selbstverständlich war, in der heutigen, vermeintlich so modernen Welt aber vielfach in Vergessenheit gerät: Je mehr man anderen beisteht, desto besser fühlt man sich. Nie ist mir mein Engagement zu viel geworden, zu keiner Zeit habe ich mich durch Menschen, die meinen Rat oder meine Hilfe gesucht haben, belästigt gefühlt. Selten habe ich Nerven oder Geduld verloren. Heute meinen manche Manager bereits mit Mitte dreißig, sie wären »ausgebrannt«. Sie verglühen, weil sie nur an sich selbst denken. Doch sobald man anderen Menschen hilft, gewinnt man ständig neue Kraft.

Der Aufbau meiner Agentur war vor allem in der Anfangsphase nicht leicht. Die Arbeit mit Künstlern und Veranstaltern erfordert Disziplin, Konzentration, Organisation, vor allem aber Einfühlungsvermögen – doch nie habe ich den Spaß daran verloren. Zwischendurch habe ich mich immer wieder mit meinem »jüdischen Hobby« auseinander gesetzt. Sicher war ich gelegentlich müde, wenn ich nach einem vollen Arbeitstag in der

Agentur, nach Gesprächen, Planungen und Verhandlungen, in den Zug nach Frankfurt stieg, dort zunächst mit Benni Bloch, dem Geschäftsführer der Zentralwohlfahrtsstelle, bis spät in die Nacht Probleme beredete, am nächsten Morgen mit Ignatz und den Kollegen vom Direktorium über unsere Aktivitäten diskutierte, den Nachmittagszug zurück nach Düsseldorf nahm, in meiner Firma die Arbeit der nächsten Tage besprach, nach Hause eilte, mich rasch umzog und in die Gemeinde fuhr, um dort eine Gemeinderatssitzung zu leiten, die sich beispielsweise mit Sprachkursen für Zuwanderer aus Russland auseinander setzte, ehe man darüber beriet, ob man eine neue Kindergärtnerin oder eine Erzieherin einstellen und mit welchen Mitteln man dies finanzieren könnte.

Mein Engagement hatte gerade in den letzten Jahren unter dem Patronat von Ignatz Bubis gestanden. Nun war er nicht mehr da. Wir mussten ohne seine Ideen und seine Tatkraft auskommen.

Ich hatte gelernt, wichtige Entscheidungen nicht spontan zu fällen. Denn schnelle Entschlüsse trifft man in der Regel nach dem Gefühl. Bei strategischen Überlegungen aber ist es entscheidend, Verstand und Gefühl miteinander in Einklang zu bringen. Und das braucht Zeit.

»Für alles gibt es die richtige Stunde und eine Zeit für jegliche Sache unter dem Himmel«, heißt es in den Sprüchen König Salomons.

Wir wollten uns nicht drängen lassen. Zunächst wollten wir die Zeit der Trauer um Ignatz Bubis würdig begehen. Die jüdische Trauerzeit staffelt sich in drei Phasen. In der ersten Woche sollen die Angehörigen das Haus des Toten nicht verlassen und nur auf niederen

Schemeln sitzen. Die Tage bis zur Vollendung des ersten Monats gelten als ernste Gedenkzeit. Die männlichen Familienangehörigen rasieren sich nicht. Verwandte und Freunde beschäftigen sich mit dem Andenken des Hinterbliebenen und beten für dessen Heil. Es folgt eine elfmonatige Trauerphase, in der täglich zweimal das Kaddisch gebetet wird. Die Zeit endet ein Jahr nach dem Tod mit der Grabsteinsetzung.

Ich musste mich daran gewöhnen, ohne meinen damaligen Freund und Ratgeber auszukommen. Auch heute noch, zwei Jahre nach seinem Tod, vermisse ich Ignatz Bubis. Wenn Gisèle und ich spätabends nach Hause kommen, ertappe ich mich dabei, dass ich mir wünsche, auf dem Anrufbeantworter seine Stimme zu hören, wie jahrelang: »Hallo Paul. Hier ist Ignatz. Ruf mich bitte an, bis 2 Uhr bin ich noch im Büro.«

Im Kreise des Direktoriums des Zentralrats kamen wir überein, keine außergewöhnlichen Maßnahmen zu ergreifen. Laut Satzung standen für Anfang des folgenden Jahres ohnehin im Zentralrat die Neuwahlen für das Präsidium durch Ratsversammlung und Direktorium an. Bis dahin würden Charlotte Knobloch und ich die Amtsgeschäfte wahrnehmen.

Ich kannte Charlotte Knobloch seit vielen Jahren. Sie wurde in München als Tochter des Notars Siegfried Neuland geboren. Während der letzten Jahre der Naziherrschaft lebte sie versteckt auf dem Land. Nach dem Krieg heiratete sie einen Holocaust-Überlebenden und kümmerte sich als Hausfrau und Mutter um die Erziehung ihrer Kinder. In den 80er Jahren, als die Kinder aus dem Haus waren, engagierte sie sich zunehmend in der jüdischen Gemeinde. 1986 wurde sie zur Präsidentin gewählt und lenkt seither resolut, aber einfühlsam

241

und äußerst erfolgreich die Geschicke der jüdischen Gemeinschaft Münchens.

In den letzten Jahren von Ignatz Bubis waren Charlotte Knobloch und ich seine Vizepräsidenten. Wir arbeiteten im besten kollegialen Einvernehmen nicht nur miteinander, sondern selbstverständlich auch mit unserem Präsidenten Bubis.

Auch seit Charlotte Knobloch am 9. Januar 2000 neben meinem engen Freund und Vertrauten Michel Friedman Vizepräsidentin geworden ist, kann ich mich jederzeit auf diese ebenso energische wie liebenswerte Frau verlassen. Wie mit Michel Friedman arbeite ich auch mit ihr auf der Basis von gegenseitigem Respekt und Vertrauen.

Die Herkunft und der Lebensweg von Charlotte Knobloch und mir weisen manche Ähnlichkeit auf. Auch unsere politische Einstellung und unsere Ansichten zu jüdischen Belangen sind meist identisch. Unser »Trio« arbeitet hervorragend zusammen.

Vor der Wahl im Januar 2000 wurde in der Öffentlichkeit unverhohlen die Meinung geäußert, der Konflikt zwischen mir und Friedman sei programmiert. Dies ist Unsinn. Zwischen »Michu«, wie Freunde ihn nennen, und mir gibt es zum Verdruss von einigen auch nicht den Hauch eines Zwistes. Wir mögen zwar nicht immer einer Meinung sein, aber wir respektieren unsere mitunter gegenteiligen Auffassungen. Auf jeden Fall diskutieren wir so lange, bis wir uns auf eine tragfähige und sachbezogene Meinung geeinigt haben. Ich bin sehr dankbar, dass dieser außerordentlich intelligente und politisch versierte Mann einer meiner Vizepräsidenten ist. Darüber hinaus bin ich stolz, in ihm einen zuverlässigen Freund zu haben.

Das Trio: Meine Vizepräsidenten Charlotte Knobloch
und Michel Friedman

In der Öffentlichkeit wurden eine Reihe von Namen
für die Kandidatur gehandelt. Am heftigsten wurde
über eine Bewerbung von Michel Friedman spekuliert.
Mir gegenüber hatte Friedman noch zu Lebzeiten von
Bubis erklärt, er müsse zunächst den Tod seiner Eltern,
an denen er mit ungewöhnlicher Liebe gehangen hatte,
verarbeiten. Auch in seinem Beruf müsse er sich erst
etablieren, ehe er daran denken könne, sich stärker im
Zentralrat zu engagieren. Nun, da sein Name immer
öfter in den Medien im Zusammenhang mit dem zukünftigen Zentralratschef genannt wurde, bat mich Michel, ich solle mich um das höchste Amt im Zentralrat
bewerben. Ich hatte mich jedoch noch nicht entschieden und sagte ihm dies auch. Daraufhin stellte Friedman in einer öffentlichen Erklärung fest, er werde sich

nicht um das Amt bewerben und trete dafür ein, dass ein Vertreter der Holocaustgeneration die Nachfolge von Ignatz Bubis übernehme.

Doch auch diese klare Feststellung hielt einige vorwitzige Journalisten nicht von weiteren Spekulationen ab. So interviewte der »Stern« Michael Fürst aus Hannover. Der Advokat von der Leine, seit Jahren Direktoriumsmitglied äußerte sich ausführlich und unfair über Michel Friedman. Er verbreitete Privates und Intimes. Darüber hinaus stilisierte er Friedman zum mächtigen Strippenzieher im Hintergrund, mich selbst zu seiner willenlosen Marionette. Der sensible Michel, der seine Empfindsamkeit mitunter durch gewollt selbstsicheres Auftreten zu überspielen sucht, war verletzt. Ich schwankte zwischen Ärger und Verwunderung. Der Zentralrat vertritt etwa 90 000 jüdische Menschen, so viele, wie eine Kleinstadt Einwohner hat. Interessiert sich beispielsweise jemand außerhalb Speyers dafür, wer dort Bürgermeister wird? Oder wer zum Bischof von Paderborn ernannt wird? Der Grund für das überproportionale Interesse, das uns Juden hier entgegengebracht wird, hat weniger mit uns und unseren Leistungen zu tun als mit der deutschen Geschichte, deren antisemitische und destruktive Tendenzen sich in Hitler manifestiert hatten. Daher die bis heute ungebrochene Faszination dieser Figur, in der sich das deutsch-jüdische Verhältnis traumatisch überkreuzt. Die Neugier für alles Jüdische, einschließlich des Staates Israel, beweist, wie absurd die Forderung einer Mehrheit der deutschen Bevölkerung nach einem »Schlussstrich unter die Vergangenheit« ist. Doch Interesse, ja Neugier sind eine Sache, der Versuch, das selbstverständliche Ringen um die Zukunft der deutsch-jüdischen Dachorganisation voyeuristisch auszuschlachten, eine andere. Das war schädlich für uns und verletzte Einzelne sehr. Jüdische Journalisten berichteten mir, sie seien angehalten worden, potenzielle Bewerber »niederzuschreiben«. Als »Musterjude« sozusagen, der die Funktion hat, das zu sagen, was die Nichtjuden gerne ausdrücken oder hören würden, wozu ihnen aber der Mut fehlt.

Ich ließ mich jedoch von dem ganzen Rummel und den Intrigen nicht allzu tief beeindrucken. Kabale gehört nun mal zu Wahlen wie zur Liebe. Ich durfte meine Kandidatur nicht von persönlicher Eitelkeit oder Kränkung abhängig machen. Dafür war die Entscheidung für mich, vor allem aber für die jüdischen Gremien zu wichtig. Die meisten Freunde und Kollegen aus dem Zentralrat, aus den Gemeinden und Landesverbänden rieten mir zu und ich schätzte ihre Ermutigung. Gleichzeitig aber erinnerte ich mich an das Debakel, das Ignatz Bubis 1991 mit seiner Kandidatur erlebte, als er von einer stabilen Mehrheit für sich ausgegangen war. Allerdings hatte Bubis um Stimmen geworben, während ich umgekehrt gedrängt wurde, mich zu erklären.

Keineswegs gedrängt wurde ich von meiner Frau. Gisèle fürchtete um unser Privatleben, das jetzt schon auf ein Mindestmaß reduziert war. »Damit ist es vorbei, wenn du Präsident wirst. Dann wird jedes Wort von dir auf die Goldwaage gelegt. Du darfst dir keinen Schnitzer leisten. Und was wird aus deiner Agentur?«

Meine Töchter dachten ähnlich. Ich sprach mit meinen Mitarbeiterinnen. Zu meiner Überraschung waren die Damen von der Idee, einen Präsidenten zum Chef zu haben, angetan. »Sie werden das prima machen. Sie können delegieren. Und im Zentralrat werden Sie das genauso schaffen wie hier in der Agentur. Und wenn

Sie mal nicht hier sind, dann regeln wir das schon. Sie können sich auf uns verlassen.« Das machte mir Mut.

Bundespräsident Johannes Rau dagegen warnte mich vor der Belastung durch das Amt und der Isolation durch die Sicherheitsauflagen: Panzerlimousine, ständige Bewachung, Einschränkung des Privatlebens. Andererseits nahm Rau selbst diese »Last« gerne auf sich, als er sich nach fast zwanzig Jahren Ministerpräsidentschaft in Nordrhein-Westfalen und nach seiner Pensionierung zum Bundespräsidenten wählen ließ.

Nach langem Hin und Her kristallisierten sich für mich die entscheidenden Punkte heraus. Ich traute mir das Amt zu. Ich war kein neuer Ignatz Bubis und wollte es auch nicht sein. Doch ich wollte an seinem Weg, der auch meiner war, festhalten: das deutsche Judentum zu konsolidieren, nicht zuletzt durch die Integration unserer Glaubensgenossen aus der früheren Sowjetunion und die Versöhnung mit der nichtjüdischen Gesellschaft. Dabei war mir klar, dass alle unsere Anstrengungen nur Erfolg haben könnten, wenn das Gros der nichtjüdischen Deutschen sich auch des jüdischen Elementes in ihrer Geschichte und Gegenwart bewusst wäre und eine gemeinsame Zukunft wünschte. Wir Juden konnten dafür werben, offensiv werben, wie es einst Heinrich Heine mit den Worten: »Werbe keck und fordere laut« getan hatte. Doch die Entscheidung kommt der nichtjüdischen Mehrheit zu.

Die endgültige Entscheidung über meine Kandidatur wollte ich vom Votum des Direktoriums abhängig machen, das am 12. Dezember 1999 insgesamt sechs seiner Mitglieder ins Präsidium zu wählen hatte. Wenige Wochen zuvor hatte die Ratsversammlung, wie in der Satzung vorgeschrieben, schon drei aus ihrer Mitte gewählt:

Charlotte Knobloch, Salomon Korn und Dr. Josef Schuster aus Würzburg.

Als ich von insgesamt zwölf Kandidaten in geheimer Wahl die meisten Stimmen erhielt, entschied ich mich, in der konstituierenden Sitzung des Präsidiums für das Amt des Präsidenten zu kandidieren. Als weitere fünf Präsidiumsmitglieder wurden gewählt: Daniel Ajzensztejn aus Hamburg, Michel Friedman, Nathan Kalmanowicz aus München, Johann Schwarz (mein enger Freund und Vorsitzender des Landesverbandes der Jüdischen Gemeinden von Nordrhein) aus Krefeld und Irina Knochenhauer aus Magdeburg (wenige Monate später – nach ihrem Rücktritt: Dieter Graumann aus Frankfurt).

Bei der Wahl am 9. Januar 2000 wurde ich dann mit 6 : 3 Stimmen zum Nachfolger von Ignatz Bubis als Präsident des Zentralrats der Juden in Deutschland für drei Jahre gewählt.

Sogleich bat ich die unterlegene Charlotte Knobloch, als Vizepräsidentin zu kandidieren. Sie besaß die Größe, darauf einzugehen. Sie stellte die Aufgabe, für die jüdische Allgemeinheit zu wirken, über die persönliche Kränkung der Wahlniederlage. Als weiteren Vizepräsidenten schlug ich Michel Friedman vor. Das Präsidium folgte meinen Vorschlägen.

Die Freunde und Kollegen im Direktorium wussten, dass meine Ankündigung einer kollektiven Führung und einer Aufgabenverteilung kein Lippenbekenntnis war. Folgerichtig bildeten wir gemeinsam Dezernate, jeder von uns übernahm Verantwortung für bestimmte Bereiche.

Als ich am Abend nach meiner Wahl am Flughafen Düsseldorf meine geliebte Gisèle in den Arm nahm, gratulierte sie mir zum neuen Amt. Ich spürte, dass sie bei aller Skepsis über die bevorstehenden Aufgaben doch sehr stolz war, dass ihr Mann zum obersten Repräsentanten der jüdischen Gemeinschaft in Deutschland gewählt worden war.

In meinen ersten Stellungnahmen nach der Wahl stellte ich die Schwerpunkte unserer zukünftigen Arbeit vor. Wir wollten unsere Kraft darauf konzentrieren, die jüdischen Zuwanderer aus der ehemaligen UdSSR in unseren Gemeinden und in die deutsche Gesellschaft zu integrieren. »Wir tun alles, diesen Menschen eine neue Heimat zu geben. Sie sollen ihren Glauben, dessen Ausübung in der Sowjetunion unterdrückt war, besser kennen und gleichzeitig Deutsch lernen. Diese Aufgaben erfordern viel Mühe. Aber vom Erfolg hängt das Überleben der jüdischen Gemeinschaft in Deutschland ab«, sagte ich in meinem ersten Interview unmittelbar nach der Wahl.

Bei dieser Gelegenheit machte ich auch mein Verhältnis zur deutschen Gesellschaft deutlich: »Wir Juden haben trotz Antisemitismus Vertrauen zu Deutschland und seinen Menschen. Unser Hiersein ist dafür der beste Beweis. Wir wollen alles tun, damit das gegenseitige Verständnis von Juden und Christen zunimmt. Unser Ziel ist eine allmähliche Normalisierung und eine größere Unbefangenheit.« Ich hatte also guten Willen – und eine gehörige Portion Blauäugigkeit.

Noch deutlicher drückt sich diese Haltung aus, wenn ich meine Einstellungen zur resignativen Haltung von Ignatz Bubis in den letzten Wochen Revue passieren lasse. Damals meinte ich, es gebe mehr Grund zum Optimismus. Die Attraktivität des Antisemitismus würde zunehmend verblassen und die jüdische Gemeinschaft durch die Aufnahme der russischen Zuwanderer an Kraft gewinnen, das deutsche Judentum wieder zu einem vitalen Bestandteil der deutschen Gesellschaft, sich mit der Zeit aber auch zu einer wichtigen Gemeinde innerhalb der jüdischen Welt entwickeln.

Natürlich bereue ich meine Zuversicht nicht. Ohne Optimismus kann man nichts bewegen, schon gar nicht im traumatisierten deutsch-jüdischen Verhältnis. Fast zwei Jahre später aber muss ich einräumen, dass ich die alarmierende Entwicklung entweder nicht vorausgesehen habe oder nicht wahrhaben wollte. Es ist nur ein schwacher Trost, dass es anderen ebenso erging. Dennoch bleibe ich bei meiner Hoffnung, dass die Entwicklung des deutsch-jüdischen Verhältnisses sich auf einen positiven Weg bringen lässt – nämlich dann, wenn wir, alle, nichtjüdische und jüdische Gutwilligen, daran mit aller Energie arbeiten und uns nicht in den Sonnenstrahlen erster kleiner Erfolge baden und ausruhen.

Der erste Schock nach der Wahl aber hatte nichts mit der neuen Aufgabe zu tun – jedenfalls nicht direkt. Kaum war ich gewählt, wurde ich strengen Schutzbedingungen unterworfen. Ministerpräsident Wolfgang Clement, der mir herzlich zur Wahl gratulierte, sagte mir gleichzeitig seine Unterstützung in allen damit zusammenhängenden Fragen zu: »Wann immer Sie mich brauchen, werde ich Ihnen helfen.« Bislang hatte ich mich frei wie jeder andere deutsche Bürger bewegt und hatte gelegentlich die Israelis wegen der strengen Sicherheitskontrollen, die ihr Leben an vielen Stellen reglementieren, bedauert. Nun wurde ich unter ein noch strengeres Kuratel gestellt. Da der Präsident des Zentralrats der Juden in Deutschland wahrscheinlich ständig von in- und ausländischen Politikkriminellen und gewöhnlichen Idioten bedroht wird, halten die zuständigen deutschen Behörden es für notwendig, den Träger dieses Amtes rund um die Uhr von Sicherheitskräften bewachen zu lassen. Das bedeutet: Ich darf keinen Schritt außerhalb meiner Wohnung oder meines Büros ohne Bewachung und Beobachtung tun. Ich muss jeden Gang und jede Fahrt vorher anmelden. Eine kleine Besorgung, etwa der morgendliche Gang zum Bäcker, um frische Brötchen zu kaufen, wird zur »sicherheitsrelevanten Operation«. Jede Autofahrt findet im gepanzerten Wagen statt. Auch die Wanderung am Wochenende, ja jeder kleine Spaziergang muss abgesprochen und organisiert werden. All das war mir zwar prinzipiell bekannt, doch in der Praxis bedeutete es eine erhebliche Beeinträchtigung, an die ich mich und meine Familie erst gewöhnen musste. Mittlerweile nehme ich die Sicherheitsmaßnahmen hin wie die harte Schale einer Nuss. Wenn man die Frucht haben möchte, muss man die Hülle knacken. Und ich will ja die Nuss essen! Das heißt, ich möchte mithelfen, das Judentum in Deutschland wieder heimisch zu machen, indem ich die Bemühungen zum Ausbau der Gemeinden unterstütze und in der Öffentlichkeit für Verständnis für unsere Belange, die in meinen Augen mit denen einer weltoffenen Gesellschaft identisch sind, werbe. Diese versöhnliche Haltung aber bedeutet keineswegs, dass ich bereit bin, antihumanes Geschehen oder Denken zu übersehen, einerlei, ob es Juden oder andere betrifft. Menschlichkeit und Menschenwürde sind unteilbar – wer das nicht begreift, wird böse Überraschungen erleben. Heute geht es gegen Behinderte, morgen gegen Ausländer und Homosexuelle, übermorgen gegen Juden und am Wochenende stehen schließlich alle Demokraten am Pranger. Deshalb müssen wir alle unsere Freiheit wachsam verteidigen.

Manche werfen uns Juden Hysterie oder Verfolgungswahn vor. Sie behaupten, es gebe schließlich in jeder Gesellschaft antidemokratische Kräfte. Ich glaube, dass wir Juden sensibel reagieren, und das ist nun einmal die Aufgabe von guten Seismographen. Nur wenn sie bereits bei zarten Erschütterungen ausschlagen, erfüllen sie ihre Funktion. Wenn bereits alles in Trümmern liegt, ist es zu spät.

Das sind keine abstrakten Überlegungen. Unsere Eltern mussten erleben, wie eine vermeintlich unbedeutende radikale Partei ihren Stimmenanteil binnen vier Jahren von zwei auf vierzig Prozent verzwanzigfachen konnte. 1928 votierten 800 000 Wähler für Hitlers NSDAP, 1932 waren es bereits 14 Millionen. Erfahrungen haben uns besonders vorsichtig und wachsam gemacht. Dieses Verhalten sollte sich nicht auf die Ein-Promille-Minderheit der Juden beschränken. Es muss von der großen Mehrheit der Gesellschaft geteilt werden.

Ich hatte geplant, mich zunächst mit meinen Kollegen aus den Gemeinden und dem Zentralrat systematisch mit der Integration der russischen Zuwanderer zu beschäftigen. Gemeinsam wollten wir mit der Zentralwohlfahrtsstelle Wege entwickeln, dieser Aufgabe möglichst effektiv zu begegnen. Das bedeutete langfristige Arbeit, Besuche in den einzelnen Gemeinden, Gespräche mit den Betroffenen. Doch kaum hatte ich begonnen, mich mit dem Problem ernsthaft zu beschäftigen, wurde ich von aktuellen Ereignissen aus dem Takt gebracht.

Am Nachmittag des 27. Juli 2000 erfuhr ich, dass ein mit Sprengstoff gefüllter Metallbehälter am S-Bahnhof Wehrhahn in meiner Heimatstadt Düsseldorf explodiert war. Zehn Zuwanderer aus der ehemaligen Sowjetunion, die in einer nahe gelegenen Sprachenschule Deutsch lernten, darunter sechs Juden, wurden bei dem Attentat erheblich verletzt. Eine Mutter verlor ihr ungeborenes Kind.

Sofort erhob sich die Frage: War der Anschlag das Werk von Neonazis, von Kriminellen oder Geistesgestörten? Für mich macht das kaum einen Unterschied. Ich bin der Meinung, dass der Übergang zwischen den drei Gruppen fließend ist, denn wer versucht, Menschen umzubringen, ist kriminell und nicht normal, auf viele neonazistische Gewalttäter trifft das zu.

Der oder die Täter konnten bislang nicht ermittelt werden. Doch auch wenn es ihm oder ihnen nicht gelang, Menschen umzubringen, so hat ihr Verbrechen zumindest teilweise »Erfolg« gehabt. Viele der Zuwanderer bekamen Angst. Sie hatten Russland, der Ukraine oder anderen GUS-Republiken unter anderem den Rücken gekehrt, weil sie sich von Antisemiten bedroht fühlten. In ihrer neuen Heimat Deutschland hatten sie Sicherheit gesucht. Doch auch hier trachtete man ihnen nach dem Leben. Dieses Attentat war also doppelt verhängnisvoll: Es ängstigte die hier lebenden Zuwanderer und hielt potenzielle Kandidaten von der Emigration nach Deutschland ab.

Die Aufregung über diesen Anschlag und die Besorgnis unter vielen deutschen Juden begann sich nur allmählich zu legen, als wir von einer weiteren Schandtat erfuhren. Ich befand mich an diesem 2. Oktober 2000

gerade in Dresden, um am nächsten Tag an den Feier-
lichkeiten zum zehnjährigen Jahrestag der Wiedervereinigung teilzunehmen, da wurde mir mitgeteilt, dass
die Gedenkstätte auf dem Gelände des ehemaligen Kon-
zentrationslagers Buchenwald mit Hakenkreuzen be-
schmiert worden sei. Wie sooft hieß es von offizieller
Seite voller Bedauern, dass es unmöglich sei, mehr als
tausend jüdische Friedhöfe vor Schmierereien und Zer-
störungen zu schützen. Ich kann das nicht mehr hören.
Es ist doch durchaus möglich, die Unversehrtheit von
Zehntausenden nichtjüdischen Friedhöfen zu bewahren. In der nichtjüdischen Gesellschaft besteht Konsens
darüber, die Würde dieser Stätten unangetastet zu lassen.
Selbst Halbstarke und Gestörte respektieren das. Bei jüdischen Friedhöfen hingegen fehlt dieser selbstverständliche Respekt und deshalb wagen es Neonazis, Randa-
lierer und andere, unsere Gottesäcker anzugehen.

KZ-Gedenkstätten gibt es aber noch viel weniger als
jüdische Begräbnisstätten. Die Sicherheit dieser Gedenk-
stätten kann kein unlösbares polizeitaktisches Problem
sein – wenn der Wille und die Bereitschaft vorhanden
sind, dafür Geld auszugeben. Jede Schändung einer KZ-
Gedenkstätte erbittert mich sehr. Es handelt sich doch
nicht um jüdische Denkmäler! Hier, etwa in Buchenwald, über der Goethe- und Schillerstadt Weimar, haben Zehntausende Menschen aller Nationen gelitten
und wurden ermordet, unter ihnen viele Deutsche. Ist
den Nachkommen ihr Andenken nichts wert?

Kaum wusste ich von der Untat in der KZ-Gedenk-
stätte Buchenwald, erhielt ich früh am nächsten Morgen
einen Anruf aus Düsseldorf. Auf unsere Synagoge war
in der Nacht ein Brandanschlag verübt worden. Allein
der Geistesgegenwart und dem Mut einer zufällig vor-

beikommenden Frau, die beherzt über die Absperrung sprang und das Feuer austrat, war es zu verdanken, dass die Flammen sich nicht auf das Gebäude ausbreiteten.

Ich war wütend und enttäuscht. Wenn 1945 jemand vorausgesagt hätte, dass in Deutschland wieder jüdische Friedhöfe besudelt, Synagogen und jüdische Menschen angegriffen werden würden, hätte man ihn für verrückt erklärt. Und nun war eben dies eingetreten. Als ich von der Presse interviewt wurde, machte ich aus meinen Gefühlen und Gedanken kein Geheimnis. Ich erklärte vor Journalisten: »Was muss noch geschehen, bis wir uns die Frage stellen, ob es richtig war, in dieses Land zurückzukehren?« Wir hatten Deutschland trotz des schlimmsten Menschheitsverbrechens einen Vertrauensvorschuss gewährt. Die deutsche Politik unter den Kanzlern Adenauer und Brandt hatte dies gewürdigt und versucht, die Juden wieder in die deutsche Gesellschaft einzugliedern und eine Aussöhnung der Menschen herbeizuführen. Dazu hatten politische Maßnahmen beigetragen, Entschädigungszahlungen in Milliardenhöhe, aber auch kleine und dennoch unvergessene Gesten wie der Kniefall Willy Brandts vor dem Denkmal für die Gefallenen und Erschlagenen des Warschauer Ghettos. Diese Taten waren von den Juden und den Wohlwollenden in aller Welt gewürdigt worden.

Doch in den Jahren nach der Wiedervereinigung, der Bestätigung der Ideen von Freiheit und Demokratie, hat sich die Situation für Angehörige von Minderheiten, gewiss nicht nur für Juden, stetig verschlechtert. Menschen mit dunkler Hautfarbe wurden vielfach nicht nur in den neuen Bundesländern angegriffen, gehetzt, gedemütigt, ja sogar erschlagen. Das Gleiche gilt für Behinderte, Obdachlose. Jahrelang haben wir vergeblich gegen die Schändung unserer Friedhöfe protestiert. Nach den Anschlägen gegen die Synagoge in Lübeck und Asylantenheime in Rostock-Lichtenhagen, Hoyerswerda und vielen anderen Orten protestierten Hunderttausende mit Lichterketten für Menschenwürde. Demonstrationen von Anständigen, die zu einer vorübergehenden Besserung führten. Und nun mussten wir erleben, dass die Extremisten dreister wurden und sich nicht scheuten, jüdische Menschen und Gotteshäuser anzugreifen. Mich erzürnten dabei weniger die Attentäter als vielmehr die Gesellschaft, die so etwas zuließ. Hatten die Deutschen doch nichts aus ihrer Vergangenheit gelernt? Wenn es so war, dann war es ein Fehler gewesen, nach Deutschland zurückzukehren.

Meine Äußerungen wurden widersprüchlich aufgenommen. Teilweise herrschte Empörung darüber, dass ich die Toleranz der deutschen Demokratie in Frage gestellt hatte. Viele Menschen aber empfanden meine klaren Fragen als angebracht. Sie begriffen, dass es hier um mehr ging als um die Erörterung einzelner Attentate gegen Juden. Hier stand die Glaubwürdigkeit der deutschen Demokratie auf dem Spiel.

Bundeskanzler Gerhard Schröder verstand die Wichtigkeit der Situation und die Symbolik, die von seinem Amt ausgeht. Während meiner Rückfahrt nach Düsseldorf rief er mich gegen 21.30 Uhr im Auto an und fragte: »Was halten Sie davon, wenn ich morgen früh zu Ihrer Synagoge nach Düsseldorf komme?«

Ich antwortete: »Dies wäre ein sehr deutlicher Beweis Ihrer Solidarität mit der jüdischen Gemeinschaft in Deutschland und ein Protest gegen jede Art der Diffamierung von Minderheiten.«

*Mit dem Kanzlerehepaar Doris Schröder-Köpf
und Gerhard Schröder*

»Abgemacht«, antwortete der Kanzler, »ich werde morgen früh gegen 10 Uhr in der Düsseldorfer Synagoge sein.«

An Ort und Stelle rief Bundeskanzler Schröder in Anwesenheit von Bundesinnenminister Otto Schily, Landesinnenminister Fritz Behrens, Düsseldorfs Regierungspräsident Klaus-Jürgen Büssow sowie des gesamten Vorstandes der Jüdischen Gemeinde Düsseldorf zu einem »Aufstand der Anständigen« auf.

Das war ein notwendiges Signal dafür, dass die deutsche Regierung, dass der deutsche Staat und seine Bürger nicht länger gewillt waren, tatenlos das menschenverachtende Treiben von neonazistischen Verbrechern und Volksverhetzern hinzunehmen. Ich hätte mir sehr gewünscht, dass bereits Schröders Vorgänger, Kanzler Helmut Kohl, das volle Ausmaß der Bedrohung von Freiheit und Demokratie, das durch die Verletzung der

Menschenwürde für die deutsche Gesellschaft ausgeht, entsprechend wichtig genommen hätte. Kohl hatte zwar die Anschläge in Rostock-Lichtenhagen, Hoyerswerda, Mölln, Solingen und Lübeck verurteilt, aber er brachte es nicht über sich, am Ort des Geschehens aufzutauchen, die Angehörigen seiner Unterstützung zu versichern und insbesondere vor einer breiten Öffentlichkeit stante pede die fremdenfeindlichen Tendenzen zu verurteilen.

Nun aber machte uns die Präsenz des deutschen Regierungschefs neuen Mut. Auch wir Juden wurden in unserer Solidarität zu Deutschland bestärkt. Wir gewannen Zuversicht, gemeinsam mit allen demokratischen Parteien aktiv für die Freiheit und Menschenwürde einzutreten. Das war und bleibt notwendig.

Im Spätherbst 2000 wurden die Kriminalitätsstatistiken des dritten Quartals bekannt gegeben. Daraus ging hervor, dass sich die antisemitischen Straftaten in diesem Zeitraum von 157 auf 291 fast verdoppelt hatten. Und das Gros der Vergehen wurde nicht in den viel gescholtenen östlichen Bundesländern begangen, sondern im Westen, in den Wohlstandsländern Baden-Württemberg, Hessen, Nordrhein-Westfalen, Niedersachsen. Das untersuchte Vierteljahr fiel leider nicht aus der Reihe. Die Zahl der antijüdischen Kriminalfälle stieg parallel zu jenen mit rechtsradikalem und ausländerfeindlichem Hintergrund. Schuld daran sind meiner Meinung nach nicht lasche Gesetze, sondern die vielfach anzutreffende Scheu, sie konsequent anzuwenden. Friedhofsschändungen, Gewalt gegen Menschen und Sachen sind keine Bubenstreiche oder Kavaliersdelikte. Das Recht auf Demonstration gehört selbstverständlich zur Demokratie. Aber gilt es auch für jene, die mit ihrem Auftreten und ihren Parolen zu Hass und Gewalt aufrufen? Die Entscheidung von unabhängigen Gerichten und Behörden, Skinheads den Marsch durch das Brandenburger Tor in Berlin zu gestatten, war verhängnisvoll. Im In- und Ausland machten die Bilder von Kriegsfahnen schwingenden Neonazis einen verheerenden Eindruck. Für die »Kameraden« selbst waren sie Ermutigung, ihre Aktivitäten zu verstärken.

Es dauerte lange, ehe sich Bundesregierung und eine Reihe von Ländern entschlossen, beim Bundesverfassungsgericht in Karlsruhe einen Antrag auf ein Verbot der NPD zu stellen. Nun hat man sich endlich dazu durchgerungen. Ich hege keine Illusionen, dass ein Verbot dem Treiben der Volksverhetzer und Rechtsradikalen ein Ende machen wird. Aber Psychologie spielt in der Politik eine erhebliche Rolle. Ich glaube und hoffe, ein Verbot der NPD wird symbolische Wirkung haben: Viele Rechtsextremisten und Neonazis werden begreifen, dass die Justiz, der Staat und seine Organe unnachsichtig gegen sie und ihresgleichen vorgehen. Das wird den braunen Enthusiasmus hoffentlich dämpfen.

Strafe und Abschreckung können und sollten jedoch nicht der entscheidende Punkt für den Umgang mit den Neonazis und ihren Aktivitäten sein. Vielmehr gilt es zu verhindern, dass sich die Hassgedanken in den Köpfen festsetzen. Kinder kommen nicht als Nazis oder Rassisten zur Welt. Sie werden dazu erzogen. Elternhaus und Schule sind da von entscheidender Bedeutung. Wenn Humanität und Toleranz im Elternhaus gering geachtet werden, besteht die Gefahr, dass die Kinder diese Haltung übernehmen. Also müssen die Eltern aufgeklärt werden und das ist schwierig. Schließlich soll und kann man Erwachsene nicht zur politischen Erziehung nötigen. Aber persönliche Beispiele haben vielleicht Wirkung. Deshalb sind die klaren Aussagen von Bundespräsident Rau, Bundeskanzler Schröder, Bundestagspräsident Thierse, der ehemaligen Bundestagspräsidentin Rita Süssmuth, von Außenminister Joschka Fischer, von dem Abgeordneten Heiner Geißler zu dem Thema so wichtig. Viele Menschen orientieren sich an ihrem Vorbild.

Andererseits ist der Versuch von Politikern oder Parteien, Ängste vor Überfremdung oder andere Vorurteile zum eigenen Vorteil zu nutzen, verhängnisvoll. Ich halte die Taktik, durch Übernahme rechter Parolen oder Positionen den Rechtsextremen das »Wasser« beziehungsweise die Wähler abgraben zu wollen, auf lange Sicht für verhängnisvoll. Kurzfristig mag diese Methode Wahlerfolge zeitigen. Parolen wie »Kinder statt Inder« und »Ich bin stolz, Deutscher zu sein« mögen propagandistisch wirken, auf Dauer richten sie jedoch großen Schaden an, denn sie vergiften die politische Kultur nachhaltig und helfen, rechtsextremes Gedankengut in den Köpfen zu etablieren.

Ich lehne Kampagnen gegen die doppelte Staatsbürgerschaft ab. Selbstverständlich ist das Erlernen der deutschen Sprache und Kultur eine Voraussetzung für die Integration in die deutsche Gesellschaft, eine andere ist die Akzeptanz von Demokratie, Toleranz und Menschenrechten. Terrorismus und Radikalismus haben in Deutschlands Demokratie nichts verloren. Einerlei, von wo sie ausgehen. Deshalb war es für mich kein Trost, als die polizeilichen Ermittlungen ergaben, dass die Urheber des Anschlags auf die Düsseldorfer Synagoge junge Deutsche waren, deren Familien aus Palästina eingewandert waren. Sie gaben an, die Brandsätze aus Protest gegen Israels Politik geworfen zu haben. Antijudaismus aber bleibt Antijudaismus, einerlei, woher die Täter kommen. Nazistische Parolen und Pamphlete, die bei den Attentätern gefunden wurden, bestätigen dies nur.

Junge wie erwachsene Menschen werden heute zunehmend durch das Fernsehen beeinflusst. Daher ist es sehr wichtig, wie sich die Sender jüdischer Themen annehmen, wann sie was ausstrahlen und mit welchem Tenor. Dabei fällt auf, dass an Jahrestagen wie dem 9. November oder dem 27. Januar (Tag des Gedenkens an die Opfer der Schoah) viele TV-Programme fast ausschließlich über den Völkermord berichten. Aber auch bei anderen Gelegenheiten wird Judentum am Bildschirm vielfach mit Holocaust oder Klezmermusik gleichgesetzt. Diese Reduzierung auf Fiedel und Massenmord kann nur kontraproduktiv sein. Auf diese Weise wird den Menschen nicht vermittelt, dass die Juden seit fast 2000 Jahren Teil der deutschen Gesellschaft, Kultur, Tradition und Geschichte waren und wieder sind. Kurz, dass die Juden zu Deutschland gehören. Anderseits wird durch die Konzentration auf den Massenmord ein Reflex des Entfliehenwollens gefördert – wie Walser es in seiner Rede ausgedrückt hat –, der nicht selten in Aggressivität umschlägt. Der Holocaust und seine Ursachen sollen selbstverständlich geschildert und gelehrt werden – doch in angemessener Weise. Unter anderem, indem die deutsch-jüdische Geschichte in ihrer ganzen Breite erzählt wird, wobei auch ihre Glanzseiten und -zeiten dargelegt werden sollten. Jeder Mensch, vor allem Jugendliche, braucht positive Erlebnisse. Diese psychologische und pädagogische Erkenntnis aber geht manchen Lehrern, Wissenschaftlern und Polizisten in ihrem Aufklärungseifer mitunter verloren.

260

Im Gespräch mit Kindern

Ignatz Bubis war zu Recht stolz darauf, vor mehr als fünfhunderttausend Schülern gesprochen und mit ihnen diskutiert zu haben. Er hat dabei viel guten Willen gesät – aber wohl nicht genug! Genug ist in dem äußerst kritischen deutsch-jüdischen Verhältnis leider nie genug. Und wie sollen die Schüler Richtiges lernen, wenn die Lehrer nur ungenügend ausgebildet sind? Hier gilt das gleiche Prinzip wie in der Erwachsenenbildung. Lehrer, die sich mit dem Judentum und mit der deutsch-jüdischen Geschichte beschäftigen und sie vermitteln sollen, müssten zunächst die jüdische und die deutsch-jüdische Kultur kennen lernen. Ich bin überzeugt, auf diese Weise würden sie Freude am Gegenstand ihres Interesses und Forschens gewinnen und fähig sein, ihn so an ihre Schüler weiterzugeben, dass diese zumindest zuhören, besser noch sogar davon fasziniert sind. Auf diese Weise würde eine einseitige, oft kontraproduktive Fixierung auf den Holocaust vermieden.

261

Lass dein Grämen und dein Schämen

In die kritische Gesamtsituation, die durch stetig steigende rechte Gewalt, Straftaten gegen Ausländer, Obdachlose, Behinderte und Juden gekennzeichnet war, mengte sich im Herbst 2000 die Diskussion um die »deutsche Leitkultur«. Kreiert hatte den Begriff der Politikwissenschaftler und Islamforscher Bassam Tibi. Der Politologe wollte damit auf Kriterien hinweisen, die Zuwanderer hierzulande erfüllen sollten, etwa die Bereitschaft zum Erlernen der deutschen Sprache und die Tolerierung und Anerkennung der freiheitlichen und demokratischen Grundordnung der Bundesrepublik Deutschland. Dieser grundsätzlich vernünftige Vorschlag geriet jedoch in der erhitzten innenpolitischen Atmosphäre und einem parteipolitischen Schlagabtausch schnell zur Kampfparole und wurde als Argument gegen eine multikulturelle Gesellschaft und Zuwanderung benutzt. Obgleich Deutschland seit drei Jahrzehnten aufgrund seines Wohlstandes, seines Fachkräftemangels und seines Geburtenrückganges – wie auch der Immigration – offensichtlich ein Einwanderungsland ist, wurde und wird dieser Umstand, zum Teil auch heute noch, von interessierter politischer Seite geleugnet. Mit Parolen wie »Das Boot ist voll«, »Kampf der Ausländerkriminalität«, »Deutsche zuerst« wurden Fremdenangst und Hass systematisch geschürt. In dieser gespannten Atmosphäre wirkte der Begriff von der »deutschen Leitkultur« konfliktfördernd. Statt sich mit den realen Problemen der Zuwanderung auseinander zu setzen, betrieb man Propaganda.

Als die CDU sich ebenfalls des Begriffs von der »deutschen Leitkultur« bediente, wandte ich mich an die Parteiführung und bat um ein Gespräch. So kam es in Berlin Ende Oktober 2000 zu einem Treffen zwischen den Präsidien der CDU und des Zentralrats. Dabei äußerten wir unsere Bedenken: Nach unserer Auffassung konnte das Motto nicht zu einer Versachlichung der Einwanderungsdiskussion führen, sondern im Gegenteil zu einer Emotionalisierung. Rechtsradikale Volksverhetzer würden sich die Parole zu eigen machen, um ihr Unwesen zu treiben, die Ängste der Menschen zu schüren und so Aggressionen zu erzeugen. Statt demokratische Kultur und die damit einhergehende Toleranz zu fördern, würden diese Werte Schaden nehmen. Wir schlugen eine Versachlichung der Diskussion und eine Rücknahme der Parole von der »deutschen Leitkultur« vor. Würde der Begriff »deutsche Kultur« nicht ausreichen?

Die Damen und Herren des CDU-Präsidiums zeigten Verständnis für unsere Befürchtungen, die sie eigentlich teilen müssten, denn hier ging es nicht um eine jüdische Frage, sondern um den Frieden der freiheitlich-demokratischen deutschen Gesellschaft. Am Ende gewannen wir vom Zentralrat den Eindruck, dass unsere Argumente die Parteiführung überzeugt hätten – zumal es auch innerhalb der CDU heftige Kontroversen um den Begriff der »deutschen Leitkultur« gab. Parteiinterne Kritiker befürchteten, der Schaden für Deutschland würde am Ende größer sein als der zweifelhafte Nutzen für die Partei.

Doch am nächsten Tag wurde die »deutsche-Leitkultur«-Parole von Mitgliedern der CDU-Führung wieder benutzt. Und nicht nur von ihnen. Mit sichtlicher Genugtuung sprangen die rechtsextremen Hetzer auf das Trittbrett dieses missverständlichen Schlagwortes. Die Übergriffe auf Ausländer und Obdachlose wurden nicht weniger.

In dieser Atmosphäre sollte am 9. November 2000 in Berlin zum Gedenken an die Pogromnacht des Jahres 1938 eine machtvolle Demonstration aller demokratischen Kräfte für Menschlichkeit und Toleranz stattfinden. Die Anregung hatte der Kanzler bei seinem Besuch in Düsseldorf mit seiner Forderung nach einem »Aufstand der Anständigen« gegeben. Redner der Kundgebung am Brandenburger Tor sollten Bundespräsident Johannes Rau und ich sein.

Tage davor dachte ich über meine Ansprache nach und beriet mich mit Freunden darüber, wie deutlich ich werden sollte. Ich wollte keine Friede-Freude-Eierkuchen-Rede halten – Devise: »Wir alle sind für Menschlichkeit und Toleranz und lehnen Gewalt ab. Wir Juden ganz besonders.« Solche Ansprachen sind in der Vergangenheit genug gehalten worden. Die Worte blieben nutzlos, denn die Menschen merkten, dass die Dinge nicht beim Namen genannt, sondern in einer allgemeinen Harmoniesoße ersäuft wurden. So durfte es nicht weitergehen. Wir mussten zeigen, was wir vorhatten, um mehr Menschlichkeit und Toleranz in Deutschland zu fördern, was wir ablehnten und was wir unterstützten. Wieder kam mir der »Gute Rat« Heinrich Heines in den Sinn: »Lass dein Grämen und dein Schämen! Werbe keck und fordere laut.« Ich beschloss, mich an den Rat meines Düsseldorfer Mitbürgers zu halten.

Der 9. November war ein kalter Abend. Nach dem gemeinsamen Gedenkgebet zogen wir vom Centrum Judaicum, der ehemaligen Neuen Synagoge in der Oranienburger Straße, mit unzähligen anderen zum Brandenburger Tor. Als ich vom Podium auf die riesige Menschenmenge sah – die Polizei sprach später von rund 300 000 Personen, die bis weit in die Straße Unter den Linden hinein standen –, pochte mein Herz mächtig. Ich hatte noch nie zu so vielen Menschen gesprochen. Wie würden sie meine Worte aufnehmen? Ich musste an den Fackelumzug vom 30. Januar 1933 denken, als SA-Kolonnen die Machtübernahme und Hitler feierten und eben an die Neonazimärsche durch dieses Tor. Dies durfte sich nicht wiederholen!

Ich hielt inne, konzentrierte mich und fühlte, wie die gewohnte Ruhe wieder Besitz von mir ergriff. Da ich in dieser Rede so vieles angesprochen habe, was mir wichtig ist, möchte ich einige Ausschnitte daraus zitieren:

»Am 9. November 1989 wurde nur wenige Meter von hier die von einem anderen Unrechtsregime errichtete Mauer endlich aufgebrochen. Aus diesem Grund ist dieses Datum für alle Deutschen auch ein Tag der Freude. Es darf aber niemals das Gedenken an den 9. November 1938 – an den staatlich organisierten Pogrom – verdrängen und schon gar nicht zu einem ›Feiertag 9. November‹ führen. Denn Volksfeststimmung mit Würstchenbuden und Bierzelten, die der Freude über die Niederreißung der Mauer angemessen sind, taugen nicht zum Gedenken an die Millionen von Toten des Nazi-Terrors …

… Können Sie sich vorstellen, welche Erinnerungen diese Verbrechen (Angriffe auf Synagogen, Hetzjagd

Am 9. November 2000

auf Ausländer) in uns Juden auslösen, auslösen müssen?
Und dabei meine ich nicht nur meine Generation, die
die Hölle des Holocaust mitmachen musste. Ich meine
auch unsere Kinder und Enkelkinder. Können Sie sich
vorstellen, was in uns vorgeht, wenn wir erleben müssen, wie schon wieder deutsche Menschen unsere Synagogen anzünden, unsere Friedhöfe schänden, uns
Mord- und Bombendrohungen in Haus schicken?
Können Sie erahnen, was in uns vorgeht, wenn wir sehen, wie ein Schwarzafrikaner durch deutsche Straßen
gehetzt und ermordet wird?

›Wehret den Anfängen‹ heißt es oft, wenn es um den
Kampf gegen Rechtsextremismus geht. Doch wir sind
längst über dieses Stadium hinaus. Was wir fast täglich
erleben, hat nichts mehr mit ›Anfängen‹ zu tun. Wir be-
finden uns bereits mittendrin im Kampf gegen Rechts.
Bundeskanzler Schröder forderte vor einigen Wochen

einen ›Aufstand der Anständigen‹, er forderte mehr Zivilcourage – aber was bedeutet das konkret und für den Einzelnen? Was kann und muss jeder von uns tun?

Ich bin überzeugt, dass die Mehrheit in diesem Land Rechtsradikalismus, Antisemitismus und Fremdenfeindlichkeit ablehnt. Aber diese Mehrheit darf nicht länger schweigen, sie darf nicht länger wegschauen, sie darf nicht länger die Vorgänge in unserem Land verharmlosen. Juden in Deutschland haben trotz all der schrecklichen Vorkommnisse in den letzten Wochen Vertrauen in dieses Land, zu den verantwortlichen Politikern und zu seinen Bewohnern. Unsere Eltern haben sich nach dem schrecklichen Leiden trotz der weltweit verbreiteten gegensätzlichen Meinung entschlossen, hier wieder zu leben und jüdische Gemeinden zu gründen. Wir sind nach wie vor der festen Überzeugung, dass dieser Entschluss richtig und wichtig war. Wir wollen und dürfen nicht Hitler und seinen Mitverbrechern im Nachhinein zum Erfolg verhelfen, Deutschland judenrein zu machen. Wir brauchen aber deutliche Signale, dass die nichtjüdische Bevölkerung in ihrer Mehrheit uns und unsere jüdischen Gemeinden in diesem Lande haben wollen.

Wir dürfen bei der Bekämpfung von Rechtsradikalismus, Antisemitismus und Fremdenfeindlichkeit nicht inne halten. Denn es geht nicht allein um uns Juden, um Türken, um Schwarze, um Obdachlose, um Schwule. Es geht um dieses Land, es geht um die Zukunft jedes einzelnen Menschen in diesem Land. Wollen Sie eines Tages von Skinheads und deren Vordenkern regiert werden? Das ist die Frage, um die es wirklich geht. Nicht, wie viele Ausländer dieses Land verträgt.

Was soll das Gerede um die Leitkultur? Ist es etwa

deutsche Leitkultur, Fremde zu jagen, Synagogen anzuzünden, Obdachlose zu töten? Geht es um Kultur oder um die Wertvorstellungen der westlich-demokratischen Zivilisation, die wir in unserem Grundgesetz fest verankert haben? In Artikel 1 des Grundgesetzes heißt es: ›Die Würde des Menschen ist unantastbar. Sie zu schützen ist die Aufgabe staatlicher Gewalt.‹ Die Würde des Menschen – aller Menschen ist unantastbar, nicht nur die des mitteleuropäischen Christen!

Wenn dieses Prinzip als deutsche Leitkultur verstanden wird, dann kann ich das nur befürworten. Dann aber möchte ich alle Politiker in die Pflicht nehmen, sie auffordern, ihre populistische Sprache zu zügeln und zunächst einmal dafür zu sorgen, dass dieser Artikel 1 des Grundgesetzes auch umgesetzt und erst genommen wird. Politik, Justiz und Polizei sind gefordert, alles – wirklich alles! – zu unternehmen, um die Würde aller Menschen in diesem Land zu schützen.

Meine Damen und Herren Politiker: Überlegen Sie, was Sie sagen, und hören Sie auf, verbal zu zündeln! Schützen Sie die Menschen in diesem Land und schaffen Sie Rahmenbedingungen, damit wir alle gemeinsam leben können. Nur so werden Sie allen Bürgern, nichtjüdischen und jüdischen, sich selbst und der ganzen Welt beweisen können, dass dieses Deutschland im Jahr 2000 wirklich eine demokratische Zukunft hat.«

Während der Ansprache war ich zu konzentriert und aufgeregt, um die Reaktionen des Publikums zu registrieren. Nun, am Ende, löste sich die Spannung allmählich. Ich spürte an der Stimmung der Menge, dass meine Worte angekommen waren. Die Menschen waren guten Willens. Ich hatte versucht, sie zu ermutigen. Der

Beifall zeigte mir, dass mein Anliegen, das nicht jüdisch, sondern menschlich war, verstanden worden war.

Nach der Bestärkung durch das Publikum gaben mir eine Reihe von Politikern ihr Missfallen zu verstehen. Kritik ist notwendig, doch es gibt Methoden sie auszudrücken, die nicht von dem Bestreben getragen sind, das Gesagte zu verändern oder zu verbessern – sie dienen vor allem dazu, den Vortragenden zu verletzen.

So wurde ich von einem hochrangigen CDU-Politiker beschuldigt, seine Partei am »Nasenring über den Pariser Platz gezogen und der Menge vorgeführt« zu haben. Ein Parteikollege von ihm meinte kryptisch, mit meiner Rede hätte ich meiner und der Sache der Juden »geschadet«.

Bei allem Respekt, ich wurde gewählt, die Interessen der Juden dieses Landes zu vertreten, nicht um das Lob einzelner Parteien, ihrer Politiker oder gar aller Gruppierungen einzuheimsen. Der ehemalige CSU-Chef und Kanzlerkandidat der Union Franz Josef Strauß hat in seiner unnachahmlich direkten Art diese stromlinienförmige Funktionärshaltung auf eine prägnante Formel gebracht: »Everybody's Darling is everybody's Arschloch.«

Bedenklicher als alle vordergründigen Pöbeleien aber waren kaum verhüllte Drohungen, die den Vorwurf beinhalteten, ich würde der jüdischen Sache schaden. Nein! Mit meinen offenen Worten möchte ich niemandem schaden, sondern der Freiheit dieses Landes dienen. Zu falschem »Wohlverhalten« aber lasse ich mich von niemandem nötigen. Das verbieten meine persönlichen Erfahrungen und die der Juden.

Ein Abgeordneter des Bundestages bezeichnete meine Worte als »verletzend und spaltend«, während sein Kollege mich als »geistigen Brandstifter« titulierte. Da hat der Parlamentarier offenbar Ursache und Wirkung verwechselt! Wenn eine Parteiführung Begriffe übernimmt, von denen bekannt ist, dass sie aus einer antidemokratischen Ecke stammen und trotz diskreter Warnungen aus opportunistischen Gründen daran festhält, dann muss sie deutliche Kritik vertragen können. Nicht ich oder der von mir repräsentierte Zentralrat der Juden hat geistig gezündelt. Im Gegenteil: Wir sind nicht bereit hinzunehmen, dass Menschen und die deutsche Gesellschaft durch falsch verstandene Schlagworte Schaden nehmen. Das ist die Pflicht jedes Demokraten.

Dass dieses Anliegen verstanden wurde, zeigte mir die Zustimmung vieler. Nach meiner Rede erhielt ich etwa tausend Briefe. Darunter waren auch Schreiben, in denen mir bedeutet wurde, ich solle mich gefälligst aus deutschen Angelegenheiten heraushalten, ich würde bald den »gerechten Lohn für (meine) jüdische Hetze« erhalten. Doch die überwiegende Mehrheit der Briefe, mehr als 90 Prozent, waren positiv. Die Menschen verstanden, dass ich dazu beitragen will, das Miteinander in Deutschland zu verbessern oder, wie es in der Vereidigungsformel für Minister ein wenig gravitätisch, aber zutreffend lautet, den Nutzen für das deutsche Volk mehren und Schaden von ihm wenden. Der Demokratie geht es am besten, wenn sich möglichst viele ständig einmischen – einerlei, welcher Konfession sie angehören. Insofern kann ich die Meinung eines ehemaligen liberalen Bundesministers nicht teilen, der sagte, ich hätte die Würde des Gedenkens an den 9. November 1938 verletzt. Das sehe ich anders. Gedenken ist wichtig. Doch Geschichte darf sich nicht darauf beschränken. Sie muss vielmehr aus den Fehlern und Verbrechen der Vergangenheit lernen, um Gegenwart und Zukunft besser und menschenwürdiger zu gestalten, statt Unmögliches zu versuchen: das Vergangene zu »bewältigen«.

Dem aufwühlenden Auftritt vor der breiten Öffentlichkeit folgte die tagtägliche Kleinarbeit. Im Zentralrat, im Landesverband, in meiner Gemeinde in Düsseldorf und in meiner Künstleragentur. Meine Mitarbeiterin Heide Scheller und ihre Assistentin Petra Grünberg hatten mir nicht zu viel versprochen. Parallel zu meiner zunehmenden zeitlichen Beanspruchung durch mein Ehrenamt entwickelte Heide Scheller immer mehr Eigeninitiative. Bereits in den Jahren vor meiner Präsidentschaft war sie es gewohnt, selbstständig zu arbeiten. Nun musste – und was wichtiger war –, wollte sie immer mehr Arbeit in eigener Verantwortung übernehmen. Inzwischen ist sie so gut, dass niemand es besser machen könnte, ich schon gar nicht. Das bestärkt mich in meiner Meinung, dass die Menschen mit ihren Aufgaben wachsen – und mit dem Maß der Ermutigung und des Zutrauens, das man in sie setzt.

Unsere Agentur nimmt durch meine ehrenamtliche Tätigkeit für die jüdische Sache keinen Schaden. Wir kümmern uns nach wie vor nicht nur individuell um jede Veranstaltung, um jeden von uns engagierten Künstler, sondern auch – und besonders – um Firmen und Organisationen, die uns mit der Planung und Durchführung ihrer Veranstaltung beauftragen. Dabei steht die intensive fachbezogene Beratung an vorderster Stelle. Denn die Kunden, die bisher von mir beraten worden sind, haben auch weiterhin Anspruch auf den direkten Kontakt zu mir.

Mit Verlegerin Friede Springer

Um Reibungsverluste zu vermeiden, habe ich in meiner Firma ein kleines Verbindungsbüro des Zentralrats installieren lassen. Es wird von Nannette Lüdtke und Kirsten Finger betreut. Sie sortieren die Vorgänge, verwalten meine Termine, sind für die Korrespondenz verantwortlich und halten ständig Verbindung zu der Verwaltung des Zentralrats im Leo-Baeck-Haus in Berlin. Geschäftsführer ist Stephan Kramer, der seine nicht immer leichte Aufgabe mit außerordentlicher Umsicht und vor allem mit Loyalität bewältigt.

Die Ziele der Arbeit des Zentralrats sind seit den Tagen von Heinz Galinski und Ignatz Bubis unverändert geblieben, der Umfang der Aufgaben aber ist wesentlich größer geworden. Die Aufnahme der Zuwanderer aus den GUS-Staaten, ihre Unterstützung und Integration, die Konsolidierung der jüdischen Gemeinden und Einrichtungen sowie die deutsch-jüdische Versöhnung, zu der auch ein aktives demokratisches Engagement zählt, sind noch immer unsere Hauptaufgaben. Heinz Galinskis Tätigkeit war von großem Ernst, ja von Strenge geprägt. Ignatz Bubis leistete mit seinem rastlosen, verzehrenden Engagement und seiner tiefen Nächstenliebe den Durchbruch zu den Herzen sehr vieler Menschen. Seit ich seine Nachfolge angetreten habe, versuchen wir diese Arbeit im Präsidium als Team zu leisten. Ob wir Erfolg haben, hängt auch von unserem Geschick ab, der entscheidende Part aber bleibt der Wille der nichtjüdischen Mehrheit – und das sind 99,9 Prozent.

Unsere wichtigste Aufgabe und Herausforderung ist die Eingliederung unserer neuen Mitglieder aus Osteuropa. Das Ausmaß dieser dramatischen Veränderung ist bis heute noch nicht völlig ins Bewusstsein der Öffentlichkeit gedrungen. Durch die Einwanderung sind wir von einer marginalen jüdischen Gemeinschaft von weniger als 30 000, zudem meist älteren Menschen ohne Nachkommen, zu der zurzeit weltweit am schnellsten wachsenden jüdischen Gemeinde mutiert. Deutschland ist heute nach Frankreich und Großbritannien die drittgrößte jüdische Gemeinschaft West- und Mitteleuropas. Diese Tatsache freut uns, sie ist uns ein Ansporn. Doch zugleich bedeutet die Aufnahme so vieler Menschen eine gewaltige Anstrengung.

Die Zahl der Gemeindemitglieder in meiner Heimatgemeinde Düsseldorf hat sich ähnlich wie jene in Dortmund, Hannover und Berlin im letzten Jahrzehnt mehr als verdreifacht. Die bestehenden Institutionen vom Kindergarten bis zum Altenheim konnten diese Expansion nicht bewältigen. Wir mussten ausbauen und

In meiner Agentur

in großem Maße improvisieren. Vor allem soziale Einrichtungen und Deutschkurse waren und bleiben gefragt. Was wir taten und tun, konnte nur ungenügendes
Flickwerk sein. Und doch hängt die Zukunft unserer
Gemeinden davon ab.

Wir können als jüdische Gemeinschaft in Deutschland nur bestehen, wenn es uns gelingt, in relativ kurzer
Zeit möglichst viele unserer Zuwanderer für das Judentum zu interessieren und zu gewinnen. Unsere ehren-
und hauptamtlichen Mitarbeiter tun vielfach mehr, als
in ihren Kräften steht – und dennoch droht ihre Arbeit
an einem profanen Faktor zu scheitern, dem Mangel
an Geld. Der enorme Zuwachs an Menschen hat die
Einnahmen der jüdischen Institutionen nicht erhöht,
sondern lediglich die Ausgaben. Die meisten neuen
Mitglieder zahlen keine Gemeindesteuern, solange sie
Sozialhilfeempfänger sind. Doch sie verursachen sogleich

Kosten. Vor allem ältere Zuwanderer bleiben wohl auf Unterstützung angewiesen. Von den Jüngeren verlassen viele die Gemeinden, sobald sie verdienen – um sich die Steuern zu sparen. Wenn dies geschieht, haben wir mit unserer Arbeit versagt.

Ein anderer Punkt soll und darf hier nicht unerwähnt bleiben: Nicht wenige Menschen aus der ehemaligen Sowjetunion haben versucht, unter Aufwendung krimineller Energie die Zuwanderungsmöglichkeiten für Juden nach Deutschland zu missbrauchen. Heinz Galinski hatte einst aus verständlichen biografischen Beweggründen die Anregung der deutschen Behörden abgelehnt, jüdische Institutionen aus Deutschland an Ort und Stelle überprüfen zu lassen, ob die Antragsteller wirklich Juden wären. Doch mit der Zeit wurde deutlich, dass die Sorge in einigen Fällen begründet war. Schwindler haben sich als Juden ausgegeben, sich die Einwanderung und die Unterstützung der jüdischen wie nichtjüdischen Einrichtungen in Deutschland erschlichen. Um diesen Missbrauch zu unterbinden, hat die Zentralwohlfahrtsstelle schon in den ersten Jahren der Zuwanderung Mittel gefunden, um solche Betrügereien zu entdecken – zahlreiche Menschen wurden daher von den deutschen Behörden in ihr Heimatland zurückgeschickt.

Um diesen Missbrauch zu verhindern, habe ich gefordert, bereits in den GUS-Republiken mit Hilfe von jüdischen »Fachleuten« zu überprüfen, ob die Zuwanderungswilligen tatsächlich Juden nach dem jüdischen Religionsgesetz (Halacha) sind. Das hat bei einigen israelischen Politikern scharfe Reaktionen hervorgerufen. Sie haben mir sogar »Selektionsmentalität« unterstellt. Das hat mich verletzt, und ich habe geantwortet: »Jeder jüdische Zuwanderer ist uns willkommen. Wir werden sie oder ihn nach Kräften gemäß unserer Ethik und unseren Möglichkeiten unterstützen. Wir haben jedoch kein Interesse an Schwindlern. Ich bin sicher, dass wir unsere Integrationsaufgabe trotz vereinzelter Irritationen und trotz des permanenten Finanzmangels erfolgreich bewältigen werden.«

Ein schwer ausrottbares Vorurteil will glauben machen, alle Juden seien reich und folglich würden alle jüdischen Institutionen in Geld schwimmen. Ich lade jeden ein, sich unsere sozialen Einrichtungen anzusehen. Da wird man sich schnell von der Armut der meisten Zuwanderer und den knappen Mitteln unserer Gemeindeeinrichtungen überzeugen können. Treten wir an deutsche Behörden heran und weisen sie auf diesen materiellen Notstand hin, wird uns vielfach von Politikern und Funktionären, die in Sonntagsreden für die Aussöhnung mit den »jüdischen Mitbürgern« – ein furchtbarer Begriff, der das arrogante Wohlwollen geradewegs entlarvt – eintreten, mitgeteilt, nach der Entschädigung für die Zwangsarbeiter sei Schluss mit der Zahlungswilligkeit und -fähigkeit Deutschlands. Diese Haltung zeugt, gelinde gesagt, von geringem historischem Verständnis. Wir Juden sind keine aufdringlichen Gäste oder gar Schnorrer. Wir nehmen für uns Rechte in Anspruch wie jeder deutsche Staatsbürger. Wir möchten vielmehr an unsere lange Geschichte in diesem Land anknüpfen. Das bedeutet aber mehr als Klagen über Antisemitismus und Dankesadressen für die Bereitschaft, uns in Deutschland zu dulden. Jüdisches Leben bedeutet nicht nur Toleranz, sondern auch Respekt vor und Auseinandersetzung mit lebenden Menschen.

Alle unsere Kräfte sind mobilisiert, um die Eingliederung der »russischen« Einwanderer gelingen zu lassen, und so die Existenz unserer Gemeinschaft in Deutschland nach dem Völkermord zu etablieren und zum Erfolg zu machen.

Weshalb hat sich der Zentralrat darüber hinaus derart vehement für die Entschädigung ehemaliger Zwangs- und Sklavenarbeiter engagiert? Wer weiß, dass die meisten überlebenden Zwangsarbeiter, rund neunzig Prozent, keine Juden sind? Unter den in Deutschland lebenden Juden gibt es nur wenige anspruchsberechtigte frühere Zwangsarbeiter. Dieser Umstand ändert jedoch nichts an den Tatsachen, dass während der Kriegsjahre Millionen Ausländer gezwungen wurden, in Deutschland zu arbeiten, so, wie Millionen Juden Sklavenarbeit leisten mussten. Ihre durchschnittliche Lebenserwartung betrug ein halbes Jahr. Hunderttausende kamen dennoch durch. Heute sind nur noch wenige von ihnen am Leben. Die meisten der Lebenden wohnen in den früheren GUS-Staaten, sie sind alt und krank.

Unser Anliegen ist einfach und human: Wir möchten, dass die überlebenden Zwangs- und Sklavenarbeiter eine minimale materielle Entschädigung für ihre Frondienste erhalten – einerlei, ob sie Juden oder Christen sind. Unabhängig, ob sie in Russland, Polen, der Ukraine, Israel oder in Deutschland leben. Es ist ein Gebot der Ethik und des jüdischen und christlichen Glaubens, die Forderungen dieser Menschen zu unterstützen. Dies sollte durch alle relevanten gesellschaftlichen und politischen Gruppen und Verbände geschehen. Teilweise ist es schon geglückt, etwa indem Vertreter aller Parteien im Bundestag die Ansprüche anerkannten.

Dass die Ansprüche der Betroffenen teilweise von rigoros vorgehenden Anwälten vertreten wurden, ist bekannt und verständlich. Denn jahrzehntelang wurden die diskreten Versuche der Opfer und ihrer Rechtsvertreter von den betroffenen Firmen ignoriert. Erst als die Advokaten sich laut, manchmal sehr laut, Gehör verschafften, war die Wirtschaft gezwungen, hinzuhören. Massiver Druck aus Politik, Öffentlichkeit und Publizistik war nötig, die Unternehmen dazu zu bringen, sich zumindest an den Zahlungen zu beteiligen. Wie jeder an Gerechtigkeit glaubende Mensch hoffe ich, dass die ehemaligen Fronarbeiter nun am Ende ihres Lebens, länger als ein halbes Jahrhundert nach ihrer Befreiung, rasch eine geringe materielle Kompensation für ihre Schufterei erhalten werden. Für viele ist es eine längst überfällige symbolische Anerkennung ihrer Leiden. In Russland, Polen, der Ukraine, den baltischen Staaten und im übrigen Osteuropa bedeuten diese Zahlungen auch eine große Hilfe für alte, arme Leute.

Als ich mein Amt antrat, hatte ich mir vorgenommen, möglichst wenig Zeit mit Zeitungsinterviews und Fernsehgesprächen zu »vergeuden«. Dies ist mir nur teilweise gelungen. Ich habe natürlich bestätigt gefunden, was ich ohnehin wusste: Wir leben in einem Medienzeitalter. Überrascht war ich lediglich von der Intensität. Es gibt kaum eine Frage, die mir noch nicht gestellt worden ist, so auch die nach den Lebens- und Liebesumständen von Boris Becker, der mir noch nie begegnet ist. Ich gehe auf diese Shows der Eitelkeiten nicht ein, auch nicht auf pseudoreligiöse Erörterungen wie die der Einstellung »des Judentums« zur Homosexualität. Ich nehme an, die Haltung »der« Juden differiert hier von Mensch zu Mensch wie auch sonst in der Gesellschaft. Wer den religiösen Standpunkt kennen

lernen möchte, möge die kompetenten Rabbiner be-
fragen.

Ich bin auch kein Nahost-Experte – wobei ich nicht
verhehle, dass meine Sympathien Israel als Urheimat
des jüdischen Volkes und heute als dessen Lebensversicherung gehören. Dies bedeutet aber nicht, dass ich jede
politische Maßnahme Israels billige. Es wird von keinem Deutschen, auch nicht von mir erwartet, dass ich
alle Schritte der Bundesregierung teile – oder kommen-
tiere. Aber ich melde mich zu Wort, um klar zu machen,
dass auch für Juden in aller Welt die Sicherheit des Staates Israel und seiner Bewohner oberste Priorität hat
und die politische Führung Israels nicht nur berechtigt,
sondern vielmehr verpflichtet ist, alles Erdenkliche zu
tun, um Frieden und Sicherheit in ihrem Land zu ge-
währleisten. In der Konsequenz sind die permanenten
Anfragen zu allem und jedem der unbewusste Versuch,
den obersten Repräsentanten des deutschen Judentums
zu einer moralischen Institution zu stilisieren. Das bin
ich nicht. Ich bin der Mensch Paul Spiegel mit all seinen Schwächen und einigen Erfahrungen, die mir teilweise besser erspart geblieben wären.

Daneben bin ich der Vertreter der jüdischen Gemeinden in Deutschland und wenn nach meiner Meinung
unsere unmittelbaren Interessen berührt werden, aber
auch wenn Freiheit, Menschenwürde, Demokratie eine
Beeinträchtigung droht, melde ich mich deutlich zu
Wort. Dabei bediene ich mich der Medien. Es ist Heuchelei, wenn manche Politiker, Wirtschaftsführer, Showstars, Sportler, kurz, Personen des öffentlichen Interesses, die Presse und das Fernsehen benutzen, um ihre
Politik und Popularität zu fördern, sich aber über die
Medien beklagen, sobald sie dort kritisiert werden. In

Mit dem israelischen Staatspräsidenten Moshe Katzav

diesem Punkt hat mir meine jahrelange Erfahrung als Journalist und Leiter der Öffentlichkeitsarbeit eines großen Verbandes sicher geholfen. Ich weiß, dass die Medien die Ware Nachricht brauchen. Was nicht bedeutet, dass man alle Journalisten über einen Kamm scheren und sie bedenkenlos mit Informationen füttern soll. Ich vertraue einer Reihe von Journalisten, die ich gut kenne. Bei ihnen bin ich mir sicher, dass meine Informationen und Absichten unmanipuliert verbreitet werden. Sie können sich auf mein Wort verlassen: Zuverlässigkeit und Vertrauen gegen Vertrauen statt Vertrauensseligkeit und Lamento.

Ich glaube, dass jeder, der ein öffentliches Amt bekleidet, gut daran tut, seine Medienpräsens gemäß den Erfordernissen seiner Funktion zu steuern. Man darf die Aufmerksamkeit, die der Position entgegengebracht wird, nicht mit dem Interesse an der eigenen Person verwechseln – auch wenn einen die eigene Eitelkeit gelegentlich dazu verleiten möchte. Ich halte es für angebracht, als Repräsentant des Judentums nie am Schabbat oder an jüdischen Feiertagen in der Öffentlichkeit zu reden oder zu diskutieren – auch nicht in Live-Sendungen des Fernsehens. Auf diese Weise dokumentiere ich die Achtung, die wir unserem Glauben und unserer Tradition zollen. Dies wird hoffentlich von Juden wie von Nichtjuden respektiert.

Die Aufmerksamkeit, die uns Juden, insbesondere jenen in herausgehobener Funktion, entgegengebracht wird, ist zum großen Teil das Ergebnis der jüngsten deutschen Geschichte. Viele Deutsche leiden an einem »Phantomschmerz«. Sie vermissen das jüdische Element in ihrer Gesellschaft und Kultur. Das originäre, gewachsene deutsche Judentum aber ist untergegangen. Seine Träger wurden ermordet, vertrieben oder sie flohen. Nur die wenigsten sind zurückgekehrt. Länger als ein halbes Jahrhundert versuchen wir, hier ein neues Judentum zu etablieren. Es wird im Zusammenspiel mit der nichtjüdischen deutschen Gesellschaft seine eigenen Züge entwickeln.

Das neue deutsche Judentum wird offener, kosmopolitischer, aber auch aufmerksamer und vorsichtiger sein als die bis 1933 gewachsene jüdische Gemeinschaft dieses Landes. Es wird, davon bin ich überzeugt, eine Bereicherung für das europäische Judentum und für die freiheitliche deutsche Gesellschaft sein.

Welche Möglichkeit in der Erneuerung des deutsch-jüdischen Verhältnisses stecken, wurde vielen, unter anderem mir, unlängst wieder deutlich. Im Frühjahr 2001 fragte mich Bundesverteidigungsminister Rudolf Scharping, ob ich mir vorstellen könne, die Rede bei der traditionellen Vereidigung von Bundeswehrrekruten am 20. Juli zu halten. Dieses Ansinnen wirbelte in meinem Kopf sogleich eine Reihe von Erinnerungen, Gefühlen und Gedanken hoch: die auf dem Straßenpflaster knallenden Stiefel der Wehrmachtsoldaten, die für mich als Kind in Belgien Gefahr und Angst, die nie ganz vergehen wird, und für Millionen Juden in den von den deutschen Soldaten besetzten Ländern den Tod bedeuteten. Ich dachte an meinen Großvater und dessen Bruder, die 1914 stolz im grauen Waffenrock für ihr deutsches Vaterland in den Krieg zogen. Mir kamen die Offiziere des 20. Juli in den Sinn, die die Uniform mit dem Hakenkreuz am Herzen trugen, und die teilweise sehr lange brauchten, bis sie den verbrecherischen Charakter des Hitlerregimes erkannten, doch schließlich und endlich handelten; ich musste an den Schreinergesellen Johann Georg Elser denken, der auf sich alleine gestellt das Attentat vom 8. November 1939 im Münchner Bürgerbräukeller verübte und beinahe Erfolg gehabt hätte.

Wie würde ich heute angesichts der grauen Uniformen reagieren? Was hätte mein Vater an meiner Stelle getan? Er hätte die Herausforderung selbstverständlich angenommen. Ich handelte genau so und sagte zu.

Am verabredeten Tag trat ich im Bendlerblock, nahe der Gedenkstätte Deutscher Widerstand, vor die Soldaten. Die Gesichter der jungen Rekruten waren nicht zum Fürchten. Es sind Menschen einer Generation, auf deren Schultern unsere Hoffnung ruht. Bereits in meinen ersten Sätzen machte ich meine Erwartungen deutlich: »Zum ersten Mal ... hält ein Repräsentant der jüdischen Gemeinschaft in Deutschland die Ansprache bei dieser feierlichen Zeremonie ... Als ich in Ihrem Alter war, hatte der Deutsche Bundestag den Aufbau der Bundeswehr beschlossen. ›Bundeswehr – besser nicht!‹ – das war im Jahr 1955 meine Meinung. Und ich war nicht der Einzige, der damals so dachte.

Ich kann mich noch gut an die Debatten in unseren jüdischen Gemeinden erinnern, als es um die Wiederbewaffnung ging. Gerade einmal zehn Jahre nach dem Ende des Zweiten Weltkrieges – und schon wieder sollte es Deutsche in Uniform geben –, das war für uns schlicht unvorstellbar. An deutschen Uniformen hafteten einfach zu viele schreckliche Erinnerungen, Erinnerungen an Krieg und Verfolgung, Flucht und Deportation, Folter und Mord. Die grauen Uniformen der Wehrmacht waren für uns Juden und für Millionen anderer Menschen zu Uniformen des Grauens geworden.

Unbestritten ist die Tatsache, dass die Vernichtungsmaschinerie der Nazis den Truppen der deutschen Wehrmacht folgte:

– Ohne die Besetzung Polens hätte es nicht Auschwitz und Treblinka gegeben;

– ohne die militärische Unterwerfung Europas wäre die Schoah, der millionenfache Mord und die Vernichtung des europäischen Judentums, überhaupt nicht möglich gewesen;

– und es ist kein Zufall, dass die Befreiung der Konzentrationslager erst mit der militärischen Niederlage der Wehrmacht kam. Für uns war der 8. Mai 1945 der Tag der Befreiung.

So lange der 8. Mai 1945 in der Erinnerung von nicht wenigen Bürgerinnen und Bürgern dieses Lan-

Gelöbnis der Bundeswehrrekruten am 20. Juli 2001

des als Niederlage und nicht als Befreiung von der Ty-
rannei des Nazi-Terrorregimes begriffen wird, so lange
sind die Lehren und Erfahrungen aus der schwärzesten
Zeit Deutschlands im 20. Jahrhundert nicht begriffen
worden.

Am 8. Mai 1945 war die Befreiung von Terror, Verfolgung und Diktatur und zugleich die Geburt eines frei-
heitlich demokratischen Deutschlands. Die deutsche
Bundeswehr ist aus diesem befreiten Staat geboren worden. Die Fundamente dieser Bundesrepublik Deutschland und dieser Bundeswehr sind begründet aus den
Lehren und Erfahrungen, die die Mütter und Väter des
Grundgesetzes, unserer Verfassung, gezogen haben.
Dies wachzuhalten und damit zum Maßstab auch für
die Zukunft zu machen, dies muss unser aller und damit Ihr Vermächtnis und Ihre Verpflichtung sein.

Inzwischen hat sich meine frühere Haltung grundlegend geändert. Die Bundeswehr hat in den fast fünf Jahrzehnten ihres Bestehens bewiesen, dass sie weder ein Staat im Staat noch eine Fortsetzung des alten deutschen Militarismus mit anderen Mitteln ist. Vielmehr ist sie Teil unserer rechtsstaatlichen Demokratie. Sie ist Partner in einem Bündnis, das nun schon seit Jahrzehnten erfolgreich den Frieden sichert.

Dafür bin ich als Bürger dieses Staates dankbar. Ich bin gerne zu dieser feierlichen Zeremonie gekommen.«

Am nächsten Tag schrieb eine Berliner Tageszeitung, ich wäre »alles andere als ein demokratisches Feigenblatt« der Veranstaltung gewesen: »Ihm gelang der Balanceakt. Spiegel lobte die heutige Bundeswehr als Teil von Rechtsstaat und Demokratie. Er sprach aber auch all das kritisch an, was Gelöbnisgegnern sauer aufstößt: Militarismus, Verbrechen der Wehrmacht während des Zweiten Weltkrieges, ihre Beteiligung am Holocaust, aktuelle rechtsextremistische Vorfälle, Ausländerfeindlichkeit.«

Ich war verstanden worden. Wir stehen loyal zu dieser deutschen Demokratie.

Wieder zu Hause

Nach der Vereidigung, bei der mir so viele junge Menschen, die ihr Leben noch vor sich haben, gegenübergestanden hatten, wanderten meine Gedanken in meine Geburtsstadt Warendorf. Einige Wochen zuvor hatte der Rat der Stadt einstimmig beschlossen, mich zum Ehrenbürger zu ernennen mit der Begründung, man wolle dadurch mein Engagement für die deutsch-jüdische Versöhnung und die Stadt Warendorf würdigen.

An und für sich eine hohe Auszeichnung – wenn da nicht die Vergangenheit wäre, von der Warendorf eingeholt wurde: Während der Nazijahre hatte die Stadt Hermann Göring zum Ehrenbürger ernannt.

Zunächst habe ich etwas gezögert, die Auszeichnung anzunehmen, mich aber doch sehr schnell entschlossen, diese Ehrung durch die Warendorfer Bürgerschaft zu akzeptieren. Bei der festlichen Veranstaltung mit mehr als 350 Anwesenden im Warendorfer Theater im September 2001 sagte ich dann auch: »Man hat ihn (Göring) bis heute nicht aus den Annalen der Stadt gestrichen ... Der Zeitpunkt, an dem man es hätte tun können und müssen, war 1945 ... Das ist nicht geschehen ... Die Ehrenbürgerschaft für diesen Verbrecher beschreibt ein Kapitel der Stadt, das nicht vergessen werden darf. Es beschreibt das Kapitel, in dem auch Warendorf seine jüdischen Bürger ausgrenzte, misshandelte, in die Fremde trieb und diejenigen, die blieben, dem Tode überantwortete.«

Natürlich, kam mir, als ich mir diese Worte überlegte, mein Vater in den Sinn. Er hatte seinem deutschen Vaterland und dessen Menschen vertraut. So lange, bis man ihn am 9. November 1938 halb tot schlug.

Selbst unsere Flucht ins Ausland blieb vergeblich. Meine Schwester wurde als Elfjährige nach Auschwitz verschleppt und dort ermordet. Auch mein Vater wurde auf eine Todesodyssee gezwungen, die er wie durch ein Wunder überlebte.

Doch 1945 – unmittelbar nach seiner Befreiung – war er, noch in KZ-Häftlingskluft, wieder zurück in seine Heimatstadt gegangen. Er begegnete Heinrich Baggeroer, der das Andenken an Warendorfer Juden bewahrt hatte und Hugo Spiegel freudig bei sich aufnahm. Mein Vater holte meine Mutter und mich zu sich. Ich war nach dem Krieg das einzige jüdische Kind, das in Warendorf aufwuchs. Ich hatte meine Angst vor den »deutschen Riesen« abgelegt, die Schule besucht und Freunde gewonnen, ehe es mich 1958 nach Düsseldorf zog. Für meinen Vater war Warendorf trotz Trauer und Leid unverrückbar Heimat und Zuhause geblieben. Ebenso für mich.

Gemäß jüdischer Tradition besuchen wir unmittelbar vor unseren Feiertagen die Gräber unserer Angehörigen. Wenn ich mich in oder in der Nähe von Warendorf aufhalte, gehe auch ich zu dem Grab meiner Eltern. So auch bevor ich in Freckenhorst – etwa vier Kilometer entfernt von Warendorf – kürzlich einen Vortrag hielt über aktuelle Fragen der jüdischen Gemeinschaft in Deutschland. Ich ließ meine Panzerlimousine zurück und bat auch die Sicherheitsbeamten, mich allein zu lassen. Ich trat zu der Grabstätte. Papa starb am 12. Juli 1987 in Düsseldorf, nachdem er fast zwei Jahre dort im jüdischen Altenheim Nelly-Sachs-Haus in meiner unmittelbaren Nähe lebte und wir uns täglich sahen. Er ruht an Muttis Seite, die bereits im Jahr 1974 – erst 67 Jahre alt – von ihrer Trauer und ihren Schuldgefühlen erlöst worden war. Auf dem Grabstein wird auch an Roselchen erinnert.

Ich suchte drei Steine und legte sie nach jüdischer Sitte – Steine symbolisieren die Ewigkeit – auf die Grabstätte. Dann sprach ich leise – in Hebräisch – das Kaddisch Gebet:

Erhoben und geheiligt werde Sein großer Name in der Welt, die Er nach Seinem Willen erschaffen und Sein Reich erstehe in eurem Leben und in euren Tagen und dem Leben des ganzen Hauses Israel rasch und in naher Zeit. Und sprecht: Amen.

Sein großer Name sei gepriesen in Ewigkeit. Gepriesen und gerühmt und verherrlicht und erhoben und erhöht und gefeiert und gepriesen der Name des Heiligen, gelobt sei Er, hoch über jedem Lob und Gesang, Verherrlichung und Trostverheißung, die je in der Welt gesprochen wurde. Und sprecht: Amen.

Möge das Gebet Erhörung finden und die Bitte ganz Israels vor seinem himmlischen Vater. Und sprecht: Amen.

Fülle des Friedens und Lebens möge uns und ganz Israel zuteil werden. Und sprecht: Amen.

Er, der Frieden im Himmel stiftet, möge unter uns und in Israel Frieden stiften. Und sprecht: Amen.

Meine Augen füllten sich mit Tränen. Aber meine Seele fand Frieden, während ich die Hugo-Spiegel-Straße, die zu Ehren meines Vaters benannt worden war, zurück ins Zentrum von Warendorf ging. Die Ehrenbürgerwürde hätte meinem Vater gebührt.

Am Familiengrab in Warendorf

Nach dem Vortrag in Freckenhorst überreichte mir ein älterer Herr einen Brief, drückte mir die Hand und machte sich verschämt davon.

Auf der Fahrt nach Düsseldorf öffnete ich das Kuvert. Das Schreiben war auf einer alten Schreibmaschine abgefasst:

Lieber Paul!

Sicherlich bist Du erstaunt, von mir ein paar Zeilen zu bekommen. Warum schreibe ich Dir? Es soll Dir zeigen, wie sehr ich verbunden bin mit der Familie Spiegel. Dein Vater war viele Jahre auf unserem Hof als Händler, und Du warst oft dabei. Seit 1946 und noch viele Jahre haben wir mit Deinem Vater gehandelt. Dann kam das Jahr 1950. Mein Vater lag im Krankenhaus und zur gleichen Zeit starb unsere Mutter. Ich stand mit ein paar fremden Leuten und meinen Geschwistern allein ohne Eltern auf dem Hof. Und das mit 21 Jahren. Da kam am Todestag unserer Mutter nachmittags die Familie

Spiegel auf den Hof. Dein Vater, Deine Mutter und der Paul.
Ihr alle wart so betroffen und habt uns innige Teilnahme gewünscht. Ihr wart die Ersten, aber auch die Einzigen, die bei
uns waren in dieser schweren Stunde. Und als Ihr Abschied
nahmt, sagte Dein Vater: »So, ich heiße Hugo für Dich und
wenn Du Hilfe brauchst, dann rufe bitte an, ich helfe Dir.«
Lieber Paul, das hab ich nicht vergessen, wenn es auch schon
lange her ist.

Wieder zu Hause

Hugo Spiegel hat sein Zuhause nie verlassen. Meine Familie, unsere Gemeinde und ich sind dabei, wieder heimzukehren – wenn die nichtjüdischen Deutschen es wollen. Ich bin davon überzeugt.

Personenregister

Bildnachweis

Seiten 100, 127, 139, 149, 161, 175, 197, 211, 231, 238, 266, 284: Ullsteinbild
Seite 131: Leonard Freed
Seite 145: Margolies Fotodienst
Seite 186: dpa
Seite 207: Gerhard Demes
Seite 274: Daniel Biskup
Seite 280: Photo »Noy«

Von einigen Fotos konnten die Rechteinhaber leider nicht ermittelt werden. Gleichwohl bleiben deren Rechte gewahrt.
Alle anderen Fotos stammen aus Privatbesitz.